销售员诞生记

[美] 沃尔特·A. 弗里德曼 /著

（Walter A. Friedman）

孙 伟 /译

———

Birth of a
Salesman

The Transformation
of Selling in America

机械工业出版社
CHINA MACHINE PRESS

本书以编年史的方式，叙述了美国销售职业的变迁。作者结合美国特定历史时期的重要经济和社会变迁，讲述了销售是如何从早期东奔西跑的一群人，演变成今天训练有素、规模化的职业群体的。我们从本书中可以了解到：销售是如何从业余的个体小商贩发展为职业的销售员队伍和专业的销售管理者的，背后的驱动因素是什么；销售在历史发展过程中，是如何与大量生产的方式结伴而行的，人们对销售理念的理解和误解是怎样变化的；销售又是如何从一种实践技能发展为一门综合学科；今天的销售行业是怎样的。本书对于我们理解销售职业，以及它对今天社会发展的影响都有着启示作用。

图书在版编目（CIP）数据

销售员诞生记 /（美）沃尔特·A. 弗里德曼

(Walter A. Friedman) 著；孙伟译 . -- 北京：机械工

业出版社，2025. 1. -- ISBN 978-7-111-77204-0

Ⅰ. F737.129

中国国家版本馆 CIP 数据核字第 202527PM01 号

机械工业出版社（北京市百万庄大街 22 号　邮政编码 100037）
策划编辑：石美华　　　　　　　　责任编辑：石美华　牛汉原
责任校对：孙明慧　张雨霏　景　飞　责任印制：张　博
北京联兴盛业印刷股份有限公司印刷
2025 年 3 月第 1 版第 1 次印刷
170mm × 230mm · 15.25 印张 · 215 千字
标准书号：ISBN 978-7-111-77204-0
定价：89.00 元

电话服务　　　　　　　　　　　网络服务
客服电话：010-88361066　　　机 工 官 网：www.cmpbook.com
　　　　　010-88379833　　　机 工 官 博：weibo.com/cmp1952
　　　　　010-68326294　　　金 书 网：www.golden-book.com
封底无防伪标均为盗版　　　机工教育服务网：www.cmpedu.com

献给我的家人

潜在客户："我的旧车不止这点钱，至少比你的报价多 100 美元。"

销售员："潜在客户先生，我知道您对这辆车很满意，它的服务也很周到。您非常了解它的车况，我也能理解您觉得这款车应该更值钱才对。但二手车的买卖和其他商品一样，它的价格是由需求决定的。我们也想给您的旧车多折算点儿钱，但不可能比这个报价高了，不过，我们能给您的新车配置很多功能，这些功能在其他任何一款车型，包括相似价位的雪佛兰新款车型里都绝无仅有。"（然后给客户展示这些功能，通常还会请他下订单。）

来自通用汽车的《销售常识：雪佛兰零售业务手册》
（1926 年）

序言，1916 年

Birth of a Salesman

第一届世界销售员大会

1916 年 7 月 10 日的早晨，3 000 多名来自各行各业的销售员、销售经理、企业高管来到底特律的阿卡狄亚大礼堂，参加第一届世界销售员大会。会上，美国总统伍德罗·威尔逊做了主题发言，他向到场的销售员呼吁，要把商品卖到全世界，因为产品是美国的繁荣和希望所在。"你们的商业视野要更开阔些，不要只关注眼前的细枝末节，要站在全世界的高度来思考问题、驰骋想象。"[1]

这次大会是由《销售技巧》杂志的编辑 D. M. 巴雷特发起的。早在 1915 年 9 月，巴雷特就曾在底特律组建了一个销售俱乐部，口号是"提升销售技能，让商业变得更美好"。此后他想建立一个全国性的销售组织，这一倡议很快就得到了福特汽车的销售总监诺瓦尔·霍金斯和公平人寿保险最大的代理商爱德华·A.伍兹的支持。[2] 这次大会的"宪章"就是"要将

销售员的地位提升到新高度，进而提升销售员的尊严"，并"借助图书、演讲、课程等方式，推动销售科学的发展"。³

　　一些知名的美国商人也参加了这次大会。在威尔逊总统发言的当天上午，亨利·福特就来拜会了总统。到场的商界人士中，有不少人所在的组织是高度依赖销售员的，这并不让人感到意外。与会代表有的来自办公设备制造企业，比如巴勒斯加法机公司、国家收银机公司（National Cash Register，NCR）；有的是汽车制造商，比如帕卡德和凯迪拉克；还有的来自保险公司和房地产公司。会议开了一周，主题各式各样，从销售的日常工作安排到好销售员的特质识别都包括在内。此外还有专家级销售能力的展示。一位名叫埃德加·F.罗伯茨的本地产经纪人在台上仅用 15 分钟就说服一位固执的客户，以 4 925 美元的价格买下了一套底特律的房产。到了晚上，参会者会前往当地的教堂聆听有关道德规范与销售技能的讲演，看划船比赛，以及欣赏斯图贝克乐队的表演。

　　在大会的演讲者中，有的是销售经理，比如来自代顿工程实验室的理查德·H.格兰特（后来成为雪佛兰的主管），来自巴勒斯加法机公司的弗兰克·道奇；有的则是公司总裁，比如邮政人寿保险公司的威廉·R.马龙、佩奇－底特律汽车公司的哈里·M.朱厄特和帕卡德公司的阿尔文·麦考利。

　　学者、顾问、心理学家和广告主管也纷纷登台分享。詹姆斯·塞缪尔·诺克斯是俄亥俄州克利夫兰诺克斯销售学院的总裁，他分享了现代销售技巧的话题。《科学推销术》的作者查尔斯·威尔逊·霍伊特分享了如何提升销售效率的话题。沃尔特·迪尔·斯科特和沃尔特·范·戴克·宾厄姆都是来自卡内基理工学院的教授，他们在斯塔特勒酒店对 25 名年轻的销售员进行了"精神警觉性测试"，以预测他们当中未来谁更有可能成功。

　　大会上有些"专家"的资质也会让人生疑。骨相学家格兰特·纳布洛告诉在场的管理者，招聘销售员要选高额头的，因为这些人想象力丰富，不要雇用"后脑勺平"的应聘者，因为他们"虽然动作快，但成交慢"。纳布洛还说，"看看你周围，你就知道谁的后脑勺是平的了"。⁴想想就知道，当时的气氛多少有些尴尬。

和进步主义时期许多其他的公众庆典类似，这次世界销售员大会既是对过往成果的庆祝，也是继续前行的努力尝试。演讲者们（商人、学者和政治家们）都对销售新时代的到来寄予厚望。在这个新时代里，销售将会基于系统化的原则进行。

演讲者们称，依靠套近乎、能喝酒拿订单的旅行销售时代已经过去了。一位企业管理者认为，现代销售员不再会像某些段子里描述的那样，是农场主女儿的追求者。他们"为人稳重，有个性，生活有规律并且已婚"。[5]他们忠于雇用自己的"商家"，并且和"老板"关系良好。更重要的是，新时代的销售员将对社会产生有益的影响。一位国家收银机的代表曾说，他们能"战胜顽固、消除偏见，让理性的光芒照亮黑暗的地方"。

这次世界销售员大会表明，20世纪早期对推销术及其前景感兴趣的大有人在——他们当中有商人、政治家、科学家、伪科学人士和市场推广者；他们当中有组织的创立者、改革者、管理者、创业者、研究员、理论家和励志人士。他们既开启了现代销售的新纪元，也对现代经济和文化造成了影响，其中有些影响是创造性的，有些则是毁灭性的。[6]

引言
Birth of a Salesman

销售的科学

现代销售管理的发展具有美国范儿。美国资本主义的发展与其他国家的不同之处在于，前者不遗余力地实行销售的标准化。所有的欧洲国家都有商贩网络，有些已经存在了数百年之久，但没有一个欧洲国家能像美国一样，发展出有组织的销售力量。原因有几方面。首先，销售的兴起离不开稳定的货币、法规、对私有财产的保护和信用，这也是美国经济制度的全貌。更重要的是，美国的企业规模比其他国家的都要大。20世纪初，企业通过大量生产的方式制造了数量庞大的商业机器、设备和汽车，并雇用了成百上千的销售员；这些产品在销售员的大力推广下，得以早早问世并被广泛采用，这也是美国经济特有的。当时，英国的产业规模相对较小，德国的制造商扎根于工匠传统，对于实现大量销售的方式兴趣寥寥。[1]

有组织的销售在美国盛行，也有其文化因素。美国自建国以来就实行民主选举，既没有国教也没有世袭贵族。因此对于美国国内的政治和宗教团体而言，推销术是获得追随者的手段。此外，美国阶层的流动性较欧洲国家更强，销售技巧能为个人打开成功之门，自19世纪末以来更是如此。到了20世纪初，美国有了阅读销售技巧图书的风气。这种风气也使得布鲁斯·巴顿1925年写的《没人知道的他》成为畅销书。

现代销售诞生于19世纪与20世纪之交的数十年。很多创业家都是现代销售的先驱，他们开发的现代销售技巧和工序与当时新兴的大量生产的方式很相似。随着大量生产的方式的兴起，销售术也受到了心理学家、经济学家和政客们的关注。在现代销售先驱描绘的蓝图中，国家是由若干销售"片区"组成的。市民不再是钢铁工人、银行家、家庭主妇，而是"潜在客户"。全球其他国家不再是联盟者或敌人，而是贸易"机会"。

1904年，商人P.W.瑟尔斯在《系统》杂志上发表了一篇文章，他对过去几年看到的销售变化做了概括——这些变化是由大型制造企业引入管理系统带来的。他在文章中谈到，早期的销售员想去哪儿就去哪儿，"自己就是老板"。如今，销售员的拜访线路已被事先规划好，要拜访的客户也被评估过，销售员的一举一动也要通过售货单和销售报告记录在案。[2] 大企业的销售经理还会给销售员划定销售片区，并设定每月或者每周的销售指标。他们这样做的目的是让销售工作具有统一性和可预见性，并且能够传授给新人。销售经理们甚至会就一些细节对销售员进行指导，比如销售员跟客户谈话时的站姿，或者在"签约"那一刻如何把笔交到客户的手中。

销售经理还通过引入新词汇的方式来重新定义销售员的形象。像"销售员"（salesman）、"销售技巧"（salesmanship）这些词的流行，是20世纪初才开始的，与之相对应的词是"工人"（workman）和"工艺"（workmanship）。这些词也表明，当时的销售是以男性为主的职业。[3] 尽管19世纪末的图书商贩中有一小部分是女性，但到了20世纪初，多数的大企业在雇用销售员时只考虑男性。销售经理希望自己的销售队伍专业、整洁、负责，且具有男子气概。

销售革命所产生的影响并不局限于公司。随着销售管理变得越发系统化，很多用来支持销售经理工作的产品和服务也出现了，其中包括行业期刊和畅销杂志。比如，《销售技巧》（创办于 1903 年）、《销售员》（1909 年）、《推销术：全力销售成功》（1915 年）、《销售管理》（1918 年）和《销售员的机会》（1923 年）。芝加哥达特内尔公司当时已经开始收集销售的经验数据，并为销售经理撰写了大量的专题报告。话题包括"259 条不同业务线的现代方法和趋势""打造销售组织忠诚精神的计划""赢得销售员妻子和家庭的支持"等。[4]

销售管理的发展还开启了学术领域的新探索，比如营销、消费者行为和工业心理学。[5]20 世纪初以后，经济学家和商学院的销售管理教授开始分析分销的成本与方法。1913 年，哈佛大学的商业研究局围绕鞋的销售问题，发布了第一份公报。此后，研究局又陆续发表了关于食杂贸易、零售五金经销商和百货商店销售行为的研究报告。[6]

这一时期的心理学家想搞清楚，销售员是如何在客户的头脑中创造需求的。在《个人销售心理学》（1926 年）一书中，A. J. 斯诺试图说明，当客户决定采购时，大脑神经元会发生哪些生理变化。消费者的需要主要是出于本能吗？这些需要是通过习惯和暗示形成的吗？[7]1916 年，卡内基理工学院（现在的卡内基梅隆大学）成立了销售研究局，开发了针对销售员的心理测试。

随着大企业越来越认同销售管理系统的思想，越来越多的人开始另辟蹊径，诠释销售技能在经济发展中扮演的角色。对现代推销技巧大加推崇的一派认为，经济需求具有可塑性，语言具有灵活性，而销售员推销产品时展现出的热情则是强大的经济力量。查尔斯·贝内特是《科学销售术》（1933 年）一书的作者，这本书是他在密苏里大学一篇博士论文的基础上完成的。贝内特将销售比作"意义的扩展"。他认为销售的意义在于，不仅能让某家公司在一块经济蛋糕中占据更多份额，而且能将整个蛋糕做大。[8]

销售方法变迁的全过程（无论是组织层面，战略层面，还是意识层面）对 19 世纪末和 20 世纪初美国经济的发展至关重要。销售和营销并非工业化之后的产物，而是工业化的重要组成部分。大型企业不仅擅于大量生产的方式，而且擅于说服、施压和培育。借用企业史学家艾尔弗雷德·D.钱德勒说过的一句话：如果没有销售团队市场上"看得见的握手"，就不会有管理上"看得见的手"在诸多行业取得的成功。

本书描述的是这样一群企业家和管理者：他们不仅痴迷于销售，而且开发了创新、有效的销售策略。本书主要围绕企业家、销售管理者和销售系统的建设者展开，而非销售员本身。本书按照大致的时间脉络（从南北战争到经济大萧条时期）来讲述这些销售"发烧友"的故事，以及现代销售管理的发展历程。[9] 每一章都给出了具体的销售事例，比如书商如何销售格兰特将军的回忆录；旅行推销员如何批发五金产品；胜家缝纫机和亨氏等大型制造企业一开始如何实行销售管理；国家收银机公司如何发展出一套全面的管理制度；卡内基理工学院开发的销售分析法；福特汽车、通用汽车和富勒刷具等公司如何制定消费者营销战略。所有这些事例都表明，销售组织的规模在不断扩大，销售战略实施的复杂度也在日益增加。

本书还对以下人物进行了特写：富勒刷具的销售经理、"棒极了"的阿尔伯特·蒂塞尔，他是积极思维的倡导者；桑德斯·诺维尔，他在全国最大的木材公司任职旅行推销员多年，也是《慧眼》杂志的主编；沃尔特·迪尔·斯科特是一名工业心理学家，后来成为销售研究局的主任；诺瓦尔·霍金斯写过几本销售畅销书，还曾担任福特汽车的销售主管；还有阿奇·肖，他在哈佛商学院讲授营销学，出版过《系统》杂志，还曾担任胡佛政府的顾问，就如何进行分销方法的全国调查提供过建议。我在关注商业战略家的同时，也关注经济学家和其他学者如何在更大的经济视角里看待销售的作用，比如凡勃伦、查尔斯·贝内特以及哈佛商学院的教授哈里·托斯达。本书中心的一个章节是关于国家收银机公司总裁约翰·帕特森的，他在销售系统化上的成就无人能及。

本书的重点是大型制造企业的企业家和管理者如何工作。这些商业人士建立的公司（像巴勒斯加法机、可口可乐和通用汽车）拥有的运营资源之多，远非个体商贩或小推销员可比。他们运用一系列新技术促进了与一线销售员的沟通，并通过市场上收集来的信息预测未来需求。他们还借助新的广告媒介（报纸、杂志以及 1920 年后出现的广播）支持销售人员的工作。这些资源使得他们能够实施具有战略意义的推广活动，创造前所未有的规模化需求。[10]

我们之所以重点关注大型制造企业，是因为它们在销售方法和销售管理的标准化上投入的精力最多。现代销售的开创企业包括办公设备制造商、汽车公司、肥皂制造商、罐头食品生产商和涂料油漆生产商。这些企业通过雇用销售团队来占领市场，与竞争对手争抢生意。而那些从事品牌商品的大量销售，或者从事易腐品生产和复杂机器生产的厂商也倾向于发展自己的销售队伍，因为个体批发商处理这样的产品时也很棘手。一般来说，这些企业生产量大，销售的区域分布广泛。

这些大企业的销售员会敲客户的门，在客户办公室的门外等候，给客户发样品，分享有趣的故事，提供特别优惠，或者换着花样推销他们的产品，比如对"潜在客户"进行教育、说服和引诱。他们还会帮助客户做比较：自己的产品好在哪儿，赶快购买，然后争取"多买点儿"。

接受过培训的销售员能够回答客户关于产品的具体问题。通常销售员还能给买家安排赊账，并送货上门。他们尤其擅长推广新产品，比如在推广收银机和加法机时，销售员就起了非常重要的作用。训练有素的销售员凭借产品展示、销售说辞以及赊销商品的权限，能够影响消费者的购物类别，说服他们购买家用电器、轿车等价格昂贵的商品。

收银机、冰箱等许多产品的制造商都知道，低价未必总能创造出需求。人们购买的原因有很多，其中既有理性决策的部分，也有品味偏好的部分。他们还会因产品"被售出"而购买。[11] 销售员的作用是，一方面要为客户提供信息，另一方面要说服客户购买。当销售员看到采购者出现懈怠或拖延迹象时，要想办法克服。

销售经理和销售员通过设计和演练销售说辞，能够掌握说服客户的方法：哪些说法对潜在客户来说最有效？什么样的情绪能够触发客户的"购买冲动"？什么时候诉诸逻辑最有效？制造型企业之所以投入重金实施销售标准化，是因为它们觉得，销售员能够将那些原本不打算购买或者原本打算去竞争对手那儿购买的"潜在客户"吸引过来。正如《财富》杂志 20 世纪中期的一篇文章所说，"如果厂商坐等消费者自己做购买决定，那么大量生产就绝不可能发展成今天这样"。[12] 销售员既要说服客户来购买，还要收集信息、撰写信贷报告，很多时候还要做好产品服务。

在 19 世纪末 20 世纪初，有一群人对销售的影响力深信不疑，他们还试图将销售变成一门"科学"。对于早期的商贸，销售一直被视为"艺术"，是小商贩们干的事，是忍受路途艰辛、依靠机智和技巧拿订单的行当。不过在南北战争之后的数年里，销售变得越来越系统化，那时的出版公司开始把小商贩成群结队组织起来推销畅销书，而像马歇尔·菲尔德这样的大批发商也把旅行推销员派往全国各地。

伴随着大量生产的方式的出现，以及部分企业对销售队伍的严格管理（比如亨氏公司、国家收银机公司、巴勒斯加法机公司、福特汽车公司、通用汽车公司和其他公司），企业家和商人们开始将"销售"视为科学。大型制造企业的企业家为了让产品的推广和分销系统化，成立了销售部。生产廉价商品的厂商（比如肥皂和调味品生产商）会雇用销售员推销品牌商品。缝纫机和办公设备（比如打字机和加法机）的制造商会雇用销售员为客户做产品说明和提供赊购服务。和从事企业级销售的公司相比，从事消费者直销的公司通常拥有更加庞大的销售队伍。1923 年，富勒刷具公司（简称富勒公司）雇用了 3 400 名直销销售员。[13] 同年，福特汽车通过 9 451 家汽车经销商组成的网络销售汽车。[14]

现代销售的先驱和他们的生产同伴一样，追随弗雷德里克·温斯洛·泰勒的科学管理理念或方法。科学管理的目的是将工作分解成高效的例行程序，并让管理者能够掌控工作的节奏。在《科学销售管理：科学管理原则在销售中的实际应用》一书中，查尔斯·威尔逊·霍伊特说："科学销售管理相信，销售员需要接受适当的培训。这种培训可以深入销售员的个人动作和工作安排，直到个体销售员能用严格的工作方法取代随意的努力为止。这种标准化有时甚至会对销售员的言行举止加以规范。"霍伊特将销售员从个体商贩到厂商雇员的转变描述成从"大我"销售员到"小我"销售员的转变；在大型制造企业里，居于主导地位的是管理者。[15]

总的来说，霍伊特将"科学"用于销售，说明人们对销售方法系统化和标准化的需要日益急迫，同时也指明了未来的方向：需要收集更多关于销售成本的经验数据，需要对消费者行为有更深的理解。国家收银机、亨氏、可口可乐、巴勒斯加法机等大型制造企业不负众望，开发出了全面、系统的销售管理方法。它们设计出招募和培训销售员的工序，出版了大量的销售手册和新闻简报（比如亨氏的《腌菜》），以确保销售员随时了解公司动态和受到鼓舞。这些公司还建立了向销售员收集具体客户信息的制度，并借助公共和私人的信息渠道来获取有关个人信用评级和整体经济状况的数据。

但并非所有的制造商都会组建管理严格的销售队伍。20世纪早期的许多推销员都是在很少监管甚至没有监管的情况下工作的，还有的则是独立运营的小商贩。沿街叫卖的商贩会在大西洋城的人行道上兜售商品，马贩子则会在密西西比河上进行交易。[16]许多中小规模的制造商会建立强大的销售队伍，但在行动标准化上不会达到大企业的程度。而对于"分批生产"的公司来说，它们协同生产与分销计划的紧迫感也不如大公司的强烈。它们不大可能开展大规模、强说服力的销售及广告活动，而是倾向于针对每个客户的情况定制措施。[17]

不过，这段由大公司的企业家、管理者和咨询顾问推动的销售"科学"发展史，给我们提供了一种模式：如何将旧有的经济实践进行调整，纳入资本主义的新形式中。就销售而言，则是如何将旧有的销售、说服、预测和激励方式纳入管理资本主义的理性世界中。

现代销售的问世是一段探求秩序的故事。它的历史背景是美国的进步主义时期。按照历史学家罗伯特·维贝的描述，19世纪70年代的美国还是由一个个彼此独立的乡村社区构成的，到了20世纪初，美国已经转变为一个现代化、城市化的科层社会。[18]人们在推动销售流程合理化的过程中遇到的困难，更像是"探求秩序"的故事，而不是"建立秩序"的故事。[19]尽管人们在建设组织、起草方案和培训销售团队上不遗余力，但结果并不总是成功或能够预见的。新旧销售方法之间并非泾渭分明，讲求严格管理的销售术也没有代言人宣传得那么"科学"。20世纪的销售管理者在注重说服、激励和戏剧效果的同时，也借鉴了小商贩、专利药品代理人和旅行推销员的传统做法，以及一些自称为专家或权威人士的观点。更重要的是，尽管销售经理可以在销售团队的日常活动中运筹帷幄，但销售员在面对面交易中的自发行为和即兴表现会一直存在。

与19世纪末、20世纪初推动其他改革的原动力不同，销售系统化的原动力来自美国本土对商业成功和个人成功的追求，而非源于欧洲的某个思想运动，比如城市规划、现代主义建筑、社会保险等。[20]企业家和管理者会借助文化的潮流和思想来推动改革。企业家和管理者会把美国文化思潮的元素纳入销售系统中。当节食和健身风潮兴起时，他们让销售员也参与其中。他们还将美国主要政治人物和知识分子的观点纳入销售体系中。比如，公司的销售手册和内刊经常会转载本杰明·富兰克林和西奥多·罗斯福的自助格言。而心理学家、哲学家威廉·詹姆斯的论述也会出现在销售图书中；商业作家之所以宣扬詹姆斯，不是为了组建一个高雅的形而上学俱乐部，而是要创建一个"激励俱乐部"，他们要做的是把詹姆斯的思想说得通俗易懂，简化为鼓舞人心的口号和句子。最后，当时的企业家和管理者对于性别观念的变化也做出过回应。他们将销售重新定义成男性职业，认为这份工作很繁重，需要的是坚定的决心，而非女性施展魅力的技巧。

本书在关注企业家、管理者和销售员的同时，还提到很多与之对应的人群：店主、批发商和消费者。销售和消费是一枚硬币的两面。企业家、销售员和销售专家会仔细研究"潜在客户"，并观察他们的意向。销售说辞的准备依赖于这样一个假定：销售员在和消费者交谈时，能对其行为进行预判。销售员发现，潜在客户通常喜欢规避风险、疑心重、要面子、害怕上当受骗并且容易分心。他们还希望通过消费者阵营、成分标签等各种渠道收集产品信息，进而提高谈判的地位。管理者和销售员通过提供有品牌的商品、便利的信贷条件、担保条款，以及不断调整的销售话术和促销战略，来适应消费者的需要、欲望和品味的变化。现代销售的发展史表明，20 世纪初的消费经济，源于之前几代小商贩、书商们面对面销售的努力。

目　录

Birth of a Salesman

⊖ 本书注释的具体内容请从以下网址查看或下载：https://g.cmpreading.com/
k0XBu。

小贩和行商

个体商贩

　　1818 年，21 岁的詹姆斯·吉尔德花 70 美元买了一个背包和一些商品，离开家乡佛蒙特州，决定做一名个体商贩。他想逃离佛蒙特州乏味的务农生活，这也是 19 世纪后来的缩影：有些人不愿在工厂务工，于是干起了旅行销售员。吉尔德在日记里坦言[1]："我的性格不适合在农场工作。"他东奔西走，哪儿能找到货，哪儿有客户愿意买这些货，他就去哪儿。有好几年吉尔德都是在旅途中度过的——从新英格兰地区到纽约州的郊区，最远到过南卡罗来纳州的查尔斯顿[2]。他一生卖过很多种商品，提供过很多种服务，包括打击铃鼓、制作剪影、给人画像、教人书法[3]。

　　吉尔德的日记反映出在早期的美国，商贩是个体户。他自己要沿途推销，要制定销售策略来化解拜访农舍时遭受的怀疑和敌意。有些交流难免令人不快，一位农民[4]曾冲吉尔德喊道："赶快从我的房间里滚出去，否则我就要拿鞭子抽你了，你们这些唯利是图的商贩，谁见到你们都该好好地抽你们。"

在独立战争结束后的几十年里，一大批美国人都渴望从事推销、投身商业，在市场竞争中提升自己，吉尔德就是其中之一[5]。对于年轻未婚的男士而言，商贩是个受人青睐的行当，因为它并不需要太多的前期投入。布朗森·奥尔科特等美国人纷纷上路，学习贸易规则的同时探索全美市场[6]。商贩们携带着大箱子，里面装满了商品；他们有的用马车托运，有的骑马出行。那些有表演才华的商贩还会给人演奏音乐或讲故事。

吉尔德对商贩这份工作有过疑虑，因为不管什么天气，你都得在泥泞的道路上长途跋涉，还要穿越森林与河流。此外，这份工作并不体面。吉尔德在日记里写道："和朋友的离别让我觉得难受，何况我还问过自己，为什么要从事这样一份卑微的工作。"尽管经历过受人冷落、孤立无援，吉尔德还是坚持下来了。他写道："以前只知道操弄锄头和斧头的农民娃现在摇身变成了小商贩，这肯定不是一件容易的事。但我相信，别人能适应，我也可以。我会轮番兜售我的商品，当我走进一间屋子，我会问，'您想买梳子、针、纽扣、缝纫丝吗？'"[7]

商贩必须赢得农民和其他买家的信赖。做到这一点并不容易，因为从根本上说，商贩是来镇上做生意的陌生人，做完生意他们就走了。和20世纪上门拜访的销售员有所不同的是，当时商贩既没有知名公司的背书，推销的也不是品牌商品，再加上他们跟潜在客户的见面机会有限，因此往往希望第一次面谈就能成交，不太顾及万一客户对这笔买卖不满意会产生什么后果。这些商贩从事的是"交易型"销售，他们的目标和19世纪后期的销售员的目标不同，后者通常会持续很多年拜访同一个客户。

吉尔德发现，客户喜欢讨价还价，争取最低价格。在南北战争以前，易货贸易和讨价还价在新英格兰地区的商业文化中很普遍。1800年，美国有四分之三的劳动力是农民，易货贸易是他们的一种生活方式。尽管南方的一些州出现了烟草种植园，但那时候的农作大多数是为了自身消费[8]。许多农民自己生产肥皂、蜡烛、皮革、蜂蜡和家具，多出来的拿去跟当地的商户做交换。吉尔德曾经抱怨[9]："即便他们（客户）真想买点什么，也要砍砍价，不占便宜不罢休。"客户这种不停砍价的做法，使得有些商贩不想干了，特别是在南北战争以前，商贩规模不断扩大，贸易竞争更加激烈，这种情况也越发明显。根据美国的统计调查，1850 年，美国有 10 669 名商贩，1860 年有 16 594 名；大多数商贩来自纽约州、宾夕法尼亚州、马萨诸塞州和俄亥俄州[10]。

面对推销过程中遇到的抗拒，吉尔德找到了应对办法并乐在其中。他拜访农户时会彰显自己风趣幽默的一面。他发现成功说服客户的办法有很多，包括满足他们日渐增长的社会期待，以及拥有装饰品的渴望。针对不同类型的人，他会采取不同的方法。比如，他出席过纽约州特洛伊市的一次富人晚宴。一开始他担心自己会不会太显眼，但后来意识到，不妨把自己当作精英中的一员。吉尔德写道："我能喝酒，能跳摇摆舞，擅于装模作样。没过一会儿，想认识我的人就络绎不绝。"于是他接受了这样一种理念："现在我开始了解人性了，我发现人们的内在和外表并不总是一致的……我的经历告诉我，当你相信自己是怎样的，并且表现出那个样子的时候，你就能变成那个样子。"[11]吉尔德展现自信的这条建议（大胆"表现自我"），在 19 世纪末 20 世纪初的销售方法书中很普遍[12]。

吉尔德的方法有些得益于自身的观察和实验，有些是旅途中遇到的其他商贩透露给他的[13]。他意识到经济价值来自趣味性，并且在激发兴趣时尽量少用一本正经的做法。为了吸引人们的注意力，他甚至曾跟一头野牛同行。

吉尔德还把销售视为展现魅力的一种方式。在 19 世纪中期女性图书销售员出现之前，商贩几乎都是男性；但历史学家们指出，传统观念中的销售职业是偏女性化的，因为它要求的技能通常和女性特质相关，比如谦恭有礼、伶牙俐齿、熟悉物品的装饰风格[14]。吉尔德会挑逗他的女顾客，跟她们开玩笑，而女顾客则发现，自己有机会用旧衣服、食物或者货币来交易锡器和其他商品。吉尔德还曾让一位女士买下了她自己的画像，尽管他在日记里承认，那幅画看上去像"一只勒死的猫"[15]。

有一年冬天，吉尔德在新英格兰地区旅行，他想把一批剪刀以 12 美分 /
把的低价快速卖出去。让他感到失望的是，他发现顾客的购买意愿并不强，
很多顾客认为，这么低价的剪刀，质量恐怕不会好。于是吉尔德做了个实
验：他把同样质量的剪刀分成两袋，一袋仍卖 12 美分 / 把，另一袋的价格
提高到了 25 美分 / 把。这一做法提升了销量，因为他发现，当他向一对母
女兜售的时候，她们选择了定价高的剪刀：

> "我走进一间屋子说，'你们想要锡制的杯子、锡制的平底锅，
> 还是修补好的盘子？你们想买剪刀吗？''是的，如果你这儿有好
> 东西的话。''哦，夫人，我这儿既有好剪刀，也有不太好的剪刀；
> 好剪刀 25 美分 / 把，其余的 12 美分 / 把。'接着我把剪刀拿给她
> 们，她们会看看。'妈妈你必须给我买一把，你还从来没给我买过
> 呢。''哦，孩子，我想你是该有把剪刀了，要不然我会被人嘲笑
> 死。'然后女孩说，'妈妈，买哪把好呢，12 美分的还是 25 美分
> 的？''哦，最好还是买把好的吧。'接下来她们试着用剪刀剪纸。
> 即便纸是湿的也很好剪。此时我觉得自己比我想象的还要卑鄙，
> 但我觉得这个行业就是如此吧。"[16]

这段话表明，吉尔德很清楚这对母女的关系，并且深谙利用价格投其
所好的道理。他发现剪刀的价格是由自己的展示方式决定的，不是由人们
对价值的客观判断决定的。换句话说，好的销售战略胜过正确的逻辑。物
品的价值取决于它的"售卖方式"，而这让吉尔德感到有些不舒服，用他的
话说就是"卑鄙"。至于什么是商品的实际价值，这个话题贯穿了销售的发
展史，并且经常被人提起。

贩卖钟表和其他小发明

吉尔德积累的知识（如何介绍剪刀、图书、锡制品等物件，以及如何

在商业交流中展现自己）在 19 世纪美国的文化和经济中占据了越来越重要的位置。商贩们像吉尔德一样，未经培训就沿途推销，通过自己的观察了解如何销售，并从有经验的行商那里收集建议。他们的工作并不容易，因为必须在艰苦跋涉的过程中应对种种危险，克服易货贸易（在一个没有本国货币的国家）的困难。他们还会遭受店主的敌意，这些店主对于商贩到镇上来这件事非常不满，呼吁针对本州外的商贸人士征税。商贩们还会遭受文化的敌视，一些民间故事将商贩描绘成了骗子。[17]吉尔德遇到的问题其他商贩也会遇到，比如如何打消对方的顾虑、如何与不同类型的客户（如妇女或儿童、北方人或南方人）沟通以及如何理解这个职业。

尽管存在这些问题，商贩群体和商贩网络在美国还是蓬勃发展起来了。在殖民地时期，商贩们的手工制品通常是从城市商人和工匠那里直接获得的，有时则靠水手走私上岸。还有些商贩会从乡村店主那里获得可交易的商品，这些店主的商品来自进口商或制造商。

在独立战争后的几年，美国的新企业开疆拓土，把贸易拓展到了海外——甚至远销中国。企业家是风险的承担者，他们获得土地、借贷资金、以物易物、制造生产。[18]印刷机推动了识字的普及，激发了人们的阅读热情。此外，美国早期的交通和通信方式也有所改善，运河在 19 世纪 20 年代和 30 年代成为货物运输的主要途径。1825 年竣工的伊利运河是美国最发达的内河航道，联通了从伊利湖到纽约市的水路；其他的小运河也形成了庞大的水运系统，服务于俄亥俄州的阿克伦、马萨诸塞州的洛厄尔和芝加哥等城市。[19]铁路里程也在增加，1840 年的美国已经拥有 2 800 英里⊖的铁路运输线。[20]

商贩是美国早期的市场革命必不可少的一部分，他们携带手工制品、进口货物、图书和印刷品去推销，把农村、内陆和城市连接成为一张网。商贩和手工业者一起改变了农村生活。他们不仅把手工制品带到了农村和城镇，还引入了市场文化。他们推销的纽扣、布料、扫帚、椅子、钟表、

⊖　1 英里 = 1 609.344 米。

图书、绘画和装饰品，在当时都是"富裕的象征"。[21]

商贩分为三种类型：有的像吉尔德那样从事个体推销，他们用纸币购买货品或以物易物；有的为某个手工业者或店主工作，赚取薪水或佣金；有的受雇于商贩组织，分销制造商或商户的产品。这些组织小到两人，大到超过十几人，听从某个大商贩的指挥。佛蒙特州的莫里罗·诺伊斯雇用的商贩人数多达 20 名，有时甚至达到 50 名。商贩网络很重要，它促使手工业者、银行、航运及交通公司、仓库整合成为有效的流通体系。

有些商贩售卖的商品种类繁多，有些则专注于售卖单一品类，譬如锡制品、钟表或图书。锡制工艺起源于美国独立战争前的康涅狄格州，并在那里集中发展了几十年。商贩们向农民兜售瓶罐和平底锅，向他们介绍能够节省时间或者能让生活和工作更便利的新产品。在南北战争前的大部分时间里，生产锡制品只能依靠人力、畜力或水力。因此生产规模有限，但随着小型工厂的建立，工厂的生产能力超过了当地需求，于是手工业者和制造商想方设法把他们的产品卖到新地方。

锡制品商贩随身携带瓶罐、平底锅、盒子、桶和器皿的样子，简直就是"美国佬"的写照。莫里罗·诺伊斯既是制造商，也是总批发商，他雇来兜售锡制品等物件的商贩则是中间人，负责把农民的需求和工厂对接：他们把手工制品带给顾客，同时把可复用的产品带回工厂。[22] 在 19 世纪早期，卖得好的锡制品商贩的工资大约在每月 25～50 美元（相当于今天的360～730 美元），每年的雇用期为 6～9 个月。这样的工资水平比农民要高，农民在夏季大致能挣 8～15 美元（相当于今天的 120～220 美元）。[23]

专注单一品类的商贩也会兜售那些新近推出或者需要他们推介的商品，比如钟表，还有 19 世纪中期以后出现的缝纫机。在 19 世纪初，尤其是在伊莱·特里开启钟表机芯的工厂化生产之后，钟表商找到商贩来分销他们的商品。[24] 大约从 1802 年开始，特里利用水力制造他的木钟，每年生产几百台。他通过商贩在新英格兰各地推销，到了 1806 年，特里钟表的年产量就增长到大约 4 000 台。1816 年，特里发明了小型钟表，它便于搬运，不到两英尺[⊖]高，而且很吸引人，外壳和钟面上都有装饰性图案。相对于当时的钟表来说，它较为便宜，售价大约 10 美元（相当于今天的 125 美元）。[25] 钟表商贩售卖时更喜欢收纸币或硬币，而低价产品（如锡制品）的商贩以货换货的可能性更大。[26]

随着设计和生产方法的改进，到了 1820 年，特里和该地区钟表创业者的总产量达到了每年 15 000 台，奠定了康涅狄格州全美钟表制造中心的地位。[27] 在这种情况下，制造商要想把钟表销往全国，还得靠商贩。有些钟表分销给了其他州的店主或大商贩，再由他们的推销员把货卖给当地的农民和镇上的人。还有些商贩在初秋时从康涅狄格州出发，一边开拓新业务，一边追收上季的欠款，等到春天时再回家。

早在南北战争爆发以前，避雷针商贩已经被人熟知。避雷针是由本杰明·富兰克林发明的，19 世纪中期装在屋顶上很常见，特别是在美国中西部和容易发生雷暴的地区。这些金属棒由黄铜或铁制成，配以装饰性的玻璃球，安装在屋顶的最高处以吸引闪电，并将电流通过一根连接线安全地引导到地面。[28]

科尔兄弟是最大的避雷针制造商之一。该公司由四兄弟在 1849 年创立，最初取名为富兰克林避雷针工厂。科尔兄弟公司雇用了若干团队销售避雷针，仔细搜寻农村市场的商机，最终打开了艾奥瓦州、密苏里州、印第安纳州，以及内布拉斯加州、堪萨斯州、肯塔基州和得克萨斯州部分地区的市场。[29] 销售员在春夏两季工作，因为这时是暴雨的多发季节，谷仓里的牲畜和庄稼很容易受灾。《草原农民报》对这份季节性的工作有过评论，揭示了一名积极进取的避雷针商贩的典型画像：秋天，当隆隆的雷声向南消退……雷电"监管者"便集结他的兵力、他的两轮轻便马车、运货马车和马，还要安顿好马的过冬食宿……可是一到春天，当一缕缕蜿蜒的霞光划过云层，他惴惴不安的心就被唤醒。他像马戏团团长一样，带着随行人员去占领目标市场。[30]

⊖　1 英尺＝ 0.304 8 米。

　　1879 年避雷针代理商的策略。上图：一位推销员正在绘声绘色地描述避雷针的神奇功能，他向农民承诺，避雷针可以保护其家庭和财产安全。下图：等到所有的建筑物都装上避雷针以后，一位身材魁梧的"收账员"前来收缴大笔账款。建筑物上的避雷针数量很多，有些安装得没有必要。注意看，连狗窝上也安装了一根避雷针

　　资料来源：Bates Harrington, *How'Tis Done: A Thorough Ventilation of the Numerous Schemes Conducted by Wandering Canvassers Together with Advertising Dodges for the Swindling of the Public* (Chicago: Fidelity, 1879), pp. 201, 207.

早期的美国还有许多其他类型的"小贩和行商"，他们的工作是现代销售的雏形。在一个政党之间竞争激烈的国家里，销售、推广占有重要地位。旅行布道者尤其热衷于宣扬人的自我转变，专利药品的销售员和兜售自我改进指南的商贩们也纷纷效仿。

小册子和图书是商贩时常携带的物品。乔治·怀特菲尔德是18世纪一位著名的商贩。他周游全国，在报纸、小册子和期刊上发布信息。印刷业和运输业的进步为商业革命提供了契机，而怀特菲尔德也利用了这一机会。[31]

詹姆斯·欧文在他的回忆录中写道："要员给我一份'计划'，这份计划中有我们要拜访的人员名录……"欧文有伙食和交通津贴，还会领取100美元的固定薪水；如果他是已婚人士，薪水还会加倍。

他们深刻思考过如何接近人群，如何让人群从灵魂深处发生转变，他们的做法对日后销售员的获客方式产生了影响。欧文在他的回忆录（也是给年轻人的指导书）中描述了他的方法。

欧文在他的书中还传授了许多如何说服或改变他人的通用原则。一次，一位同行跟他说，要想转变一个人的心灵，要谨慎为好，少用慷慨激昂的措辞——这就好比"最好先用一根丝线和小钩子钓鱼"，而不是虚张声势地用挂着鱼饵的大鱼钩。但欧文是一位经验丰富的渔民，他认为"钓不同类型的鱼应采用不同的方法"："如果我想钓鳟鱼，我会小心翼翼地行动，但如果我想钓白鲑，我就得拨溅起水花，因为水花声能把它们吸引过来，而它们又偏爱大鱼饵。"[32]这些常识经验跟19世纪后来出版的、告诉读者如何销售的世俗畅销书有相似之处。

早在1805年，费城的出版商马修·凯里就雇用商贩帮他卖书了，他注意到仅靠自家店的零售是难以为继的。他必须寻求"被动交易"，也就是从旅行代理商那里接单——他曾聘请过个性鲜明的梅森·洛克·威姆斯，后者是美国早期最杰出的商贩。[33]

和欧文一样，威姆斯也是一名书贩。威姆斯生于马里兰，18世纪90年代，他开始了书贩的生活。他的大部分职业生涯都在为凯里工作，他不仅卖书，而且提供关于客户需求的珍贵信息，还经常建议凯里，应该出版更加丰富多彩的内容，包括一系列自我提升的书[34]。威姆斯卖的书里面，不乏由他本人创作的作品，比如爱国故事《华盛顿的一生》（1800年），该书虚构了一段华盛顿与樱桃树的故事，并广为流传；还有一些是说教式的短文，比如《醉汉的镜子》。在给凯里的很多信里，威姆斯还缠着他不放，要求凯里给自己提高佣金，并尽快发放[35]。

人寿险的前身是社团为穷人开展的募捐活动。康涅狄格州共同寿险公司的一位代理商是这样看待自身任务的："我去波特兰和科尔切斯特出了趟短差，昨天早上回来的，我在那儿好好宣传了一下什么是人寿险。在科尔切斯特，我发现人们对人寿险这个话题一无所知，他们很需要我们。"[36]

把销售当作转变人们精神追求的一种形式，能让销售员在遭人拒绝（经常发生且在所难免）时仍然意志坚定，不达目的誓不罢休。而这并不影响它和那些世俗化的销售方法并存。

阻碍交易的经济和文化因素

对于商贩群体来说，无论他们售卖的是锡制品、钟表、图书、避雷针，还是其他货物，都会遇到许多经济和文化上的障碍。在早期的美国，虽说运河及铁路运输都取得了进步，但交通和通信能力仍然很受限。货物要么不能按时送达，要么可能在运输途中受损。例如，全木钟表在水路运输过程中，某些部件常常被浸泡，导致发胀变形。在19世纪30年代，一位商贩曾在给雇主的信中写道："秋季运出的那30台钟表，春季才到俄亥俄……金属线圈锈得非常厉害，很多被水泡胀了。我得把齿轮打磨一下，否则用不了。"[37]

除了货物运输和接收的困难，缺少统一的联邦货币也阻碍着交易的发生；在1863~1864年的《国家银行法案》出台以及美国纸币开印之前，州立银行及私营银行各自印刷商业票据。要想了解一个地区的银行票据到了另一个地区能否被接受，可是一件麻烦事。反正一个州发行的商业票据到另一个州使用时，要按票面价值打个折才行。由于许多银行都在发行商业票据，而且形式五花八门，因此假币问题也很严重[38]。这就导致交易各方更愿意从事易货贸易，或者通过赊账的方式进行买卖[39]。店员们对讨价还价轻车熟路，他们用黄油、鸡蛋或其他商品来跟商贩换货，而不是用货币。"货物出门概不退换"是当时的交易规则。[40]

商贩遇到的另一个问题是，各州各县强制他们缴纳贸易税。各地的店主通常都对外来的销售员闯到自己地盘卖货的行为很抵触，他们游说州立法机构，要对本州以外的销售员实施经营许可管控。这些税收政策也阻碍了全国统一市场的发展。早在1806年，弗吉尼亚的商户们就抱怨，其他州的商贩正在把本州的钱榨干。[41]宾夕法尼亚州曾通过一项法令，要求所有商贩，只要是售卖"外地"（本州之外）商品的，都要持证上岗。[42]而马萨诸塞州也在1846年颁布过一条关于小商小贩的经营许可法案。虽说多数经营许可证都允许商贩们在州内从事经营，但有些县还有费用关卡。例如，1825年亚拉巴马州麦迪逊县的经营许可费用是39美元。[43]这些收费现象助长了私下交易的发生，毕竟商贩们不愿多支付费用。[44]

商贩还会遭受文化上的批判，因为他们代表了蓬勃发展的市场经济，这也反映了商贩当时所处的文化背景。在民间故事中，来自北方的小商贩被刻画成精于诈骗的北方佬：他们用新英格兰工厂的废弃木料制造假肉豆蔻和假火腿；他们还卖其他假冒商品。事实上在南方地区，"北方佬"这个词被视为动词，意思是"欺骗"。[45]到了19世纪40年代，随着德裔犹太商贩的人数越来越多，反对犹太商贩的呼声愈演愈烈。一些城镇店主和商户对犹太商贩侵占自己的地盘感到强烈不满，他们是经营许可法案的拥护者。[46]

商贩们的生活居无定所，并且时刻都在做交易，这都成为当时人们诟病销售行当的原因。1823年，耶鲁大学的校长蒂莫西·德怀特曾在一篇文章中指出，商贩生涯的后果大多"非常不好"。他抱怨在自己的家乡康涅狄格州，有太多的年轻人都在驾着货物马车四处奔波。他写道："一个人的职业生涯如果始于小商小贩，那他基本上就会沦为骗子。这类人很容易把讨个好价钱当作首要目标，迫不及待地想要唯利是图。他想的净是如何耍花招，没心思考虑商业技能和交易中的诚信体系这些事。"[47]

亨利·戴维·梭罗认为推销术是一股做作、消耗的力量。在《瓦尔登湖》（1854年）中，梭罗描述了一位印第安人在康科德卖篮子的举动。这位印第安人闲逛到一位知名律师的住所，却吃了闭门羹。律师婉言谢绝，说他不需要篮子。这位印第安人对此感到不可理喻。他离开门口时大声嚷嚷道："你是想饿死我们吗？"他认为既然自己完成了编篮子的工作，律师就有义务购买。总之，这位印第安人并不理解什么是推销术。梭罗对此解释道："他没意识到，他必须让别人觉得这些篮子值得买，或者至少他自己觉得值得买才行，再或者，他得弄出些让人觉得值当的由头。"梭罗对这种交易需求非常厌恶，对销售员推波助澜的态度也很反感："与其研究如何让人觉得买我的篮子值当，不如研究一下，干嘛非得卖篮子不可。"[48]在梭罗看来，推销术带来的是欺骗、诡计和对抗，而自力更生会让推销术变得多余。销售员倡导的过度消费会令人委顿；它会侵蚀人生的真正乐趣，比如漫步、阅读和交谈。[49]

还有些人对某类商贩进行了批判。托马斯·C.哈里伯顿和赫尔曼·梅尔维尔把矛头指向了针对农村兜售新产品或新技术（比如小型钟表）的商贩，以及产品效用难以验证（比如避雷针、保险、专利药品）的推销员。

哈里伯顿是加拿大人，他通过虚构一个名为山姆·斯利克的人物，对钟表商贩的推销伎俩尽情嘲讽。他先是在1835年发表的《山姆·斯利克言行录》中引出了山姆·斯利克这个人物。此后又出版了《大使随员：山姆·斯利克在英格兰》（1843年）和《山姆·斯利克的箴言和现代事例》（1853年）。这些故事让北方小贩工于心计的形象流传开来。斯利克自己也承认，关键不在于产品有多好，而在于知道怎么把它卖出去："得学会奉承，还得了解人性。"[50]斯利克卖货靠的是"奉承"（或者说恭维）和其他一些手段。在一则故事中，斯利克来到一位教会执事的住所前，马上就开始夸赞这栋房子多么得富丽堂皇，以及这位执事如何神采奕奕（"您这身体状况，比我们看到的年轻人好太多了"）。斯利克的伎俩之一，就是让一对农场夫妇在他巡游期间，帮他保管钟。他把钟的发条上好，挂在墙上。他知道几个月后回来取时，这对夫妇已经用惯这台钟了，就会买下它。斯利克曾说过，"如果我们从未拥有某件奢侈品，我们也能生活，但一旦拥有过，'本性上'就难以割舍了"。[51]

在对北方小贩最苛刻的人里，赫尔曼·梅尔维尔算一个。梅尔维尔于1853年在《普特南》杂志上发表了一则短篇故事，讲述了一位避雷针销售员的种种策略——估计来自现实生活中的一次遭遇。[52]在一个"雷电交加"的夜晚，这名避雷针销售员一反多数销售员的"温和"做法，用力敲开了一家农户的门。他"身材瘦削、表情阴郁"，手里拿着"磨光的铜制避雷针，足有4英尺长"，他整个人看起来像罗马神话里的众神之王朱庇特。这位表情阴郁的销售员一进屋，就抱着激发潜在客户焦虑的目的毫不动摇。"他嘶喊着，声音里异样地夹杂着警告和威胁，'离壁炉远点！你不知道冒出来的热气和煤烟都是导体吗？更别说这么大的壁炉架了？快离开那儿！我求你了！不，我命令你。'"[53]最终农夫觉得受够了，即便屋外暴风骤雨也要把他赶出去。

在1857年出版的小说《骗子》一书中，梅尔维尔塑造了一个更加阴险的行商的形象。这是一名游走在密西西比河船上的魔鬼旅行者，他时而以草药推销员的身份出现，时而自诩为煤炭公司的代理商或者印第安慈善机构的募捐人。无论假扮哪种身份，他都会通过开空头支票的方式从陌生人那里捞一笔：草药肯定能治好你的病；这家煤炭公司的存货肯定会升值；饥寒交迫的塞米诺族的寡妇和孤儿会得到拯救。当然，梅尔维尔的笔墨不限于销售。他看到了推销员邪恶的一面，即通过开空头支票的方式来行骗。在他看来，商贩博取受骗者信任和信心的手段，不外乎是做虚假的空头承诺，比如保证房子不会遭受雷击，或者这剂草药肯定能治好病。[54]

司法档案显示，商贩们有时采用的骗术异常卑劣。在某个州法院的卷宗里，避雷针制造商科尔兄弟的一位代理商遭人起诉，原因是他借着一位农夫没戴眼镜无法看清合同的当口，占人便宜。卷宗里提到，这位推销员"给农夫读了，或者说假装读了合同内容，但关于避雷针价格部分的内容却只字不提"。他以适中的价格把避雷针卖给了这位农夫，但连接避雷针与地面的导线报价（按英尺计算）却高得出奇。他想方设法使用尽量长的导线，于是账单价格达到惊人的 404.25 美元。[55] 有些法院卷宗揭露过地图商贩的"小把戏"，这些人声称地图绘制得很精细，实际则是潦草的素描；还有些卷宗提到，一些苗圃代理商售卖的种子从未发过芽。[56]

因此，无论是各地区的商家和政治家，还是作家和牧师，都把小商贩们视为破坏性强、扰乱社会的一群人。这时的批评和几十年后人们对销售和广告的批评不同，后者诟病的是机构铺天盖地的产品推广（通过杂志广告、广告牌等各种手段）。在 19 世纪中期，人们把批评的矛头指向那些在农村市场走街串巷的个体小商贩。这些商贩被视为自作主张的外乡人：他们的行为可能产生危险的后果，那些行为包括兜售其他州的竞争性产品、推销带有不确定特性的产品（像避雷针）、在面对面的交流中获取信任（事实说了才算）。

令人着迷的小商贩

许多（或者说大多数）小商贩都是勤奋诚实的，只是小说和司法档案里很少提到这些。亚伯拉罕·科恩在 19 世纪 40 年代初曾是一名小商贩。他在日记里写道，他遇到的农夫跟詹姆斯·吉尔德在 1818 年时遇到的差不多，都是精于讨价还价的一群人，每笔买卖都要压价。[57]

从 19 世纪 40 年代开始，一些创业者尝试着找到办法，消除社会对于商贩行当的阻碍和疑虑。他们开始更细致地研究销售，给销售员提供详细的指导书，同时从一线市场上收集更多信息。

1853 年美国某协会的领导者为自己的代理商制作了一份 24 页的销售指导手册，还建议代理商保存交易日志，按月汇报给总部，并收集对其他销售员有启发的轶事。[58] 这份"代理商指南"会定期更新。1864 年，当美国处于内战时，该协会又发布了长达近 50 页的新版销售指导手册。[59] 这也表明，销售指导已经由吉尔德时期对交易日志的收集，转变为更加持久和有序的工作。

这个时期的销售员和雇主想着法子在说服力上下功夫，就连批评家也会因商贩们对受众的掌控力感到着迷。作家纳撒尼尔·霍桑回忆，他曾看见一位小商贩在一所学院的毕业典礼上吸引了一群人的注意，并写道[60]："我本可以站在那儿，听他说上一整天。"在梅尔维尔和哈里伯顿（山姆·斯利克系列小说的作者）的作品中，故事的主题也跟小商贩的技巧和用语有关。一位历史学家曾这样写道：梅尔维尔笔下的商贩钱不离口，交易二字总是挂在嘴边，并且非常在行，以至于他们自己也沦为交易的工具。[61]

P. T. 巴纳姆的成功经历也说明，19 世纪中期的人们普遍都想了解说服、忽悠和"推销"之术。巴纳姆是当时最受人瞩目的剧团经理。19 世纪初，他曾担任一家乡村商店的售货员，当顾客提出以黄油、鸡蛋和山核桃换商品的时候，他必须要应对，因此也学会了如何狠命杀价。[62]他在纽约市开设了美国博物馆，里面摆满了珍奇物品，比如斐济美人鱼，"是由干瘪的皮肤、毛发和鳞片混搭而成的，看起来曾经存活过"。[63]许多人扎堆来到美国博物馆，并非因为轻信（真能看到 165 岁高龄的乔治·华盛顿的保姆），而是因为他们对这样的精心编排喜闻乐见。巴纳姆的展览总会让人好奇自己是不是上当受骗了；如果是的话，又是怎么上钩的。[64]

南北战争结束后，大众和专业群体对销售和推广的兴趣有增无减，因为一些行业的制造商组建了大规模的推销员队伍，并着力扫清推销中的障碍。他们把新技术运用到销售中，主张废除州与州之间的关税，拟定了成功销售的规章，招募的销售员数量也越来越多。

第二章

Birth of a Salesman

推销《格兰特将军回忆录》

小商品推销员的艺术

南北战争以后，出现了越来越多专业化的推销员，他们走街串巷，拜访农民。据官方统计，1880 年美国的上门推销员和小商贩共有 53 500 名，其中男性有 51 000 名，女性有 2 500 名（许多女性是图书代理商）。[1]

小商品推销员卖的商品小巧、便宜、容易制造，比如书、地图和避雷针，兜售技巧也日臻完善。他们往返于农舍之间，留下了许多坏名声。农业报刊对他们激进的销售话术颇有微词。当时一位评论家曾抱怨道："卖地图的会利用公众的虚荣心做文章。卖书的会拿图片内容做诱饵，讲述它如何风靡世界。还有那些卖避雷针的家伙。他们给客户的合同里充满陷阱，以至于人们常常担心会不会被算计了。"[2]

其他行业的流动推销商纷纷效仿小商品推销员的做法。到了 19 世纪中期，贵重机械（比如磅秤、缝纫机和收割机）的制造商也开始把推销员组织起来。这些商品的生产和运营程序复杂，因此需要提供说明与服务。这些机械厂商的早期销售策略对 20 世纪大企业的销售方法产生了深远影响。[3]

但小商品厂商仍然值得关注，因为他们费尽心思开发出了精妙复杂的销售策略，可以促成农民（通常是农民家的主妇）一次性购买，或者说是"交易型"销售。有几家公司（尤其是出版公司）在好几个州组建了规模化的推销组织。

依靠推销员发展业务的厂商竭尽全力对销售队伍进行组织和控制。销售和大多数经营活动一样，会在雇主和员工之间建立正式约定——有时是口头的，有时是书面的。厂商通过授薪或返佣的方式雇用销售员，或者约定其他财务条件，比如有时会承担销售员的马车或其他设备的费用。有些厂商把产品折价卖给小商贩就万事大吉了。还有些厂商允许小商贩赊账进货，这种做法在物品的售卖上尤为普遍，比如卖书，商贩可以提前订货、货到付款。[4]

但销售还关乎销售员应对非正式规则的能力，比如行为规范和礼节习俗。推销员必须掌握和利用人际交往的习俗。19 世纪中叶以后，厂商和雇主们开始减少对推销员机灵劲儿的依赖，转而采取系统化手段，给销售队伍配备销售手册。手册基于推销员的销售技巧（批评者所说的"伎俩"）编撰而成，旨在帮助推销员应对农民的质疑和抵触。这些手册也显示出推销员对销售心理学的敏锐洞察。

出版商和小商品厂商为推销员配备的指导工具可谓精心，既有对工作职责的正式描述（薪酬等级、推广区域、货运方法），也有对工作涉及的非正式情境（如何与"潜在客户"交谈）给出的提示。从某种意义上说，这些小商品厂商不仅制造产品，也制造销售说辞。销售手册中有构思精妙的对话场景，对销售的诠释有点像民间传说和幽默故事，这和 20 世纪的销售经理们采用的分析、量化方法颇为不同。这些指导工具，特别是其中的销售手册，是现代推销术演进过程中的重要一步。手册的出现说明，当时的企业面临着迅速培养大批推销员的压力。手册的厚度和复杂度体现出，说服客户购买是件困难事。同时它还表明，推销员的意图很明确，就是说服客户，而不仅仅是提供所售商品的信息。

厂商还借鉴南北战争时期的军事模式，引入了"销售战役"的概念：借助战时宣传和积极筹款，组建大规模兵团。比如，费城银行家杰伊·库克曾发动几千名代理人去说服美国人投资债券，支持国家事业。

南北战争结束后，销售指导手册里经常有军事战役的术语，因为厂商要给推销员打气，帮助他们征服那些有抵触心理的客户。马克·吐温为了推销尤利西斯·S.格兰特的回忆录，就曾发起过这样一次声势浩大的销售战役。

形形色色的小商品推销员

1870 年，美国有 1 300 万成年劳动者，其中超过一半（大约 53%）是农业的直接生产者，比如农场主、农场管理者和劳工。[5] 也难怪这一时期的大量商业活动都与农产品的贸易和运输有关。农民、代理商和商户利用电报、蒸汽船和铁路，把从个体农户那里收集的谷物、棉花和食品运送给批发商和零售商。从 19 世纪中叶起，企业家和商户开始发展仓库和谷仓网络，还创建了商品交易所，从而使得农产品的流通加快。[6]

推销员经常售卖那些能减轻农作负担的商品，如黄油搅拌机和孵化器。他们还出售包装好的种子、球茎、根茎、灌木、果树和专利药品。印刷公司和出版商会雇用销售员推销图书、地图和地图册，比如费城的雅各布·蒙克。[7]

南北战争结束后，销售员的称呼经历了不少变化。最常见的称呼是推销员和代理商，往往是指那些领取佣金的销售员。代理商通常受雇于某个出版商，代表它们从事图书贸易，而保险行业的代理商可以经营某个地区的办事处。19 世纪中叶以后，人们又把那些上门兜售小商品的销售员称为小商品推销员。这些称呼的用法并没有做严格区分，小商贩、小商品推销员、代理商都可以特指任何一类行商。它们的共通之处也容易理解，都指向一个共同的目标：直接向消费者售卖便宜的商品。

　　许多小厂商的策略就是雇用大量的推销员，支付给他们佣金，并提供整体指导。一些已成规模的厂商，比如出版商，会聘用总代理来监督某个区域的推销员的选用。还有些厂商只会在报纸上发布推销员的招聘广告，然后通过邮件方式录用。销售员会挨个拜访农场，拜访目标通常是农场里的主妇。

图书代理商

　　推销员中最常见的角色之一是图书代理商。许多东部地区的出版商陆续雇用推销员，以订购方式销售图书，也就是先下订单，之后再交货。这种做法至少可以追溯到约翰·詹姆斯·奥杜邦，他的作品《美洲鸟类》就是这样售卖的。[8] 商业大亨杰伊·古尔德、作家布雷特·哈特和美国总统拉瑟福德·B. 海斯年轻时都沿街贩卖过书。著名政治家丹尼尔·韦伯斯特作为推销员，卖过托克维尔的《论美国的民主》。[9]

　　康涅狄格州的哈特福德是当时图书订购行业的重镇。[10] 在 19 世纪六七十年代，这座城市的图书订购企业至少有十几家，每年雇用的代理商总人数多达 5 万人。[11] 总部设在哈特福德的美国出版公司曾刊登广告，招募残疾军人担任代理商，该公司也雇用年轻人、教师和退休人员。[12]

　　订购的图书通常是六七百页的大部头，读者会因此觉得"物有所值"。[13] 订购出去的图书主要是与家庭保健、法律章程相关的自助指南。推销员还会卖新出炉的"成功手册"——这些书大开本、有插图、装订精美，告诉读者本书能教会年轻人取得人生的成功。书的作者有教育家和职场励志作家，类似的书名有《忠于人生之路》。[14]

　　图书商贩还会兜售与南北战争等历史事件相关的图书，比如霍勒斯·格里利的《美国冲突》、托马斯·普伦蒂斯·凯特尔的《反叛》、哈丽雅特·比彻·斯托的《我们时代的人物》。[15] 休伯特·豪·班克罗夫特曾雇用推销员，把自己编写的中美洲、墨西哥和得克萨斯州的多卷历史著作卖了出去。班克罗夫特会给推销员传授销售技巧，并通过报纸广告和宣传册的分发来支持他们的工作。[16]

从事图书订购的出版商把大部分的财务风险转移给了图书代理商。多数代理商只能折价购买图书，还要承担销售费用；他们不仅要在乡村四处推销，还得在初次销售后跟进客户，直到收到付款才行。[17]

许多推销员是兼职的，大多是看到报纸上的招聘广告后去应聘的。图书推销员中也有女性。安妮·H. 内勒斯在《图书代理商的生涯》（1868 年）一书中描述了自己的经历。她看到一则报纸招聘广告后去应聘，从而开启了销售生涯。伊利诺伊州的皮奥里亚县是划拨给她的指定销售区域。她在支付 2.5 美元后获得了自己的第一本书，同时还免费得到了宣传册、传单和一本订货簿，订货簿会显示她卖出的每本书可以匹配哪些不同的封皮。[18] 接下来她开始东奔西跑了。只要客户同意买书，内勒斯就会跟印刷公司下单，后者会把书邮寄过来。内勒斯会在邮寄处支付书款，然后去客户那里收款。她会留下收款与付款之间的差额，这样每本书大约赚 1 美元。[19]

从事图书订购的出版商会跟零售书店发生直接竞争。合同规定，图书代理商不得向书店经营者出售任何图书。不过图书推销员可以凭借强大的说服力把书卖出高价，每册书的价格有时高达 5 美元到 7 美元（约合如今的 65 美元到 100 美元），而零售商的售价通常不到 3.5 美元（约合如今 50 美元以下）。[20] 1874 年，零售商乔治·A. 莱维特公司指出，行商的存在挫伤了零售书店的积极性。"如果说我们能触达 5 个镇，那他们就能触达 500 个或 1 000 个，甚至有时候半打代理商都会扎堆在一个镇上。"[21]

图书代理商和那些推销员和小商贩一样，成为人们批评的对象。有人指责农村地区充斥着"蒙人的"廉价图书。[22] 弗朗西斯·E. 克拉克曾在《乡巴佬的信》（1889 年）一书中指出："在报纸常见的指摘对象中，恐怕除了长期受苦的丈母娘，就属图书代理商了，和其他人相比，他们的抖机灵显得很廉价。"[23]

为了训练一支图书推销员大军，出版商会给招来的推销员邮寄一包销售指南。"推销装备"包括一封信函，一份推销员与出版商之间的合同，一份代理资质证明，一份建议清单，一份书目说明，协议书和名片若干，周报表和订单表若干，写有出版商地址的信封、海报，以及印有其他标题的小册子。此外还有样书和订货簿。[24]

销售手册也包含在推销员的装备里，它描绘了销售流程中可能出现的不同流向，预判了客户的反对理由，并给销售员提供了现成的应对办法。埃比尼泽·汉纳福德以讲述美西战争见长，但他在 1875 年独创了一本书，名字叫《成功推销的实践秘诀与指导：高级图书推销员专用手册》。手册分为若干章节，语气和编排显现出军事化味道："运筹决胜""发动战役""整体推销""获取订单""综合管理""兜售的实践秘诀""需要防范的弱点""特别情况提示""应对拒绝""交付图书"。

这本手册强调销售员要展现专业形象，要视自己为公司的代表。它认为成功的销售只会源于坚持不懈的努力和悉心的准备。图书代理商要学习里面的 80 个短篇章节，并"在书的空白处用铅笔标出让你印象特别深刻的段落"。[25]

推销员向农民展示的样书旨在吊人胃口，因为样书的内容并不完整。否则客户不仅会要求保留样书，而且能把整本书都翻一遍并看到全貌。如果只展示部分内容，销售员就能把书中的悬念作为销售的噱头。[26]

手册建议，推销成功的关键是保管好样书。代理商要牢牢抓好"内容说明书"——样书的别称，别让潜在客户触碰它，否则就把控制权拱手相让给潜在客户了。语言不必花哨，但要"简练、直接、有力"。还有一点很重要，代理商不要跟客户商讨价格。"一定不要跟客户谈价格，除非你已经把内容说明书展现得淋漓尽致了。如果客户中间问起价格，你先友好地避而不谈（或者更好的做法是先假装没听到）。你可以说些类似的话，'嗯，您知道像这么厚的一本书，一般都得卖到 ×× 美元；但我们不会要这个价'。"[27]

针对推销过程中潜在客户提出的反对意见，这本手册也给出了现成答案。它建议图书代理商在处理抱怨时，首先要表达赞同（要说这个反对意见是有道理的），然后要把客户的负面评价转化为销售员的优势。跟潜在客户争论是非，或者急于驳斥对方的抱怨，都是无济于事的。赢得辩论通常意味着丢掉生意。

这本手册尤其需要关注的是，如何让那些曾经被代理商坑过的人减少疑虑。书中有大量客户异议的举例，这表明市场上廉价劣质的图书不在少数。其中一个例子是这样的：

> "我买过（一些毫无价值的书），感觉自己完全上当了。"
>
> "是啊，这真糟糕。任何一个有常识、有原则的代理商都不会卖那种书的。我们就想把这类图书赶出市场。人们在买书这件事上有鉴别力了，我觉得挺好；因为这本书才是你想要的。你看（然后继续展示你的书）。"[28]

注意这个"回答"里并不具体针对什么书——事实上，上述话语清楚地表明，你的回答跟书本身无关。

这些文案细节凸显了销售与广告的区别。广告面向的是大众，传递的是厂商或广告代理商的信息。它既不会制造冲突，也无须直接回复。而销售是以互惠互利为基础的。销售员知道，人的表达有章可循，总会受到礼貌和其他社会习俗的影响。当潜在客户说"我要考虑考虑"的时候，既有可能是她的本意，也有可能是在表达她无意购买，只是希望销售员赶紧走开。图书代理商需要通过训练，来应对这些常见的托词。比如，销售员可以问一句："您还需要考虑什么呢？"

销售文案是销售员历经客户的常见托词后，总结出的最有效的话术。在南北战争结束后的几年里，销售文案主要是为了激发"潜在客户"的焦虑，特别是对于财产损失的担忧。避雷针销售员会讲述一家人的房子和谷仓着火后变得一贫如洗的故事；人寿保险的推销员会说那些寡妇和孤儿由于家中没有保险，经历了一文不名的磨难。自我成长也是推销中的热门话题。图书代理商既卖成功励志类的图书，也卖关于法律和健康的参考书。推销的另一个常见策略是激发身份焦虑。销售员在向潜在客户兜售一件物品时，通常会说邻居们早就买过了。

总而言之，小商品推销员的销售文案表明，农民和其他潜在客户群体最关心的事情，就是保护好自己的财产和维持现状。可以说这样的历史背景给了我们一则启示：在社会与经济都处于巨大流动性的时期，人们对亏损的恐惧要远大于对财富的期望。同时这也暗含着销售员直到 20 世纪仍然保留的一种认知偏好（并得到了心理学家和行为经济学家的认同）：面对可能出现的亏损，人们更倾向于规避风险，而非期待收益。

销售文案是一种启发式的工具，旨在帮助销售员解决销售中遇到的"问题"。但它同时表明，销售不是一件容易的事，光背现成的答案是不够的。销售员必须得有其他招儿，这些招儿又很难定义：能量、信心、热情。而这才是销售的精髓；销售员必须像"战士"一样执行命令——不仅自己要信，还得说服别人信。销售员的语调很重要，要让人感到愉快，不能让人讨厌。代理商不能让人觉得笨拙或冷淡。销售手册建议[29]，"要让你的影响力有掌控感"。说服是精妙的艺术，举手投足很关键。一个小小的举动，比如身体抽动或者眼神犹豫，都可能把交易搞砸。

《格兰特将军回忆录》的销售战役

标准化推销的所有元素都在《格兰特将军回忆录》的销售战役中得到体现。这次活动由马克·吐温鼎力策划，堪称是 19 世纪规模最大、最为成功的一次销售战役。

马克·吐温在前 30 年的写作生涯里，都是采用先预订、后发售的方法卖书。这些书包括让他声名鹊起的《傻子出国记》（1869 年）、《苦行记》（1872 年）、《汤姆·索亚历险记》（1876 年）和《密西西比河上的生活》（1883 年）。马克·吐温不是一名离群索居的作家，他非常热衷营销自己的图书。他会过问每本书的生产成本和插画设计，以确保最终出版的作品引人入胜，或者至少让人觉得有趣。[30] 马克·吐温的外甥女婿查尔斯·韦伯斯特担任了他部分图书的总代理，马克·吐温有时会给他写信，谈谈销售策略。1884 年 4 月 14 日，马克·吐温在给韦伯斯特的一封信中说："推销要赶早，并且要全力以赴，你才能指望把发行日定在 12 月 10 日或者 15 日（一年中卖书的最佳时机），但如果预订量达不到 40 000 本，我们就得推迟到预订量达标的时候再发行。策略就这么简单，只要照着做，那我最近写的两本书就有救了。不过我想不出有什么理由，会阻止这本书（《哈克贝利·费恩历险记》）的畅销——肯定会成功，一定能。"[31]

　　预订销售模式能带来丰厚的经济回报。比如马克·吐温的《浪迹海外》这本书，按照合约，50% 的利润归他所有。当时美国出版公司发行了 62 000 本，每本售价 3.5 美元（约合今天的 60 美元），总计收入 217 000 美元（约合今天的 400 万美元）[⊖]。出版公司支付给总代理 112 000 美元，约合总收入的 51%。总代理会把其中的一部分收入支付给推销员。公司自己赚 106 000 美元，也就是说每本书大约赚 1.70 美元。从中扣除制作成本 41 540 美元，剩余利润是 64 460 美元。马克·吐温从中分得约 32 000 美元（约合今天的 590 000 美元）。[32]

　　1884 年，马克·吐温和他的外甥女婿韦伯斯特在哈特福德成立了自己的出版公司，并以韦伯斯特作为公司名。[33] 他很想从自己的作品中挣到更多的钱，也想出版和推广其他人的作品——首当其冲的就是格兰特将军的回忆录。马克·吐温当时得知，格兰特将军已经同意让世纪公司出版他所经历的南北战争见闻，但双方在最终条款上还没达成共识。格兰特将军写这本书主要是想赚钱：他的券商公司格兰特沃德由于合伙人费迪南德·沃德的欺诈，于 1884 年 5 月倒闭，这让格兰特几近破产。马克·吐温去纽约拜访了格兰特，试图说服后者把回忆录的出版权给自己的公司。他告诉格兰特，世纪公司提供的条款有纰漏。马克·吐温一如既往地展现出精湛的推销技艺，最终说服格兰特跟韦伯斯特公司签约，并向他承诺，会超乎他想象地把 70% 的利润分给他。

　　1884 年的夏天，格兰特知道自己身患癌症以后，开始动笔写回忆录，不到一年的时间，他就完成了这部长达两卷的杰作。起初，他在纽约市 66

　　⊖　原书为 218 000 美元，疑有误。——译者注

号大街的家中写作。随着健康状况的恶化，他搬到了纽约萨拉托加温泉外的一个度假胜地继续写作。多数时间他都是自己动笔写，有的时候他会口述给家庭成员。他的儿子弗雷德里克、马克·吐温，还有前任助理和军事历史作家亚当·巴多都曾帮助过他。关于马克·吐温和亚当·巴多对正文的贡献究竟如何，人们有不同的揣测（巴多本人曾起诉，称自己应享有这本书的更多功劳和收益，结果败诉了），但多数历史学家断定，这部作品主要是由格兰特本人完成的。《格兰特将军回忆录》详尽描述了格兰特将军在墨西哥战争和南北战争中的亲身经历，是一本非常出色的文学作品。马克·吐温认为，这是自恺撒以来最为出色的将军回忆录——尽管他的看法难逃有失公允之嫌，但还是得到了其他人的认可。[34]

在格兰特写作期间，韦伯斯特开始长途跋涉，前往全美各地招募代理商。他梳理了总代理候选人的性格和财务状况信息。排除了一个"看似酒鬼的人"和另一个"手头有太多事情的人"。[35] 对于销售经理来说，能够找到在销售战役中坚持不懈、即便遭受很多拒绝仍不退缩的好销售员并不容易，并且一直都是挑战。马克·吐温吩咐韦伯斯特，鉴于本书的主题，要把精力放在雇用老兵上，还要鼓励他们佩戴大军团（Grand Army）勋章，这样潜在读者就不会视若无睹了。例如，马克·吐温曾在给韦伯斯特的信中建议，要让一位知名的老兵成为堪萨斯州的总代理："堪萨斯州居住着80 000名大军团的老兵，霍默·庞德是总指挥。"[36] 最终，韦伯斯特公司雇用了16名总代理商和大约1万名推销员，其中在纽约和布鲁克林地区的有200人。[37] 马克·吐温在信中建议："必须给推销员分派街道或部分路段——先去开拓纽约的偏远地区，然后再把纽约市的好地段交给业绩最好的推销员。"马克·吐温还建议准备一套销售文案："给推销员提供一份清单，告诉他们什么话该说，什么话不该说。"[38]

从1885年3月开始，推销员们陆续拿到了订单。与此同时，随着格兰特癌症的恶化，他和他的家庭的境遇越来越不妙。整个春季，公众对格兰特每况愈下的健康状况都感到揪心。而格兰特也急于把这本书完成，甚至有过一次口述1万字的经历。当年夏天，格兰特去世了，在举国哀悼之际，推销员展开了全美各地的推广工作。

韦伯斯特公司给每位推销员准备了一份销售手册，名为《如何介绍U. S. 格兰特的个人回忆录》，里面包含了一系列的销售话术。手册共37页，公司还建议，不要让潜在客户看到它。

"我拜访的目的是希望给您提供一次机会，看看格兰特将军写的书，报纸上关于这本书的话题已经铺天盖地了。"这是推销员的开场指导语。[39] 手册还建议推销员要事先准备好样书，要给客户展示插图和节选文字，但还是那句话，别全给客户看。接下来的话术是："每一册都是600页的八开本，这张将军画像用合金钢制作，是他21岁在美国步兵团担任少尉时的照片，还是银版照相法拍的。"[40]

接下来，推销员继续探讨装订方案，价格从几美元到12.50美元（约合今天的230美元）不等。"我觉得怎么装订取决于您，反正谁都不想让人觉得，自己连格兰特将军的书都没读过。况且这本书还可以代代相传，每传一代都会升值。"[41]

推销员可以提供分期付款的要约，并收到指示：记得提醒潜在客户，格兰特的家人很可怜，需要帮助。"让潜在客户坐下来，坐在围栏角、树墩后面、犁梁上，都行。把书就放在他的腿上，但你得给他翻页。"手册还建议，"切记，离开房间时不要背对着这家人；要侧着身往后退，一边退一边注视着这些好人，要让你离别时的眼神充满阳光。"手册提醒推销员，要对自己抱有"百分百的信心"，还要记得"热情是销售员的必备素质"——类似这样的信息几乎在每本销售手册中都会反复提到。[42]

手册还建议，推销员要夸赞农夫的住宅和财产。其他提议如下：

> 获得客户订单最有力的说辞之一，就是赞赏他的影响力。你也可以考虑其他奉承或恭维的手段，只要有效，多多益善。要想成功做到这一点，你必须在拜访客户之前对他做全面的了解。如果他对自己养的牲畜引以为豪，你就说早有所闻。你对它们要表现出极大的兴趣，甚至想去见见。找到一个人的软肋，围绕它做

文章，这样即便有些人一开始不听你说话，之后往往也会对你感兴趣。

要像远离毒药一样远离人群。与其走进一群人当中招揽生意，不如一动不动地躺着什么也不做。当一个人出门在外，或者不在自己的街区时，你碰到他后向他兜售的胜算很小。而当他在家时你专程拜访，并跟他单独交谈就会容易得多。特别要强调的是专程拜访，这时候他的注意力会被你吸引，这和你在外面跟他邂逅不一样。

住在十字路口的人家很重要，要拿下。因为接下来你可以从三条不同方向的拜访路线中任选，而你刚刚拜访的那一家已经签单了。[43]

手册中还有图书交付后回收书款的指导，并为推销员虚构了一位名叫"希金斯太太"的人物。

希金斯太太："先生，您必须把书拿走，因为我没钱付给您。我也要不到钱。"

推销员：（之前他谢绝了对方的座谈邀请，说自己当天还有三四十本书要交付，所以必须干脆利落。）"非常好，希金斯太太，我坐下来歇会儿等您，或者派约翰尼去史密斯太太家借点钱回来。史密斯太太刚给我付了款，似乎她有不少钱。她看起来很受人尊敬，并且毋庸置疑，她还是您的闺蜜，肯定乐意帮助您。有句话我得跟您说，希金斯太太，我要再来拜访就非常不方便了，许多订户都会看在我的份儿上去借钱，不会麻烦我或让我失望。"说完之后，推销员就坐在椅子上，跷起二郎腿，拿出订货簿和铅笔开始计算账目，俨然一副既分秒必争，又决心坐在那儿待一天的架势。[44]

一位怒气冲冲的陌生人长时间逗留在家里，想想就觉得来者不善——这也是有效的推销。

在城镇里推销

推销工作一定要落实到底。要尝试让街道上的每家每户下单后再离开，有些家庭多拜访几次也是值得的。沿着一条街的一边一路推销，然后再到这条街的另一边推销的做法是不明智的；你应该先在街道的一边推销，到了十字路口后过马路，到街道的另一边去招揽生意。这就可以利用好你在那条街上的名声和影响。只有系统、细致的推销方法才能带来回报，也才能让代理商在一个地方做得长久。

拜访客户要从哪个门进

永远要从正门进入：这说明你对自己和自己的职业都心怀尊重。如果你从后门或厨房进来，就说明销售员的工作难登大雅之堂。销售员要在客厅、书房或会客室里介绍产品，要让人知道，你的工作配得上在这里；你要表现得像个绅士，在大雅之堂里舒适自在。

你在步入客户家门的时候，要寻求对方的许可，帽子先不用摘下来，只需触碰一下向家中的女主人示意，得到对方邀请后再进门。进门时要第一时间摘下帽子。你的举止要随和，但也不要过分讨好。

怎样从客户的房间离开

离开房间时不要背对着这家人；你要侧着身往后退，一边退一边注视着这些好人，要让你临别时的眼神充满阳光。当推销员没有拿到订单时，可能只想说"再见"，然后扭头就走。这是绝对不行的。这样告别既不妥当也不出彩。好的做法是，面朝对方或者侧着身向后退，并说："我知道您还没有决定要不要购买，等您想好了，您可以到邮局给我寄信。"你要一边这样做，一边开怀大笑，仿佛你已经拿到了十本书的订单——离开时要迈着胜利的步伐；一开始这样做需要很多努力，但熟能生巧，并且一定得做到。肯定会有几小时甚至几天你颗粒无收，但只要你稳步推进，一周下来就会有好结果。

摘自《如何介绍 U. S. 格兰特的个人回忆录》（1885 年），目的是指导旅行推销员如何进屋、如何离开（要走正门，而且离开的时候千万不要背对着潜在客户），以及提醒销售员要给人留下好印象

资料来源：*How to Introduce the Memoirs of U. S. Grant* (Hartford, Conn.: Charles Webster, 1885), pp. 26-27, Mark Twain Papers, Bancroft Library, University of California, Berkeley.

这次图书销售战役大获成功：截至 1885 年 5 月，这部双卷合集的订购量达到了 6 万套。[45] 发行日当天代理商共卖出 200 000 册。其中 19 000 册发往旧金山，60 000 册发往芝加哥（主要针对中西部地区），40 000 册发往新英格兰地区，50 000 册发往特拉华州和宾夕法尼亚州。[46] 到了 1886 年初，格兰特的回忆录在美国的销量已经达到 325 000 册。虽然南方地区业

绩平平，但是西部地区的销量巨大。不少利润都分给了格兰特的遗孀。马克·吐温曾于 1885 年 12 月写道："我们装订并卖出了 200 000 册书；等到10 日，我们还会完成余下的 125 000 册第 1 版图书的发售。"[47]1886 年，查尔斯·韦伯斯特给了茱莉亚·格兰特一张 200 000 美元的支票（接近今天的400 万美元）；最终，格兰特家族从《格兰特将军回忆录》这本书上获得了420 000～450 000 美元的收益（比今天的 800 万美元还要多）。

其他小商品推销员

其他小商品推销员收获的雇主建议，和出版商给图书代理商提供的指导差不多。杜威的《树木代理商私人指南：代理商和经销商使用手册》（1876年）包括了一本园艺用语词典和一套植物花卉的名称发音指南。该手册是代理商的推销入门指南，它建议代理商一定要给人留下好印象，还得把自己和普通的小商贩区分开来："代理商要感受到自己职业的崇高，要有造福他人的范儿，而不是求人帮忙。"手册提醒代理商，"你的时间属于雇主"，因此绝不能"偷懒"。推销员的目标是激发客户的种植欲望，为此他要给客户传递果树的美感和价值，要展示插图。"成功的关键不是客户种树的需求有多强，而是你说服他们的能力有多强，你要让他们相信，种树是生命中最重要的工作，一天也不能耽搁。"[48]

一些退伍老兵创建了销售公司。内战结束后，T. H. 汤普森上尉和 L. H. 埃弗茨少校创办了一家地图公司；他们把招来的推销员派到艾奥瓦州的县城，兜售县域地图——每张售出的地图都可以提供定制服务，把农夫家的房子和土地一并画上。后来，汤普森 & 埃弗茨公司把业务拓展到了其他州，并在报纸上大做广告，这时候他们不仅卖地图，还卖与农家地产有关的画。[49]

其他雇用推销员的行业同样经历了销售队伍发展壮大和标准化的过程，同样视推销为一场军事战役。公平人寿保险社的创始人亨利·B.海德为了培养代理商队伍的竞争意识，可谓煞费苦心。代理商一经录用，就会收到一连串激情洋溢的信。海德为开拓新业务的代理商提供了特殊奖励，比如在 1869 年的一封信里，他承诺会给签订保单最多的代理商奖励一块金表。"对于公平人寿保险社来说，新业务的开拓是 1868 财年的要事，其重要性和上一财年相比可以说强得多，再怎么重视也不过分。"海德写道，"我唯一关心的是，我们这支无与伦比、骁勇善战的代理商队伍，可别因为感到战无不胜就止步不前了。"[50] 他在此后的信件中仍然强调同一个主题：坚持。

为了更好地管控销售流程，海德和保险业的其他管理者会给代理商提供广告支持。其中最常见的广告形式，是由独立保险作家或行业杂志发布的小册子。这些小册子会讲述一些短小、通常带有悲剧色彩的故事，比如主人公因为没买人寿保险所经历的悲惨境遇——妻子在救济院中死去，孩子被迫辍学。主流保险公司会大量采购这些宣传册，然后在封面印上公司的名称和标志，发给潜在客户。[51]

海德在他的书信中，还提到了无所事事的危害。他提醒代理商，推销人寿保险是"有尊严"的，并且"意义重大"。[52] 他把销售成功等同于超凡努力。在他撰写的《给代理商的忠告》（1865 年）一书中，海德针对每种能想到的销售场景都匹配了话术，并建议代理商，要让身边所有的朋友都投保；要说服各地的牧师帮忙，让他们的信徒也投保；要把所有的婚礼和葬礼都视为潜在推销场所。[53]

行商队伍中最出名的一类人是专利药销售员，他们平时携带的药品有莉迪亚·E.平卡姆的蔬菜合成剂、幸福止咳糖浆、麦钱特漱口油和赫里克糖衣药丸。南北战争结束后，这类销售员的数量大增。医药销售员会经常奔赴前线，向受伤的士兵推荐药物，这些药通常含有不少酒精。内战结束后，专利药销售员有的来到南方，有的去了北方，试图从生活受困、丧失能力、身患疾病以及孤苦伶仃的人群中找到客户。[54] 有些药品销售员的工作仅限于挨户推销；但还有些人选择做娱乐表演，他们精心准备了牛仔戏、私人野生动物展、乐队表演和吃馅饼大赛，这些活动能让他们把信息传递给受众。基卡普印第安医药公司的火炬表演常常伴随着激情洋溢的演讲，演讲内容是关于古印第安药物的疗效。据统计，1859 年专利药的行业总产值为 350 万美元（约合今天的 7 500 万美元）；等到 1904 年，这一数字翻了 20 多倍。[55] 正如历史学家詹姆斯·哈维·杨所说，这些推销员是现代销售及广告业的真正先锋，他们发放年历、搭建路边指示牌、在搞笑书和歌谱上印广告。"规模化的专利药生产商……是最早运用大量心理诱饵吸引人们购物的推广者。"[56]

推销与"解构"

从格兰特的回忆录和上面这些事例中可以看出，在 19 世纪 80 年代，推销员的挨户拜访（无论采用正式的还是非正式的做法）已经成为常态。在南北战争结束以后的几十年里，一方面销售标准化的做法日渐显露，另一方面越来越多的文章呼吁人们要警惕推销员，处理欺诈伎俩的法律条款也在增加。比如南达科他州就通过了一项法案，禁止不符合条件的推销员佩戴"共和大军团"的徽章。[57]

在这些批评声的背后，体现了人们对推销标准化，或者从更大的层面说，对说服技巧的关注，也就是现在常说的"影响力"。影响力这个词在 19 世纪末的销售手册中司空见惯。一本图书代理商的销售手册里是这样说的："如果要问成功推销的步骤是什么？我们给出的回答是：影响力、影响力、影响力！有了足够的影响力，你就可以说服最固执的人、安抚最偏执的人、搞定最暴躁的人。"[58]

赢得影响力有切实的步骤可循。其中之一就是把重要人物的名字先列出来："多数人都会担心自己在买书的时候缺乏鉴别力；你可以把名单展示给他们，就说 A 博士、B 教士、C 法官、D 教授、E 上校或者 F 乡绅已经鉴别过了。要买就赶紧。"[59] 手册建议，要说服镇上的重要人物下单，还要让他们写推荐信。

手册还提出了"推销的理念"，指出了销售的三个基本步骤[60]：

- 赢得倾听的机会。
- 创造欲望。
- 拿下订单。

这个"理念"吸引人的地方在于，它假设"需求来自创造"。在图书代理商看来，经济的发展并不遵从萨伊定律，即"供给会自己创造需求"。需求来自销售代理商及其伶俐的说辞。

尽管销售手册把"影响力"描述为撬动经济的重要力量，但在 19 世纪末的绝大多数作品里，这个词具有贬义。在 19 世纪早期，道德家们在箴言手册中常常提到"影响力"。他们告诫想去城市工作的农村娃，要警惕城市的危险，并给出了避免危险的建议。箴言手册中包括道德规范、衣着仪表，还会针对饮食起居给出建议。书中特别提醒，要防范行骗的男人和"涂脂抹粉"的女人，因为这些人会对人们的生活产生负面"影响"。历史学家凯伦·哈尔图宁这样写道："影响力如果被善用，可以感召他人、彰显魅力、引发强烈的共鸣，如果被恶用，则是一剂毒药、一种疾病，是传染源和腐败源。"[61] 在错误的影响力的支配下，年轻人会陷入奢侈和罪恶的生活。

在催眠术等伪科学书里，影响力也是常见的话题。19 世纪的美国，巡回催眠师为人熟知。他们不即不离地追随奥地利医生弗朗兹·安东·麦斯麦（1734—1815）的教义（按照麦斯麦的推断，人的健康会受一种看不见的、流遍全身的液体的影响），并自诩能够疗愈他人。巡回催眠师会在某个非常夸张、甚至情绪高昂的场合，运用磁体或者挥动的手去掌控一个人体内的磁性流体。那些有才华的催眠师有时能将他们的客户（通常是女性）引导进入恍惚或者昏睡的状态。催眠师和骗子一样，常常因为擅于施加影响力而遭到指摘。比如在 1845 年的《"一名磁化师的自白"：真相！》一书中，拉·罗伊·桑德兰说："人们迄今熟知的'催眠'，其实是影响他人的一种形式；我要道出催眠的真相和应用背后的意图。"[62]

总之，"影响力"和推销术一样，在 19 世纪末是非常热门的话题，既有批评者，也有拥护者——其中很多人好奇如何施加影响。这种批判、欣赏参半的态度在贝茨·哈林顿 1879 年出版的《大揭秘：游商的把戏和欺骗公众的广告》一书中表现得尤为突出。一方面，书中所写和农业期刊中通常抱怨的内容很相似。书的前言写道："多年以来，一些别有用心的人把农村视为猎物，攫取了大量财富，养肥了一群狡猾懒惰的推销代理商和一帮彻头彻尾的诈骗犯。他们精于算计、擅于设套，并且非常懂得操控，以致几乎每个社区、每家每户都深受其害。"哈林顿详细描述了图书订购代理商、专利权推销商、果树商贩和珠宝商贩惯用的小把戏。这种不法行为不仅体现在受害对象的选择上（专挑贫穷的农民、机械工人、劳动者下手），还表现为种种工于心计的做法。哈林顿写道[63]，"推销已经降格为一门科学"——他借用"科学"一词表达了嘲讽，暗示推销不过是精心策划的"骗术"，或者擅用"影响"的技巧。

另一方面，哈林顿的书既揭露了推销的现实，也堪称一本实操手册（正如书名"大揭秘"）。该书原本是为了教人防范别有用心的推销伎俩，但也成为准销售员和准诈骗犯的入门指南。[64]哈林顿在抨击推销员种种是非的同时，也饶有兴致地厘清了销售员的方法。他把销售视为分步走的流程，这和19世纪后期，很多操作手册里谈到的主题很相似。

还有一些自白体的书和哈林顿谈的主题相类似，这些书都想利用公众的好奇心来赚钱，包括 S. 詹姆斯·韦尔登的《二十年的托钵僧》、J. H. 莫蒂默的《一个图书代理商的自白：二十年风雨路》、杰克·格林伯格的《一个工业保险代理商的自白：纪实》。[65]韦尔登在《二十年的托钵僧》一书中，追溯了他作为避雷针销售员、图书代理商、杂货经销商的经历。标题用"托钵僧"（fakir）这个词，既表达了富庶的东部和神秘主义的概念，也借用了"骗子"（faker）的谐音。他说，"托钵僧"就是那些对产品虽然一知半解，却能"夸夸其谈"的人。这类书共同定义了一次性销售的策略：提出开放式问题，运用描述性语言和故事来激发潜在客户的焦虑，借助不同的报价（既有高价，也有低价）激发购买欲望，运用展示（或者不展示）来调动好奇心。

哈林顿的书反映出，这段时期的人们对推销有种左右为难的心态。一方面，人们对销售方法很感兴趣，因此在20世纪10年代和20年代，社会对销售的关注与日俱增。另一方面，这种兴趣还要隐藏在表面的义愤之中。这些义愤直指城市价值观对农村生活的冲击，销售说辞的蓄意编排与精心策划，以及消费引发的巨大争议——在邻里之间持续营造竞争氛围，让人陷入羡慕与购买的无尽循环之中。[66]

第 三 章
Birth of a Salesman

建立全国市场

旅行推销员

在小商品推销员和图书代理商说服农民客户的同时，还有一类销售员也奔走在农村市场，我们称他们为商务旅行者或旅行推销员。他们大多受雇于大批发商，还有一部分人则是依靠佣金自谋生路。[1] 他们和小商品推销员服务的客户类型不同，旅行推销员的客户是商人，因而采用的销售策略也不同。他们对通过心理手段快速成交的销售方法不太在意，而是更看重培养与客户的长期关系。不过在现代销售的发展历程中，旅行推销员和小商品推销员对现代销售的发展都起到了重要作用。

在 19 世纪的大部分时间里，大多数生产商并不分销自己的产品，而是通过大型批发商卖货。这样生产商就不必建立广泛的分销网络。更重要的是，他们可以将全部的资源投入到生产改进当中。批发商好比"股票经纪人"——也就是说，他们的经营模式不是抽成，而是拥有货物的批发权。这些批发商的经营地早期集中在美国东海岸的大城市，南北战争结束后，他们开始在美国内陆城市发展，比如辛辛那提、圣路易斯，最活跃的当属芝加哥。铁路、电报和蒸汽船的发明使得批发商有条件构建起庞大的采购网络，可以从全美任何地方甚至海外进货。这些新运输方式还使得批发商有能力构建起远程运输网络，把产品重新包装，切分成小份，也就是"作业"，再发往全美各地的偏远角落。[2]

南北战争结束以后，一些旅行推销员受雇于纽约和费城的大批发商，携带着产品手册和装有样品的旅行箱，进军美国的南部和西部市场。[3]他们携带的产品包括纺织品、威士忌、食杂、专利药品、珠宝、化学品、硬件和皮革制品。[4]

旅行推销员通常会把这些货物卖给位于乡村十字路口的综合商店。这些商店囤积种类繁多的日常用品，包括水果和糖果、钉子和铰链、马项圈、电灯、布料、金属线、网、绳子、酒精、油漆、皮革制品。商店里往往摆满了货物，有时连天花板也用来展示商品。[5]这些商店业态的发展，推动美国的小商贩时代走向了终结。[6]

在战后的几十年里，旅行推销员逐渐成为主角。当铁路业还没发展壮大时，批发商不会派遣代理人去开发市场。相反，区域性商店的店主和商家会亲自到东北部地区的某个大城市选购商品。批发商的销售代表们通常会到火车站跟这些乡村店主打招呼，试着吸引这些人到自己东家的"宅子"去看看，或者拉他们到附近的酒店，给他们展示货物。也就是说，早先的旅行推销员或"钻蛀虫"[○]会待在城市里，等着各地区的商家来光顾。直到19世纪的后几十年，大型批发商才真正把旅行推销员派到外地招揽生意。[7]

伴随着铁路运输业的发展，旅行推销员的人数也有所增加。根据人口调查，1870年旅行推销员的数量大约为7 000人，1989年增长到了6万人——该数据往往低估流动就业者的人数，其他预估大多比这要高。《纽约时报》认为，1882年旅行推销员的人数就达到了95 000人。[8]旅行销售行

○　形容旅行推销员在销售活动中不遗余力、无孔不入。——译者注

业的竞争在加剧。有一位五金用品的销售员从 19 世纪 60 年代开始从事这一行，他说刚开始的时候，很少邂逅同行。"如果碰到了，他们看见我都会很开心。"[9] 但此后几十年，五金行业的竞争越来越激烈，销售员在公路、铁路上撞见同行，成为很平常的事。

THE SALESMAN'S SNARES FOR HIS ANNUAL VICTIMS.

1881 年《泼克》杂志上刊登的一幅漫画。画面里有一群城市批发商的旅行推销员正在争夺乡村市场的买家订单。他们聚集在火车站，试图说服抵达的店主去他们的批发点看看，这些店主一年来镇里一回。为了拿到订单，旅行推销员们会先带店主去喝一杯或看戏，然后"押送"他们去看货。不过，就在这幅漫画问世时情况发生了变化，铁路和电报的发展，使得旅行推销员可以动身，去全美各地寻找买家了

资料来源：*Puck* 9, no.219, May 18, 1881, back cover. Widener Library, Harvard University.

旅行推销员在寻找新商店代卖货物这件事上，可谓不遗余力。19 世纪末流传的对句足以印证他们的神通广大："哪里豺狼望而却步，哪里销售找

到出路。"[10] 旅行推销员成为连接农村与城市、批发商和零售商之间的桥梁。商品的分销也加速了大型批发商和工厂的发展。

雇用旅行推销员的批发公司位于全美经济活动的中心地区。它们经销的商品来自世界各地。随着 19 世纪末交通和通信条件的改善，新发明或者新流行的产品流通速度加快了，包括成衣、罐头食品和冷冻食品。1860 年，把纺织品从纽约运到芝加哥需要花三天时间；到了 1880 年只需要不到 24 小时。[11] 旅行推销员成了连接城市和农村的纽带，他们从城市的库房出发，批发威斯康星州的木材、密西西比州的棉花、伊利诺伊州和宾夕法尼亚州的枪支和钢铁以及马萨诸塞州的布料。[12]

和小商品推销员不同的是，旅行推销员是销售行业中的"贵族"，至少他们自己这么认为，并称自己为"手提箱骑士"或"商务大使"。1869 年，纽约市旅行推销员协会发布了一本小册子，名为《欧洲与美国的商务旅行体系：历史、习俗和法律》，里面讲述了推销行业从古至今的发展史，以及商品的流通效率和流通自由度是如何提升的。"众所周知，商务史记载的其实是人类如何从见习和野蛮时期逐渐演变到今天的安康文明时代。我们知道，腓尼基人和叙利亚人不仅在艺术、发明和文字上独树一帜，在商务上也享有盛誉。"[13]

旅行推销当时被定义为"男性"职业，因为从事这一职业的基本都是男性。1890 年就是这样（当时，99% 的旅行推销员是男性），此后几十年，情况也没有发生改变。这个百分比高于 1890 年男性在劳动力市场的占比（82%）。几乎所有的旅行推销员都是白人（99%），其中绝大多数又是生于本土的美国人（1890 年的比例是 85%）。与此相反的是，在"个体小商贩"类别中，外国出生的人数占比要高得多（1890 年为 53%）。[14] 尽管小商品推销员中不乏犹太裔和女性图书代理商，但旅行推销员几乎全是白人男性。

旅行推销员挣得比小商品推销员要多，享有的社会地位也更高。1874 年，有一位避雷针推销员转行做了旅行推销员，他是这样说的："我再也不用销售那些挨家挨户敲门的产品了，我跟那些客户告别，说我们不必再见了。我要从事旅行销售，我要向客户推销能够使用一生的产品。"[15] 在

19世纪最后的几十年，熟练工人每年的薪资在500美元到800美元（约合今天的8 500美元到14 000美元），旅行推销员的平均年薪在1 200美元到1 800美元（约合今天的20 000美元到31 000美元）。最顶尖的旅行推销员依靠高提成可以挣得很多——19世纪70年代和80年代，以马歇尔·菲尔德的公司为例，能干的销售员可以赚2 000美元，最棒的销售员则能挣到6 000美元（约合今天的35 000美元到100 000美元）。[16]

有了大型批发商的支持，旅行推销员开拓采购和分销网络的力度也加大了。[17]成功的旅行推销员会与零售商建立人际关系，并由此积聚影响力。旅行推销员从大型批发商那里离职后，有时会把客户带走，因为他们认为客户是自己的，不属于公司。[18]旅行推销员对市场行情和信用规则也非常了解。事实上，旅行销售堪称青年商人的商学院。威廉·H.鲍德温曾在一次演讲中说，旅行销售对于美国的年轻人来说是巨大的机遇。[19]

对于旅行推销员来说，有很多地域和后勤因素要考虑。旅行推销员不再只是为了达成一笔交易，而是要"拿下"一座城镇，因此必须勇于探索新大陆，赢得当地的生意。[20]

旅行推销员由此重新定义了销售员的形象：他们频繁地在火车上和旅馆的大厅里碰面，成立了旅行推销员协会和俱乐部，有的还加入了19世纪末出现的兄弟会组织，比如石工工会和共济社。他们以"男子汉"的方式搞行业庆典、举办仪式活动、插科打诨、讲故事。在他们眼中，旅行销售就是攻城拔寨，就是把丰富的物资塞进沉甸甸的箱子，通过装货、卸货，达到发展本国贸易的目的。而在批评者眼中，旅行推销员宣扬其男子气概的行为，无异于侵占当地的商业利益，且有伺机勾引农民家的女儿之嫌。

旅行推销员还推动了销售新规则的制定，他们把销售当作能带来丰厚回报的商业冒险。精湛的销售不是靠耍花招，而是靠建立客户信任——信任的建立需要日积月累，需要销售员为客户提供商业建议。至少，这是五金产品代理商桑德斯·诺维尔的心得。诺维尔等旅行推销员曾撰文表示，最重要的是经验。常年的旅行能教会销售员如何识人；好的旅行推销员都"擅于相面"。有些作者为此出版作品，他们基于面相学和骨相学，为新入行的旅行推销员提供识人指南。但对于旅行推销员来说，销售多少是一门艺术，建立在对产品和人性的了解的基础上。销售的"科学性"意味着"系统"的创造，也就是销售员们如何把他们自身的经验、人脉与商务实操的细节（比如客户的信贷报告、出货计划和运输成本）相结合。[21]

手提箱骑士

大型批发商，比如马歇尔·菲尔德（如今是一家大型零售商），在19世纪末的商业机构中占有重要地位。它们通常具有相似的组织结构，设置了采购、储存、销售、运输部门。批发商有广泛的甚至是国际化的采购网络，可以从多家生产商选购产品。[22]买家通常会设定采购价格和销售价格——最终的成交价会给销售员留些空间。批发商还会雇用运营经理，这些经理的职责是跟踪实际出货情况——有时来自数以百计的小生产商，有时来自上千家顾客。[23]信贷和回款部门会从信贷报告机构和销售员那里收集信息，以确定每个客户的付款条件。在19世纪70年代，信用评级机构R. G.邓氏公司和白氏公司（后来这两家机构合并为一家）是主要的企业信贷评级供应商。邓氏公司雇用了大约1万名报告员和调查员（其中一位是美国总统亚伯拉罕·林肯），每天会收到大约5 000份信息垂询。[24]

销售员的工作由销售总经理来监督和评估。大型批发商还会雇用助理销售经理负责不同的片区。和直接向农民推销的行商组织相比，大型批发商的销售队伍要小得多，因为它们的客户数量要少得多——都是商店老板和区域批发商。销售部门通常会包括广告部，广告部的职责是整理公司的产品目录，偶尔也会在报纸上发布广告。

旅行推销员和小商贩不一样，他们通常能在批发商机构中获得晋升，以及从事不同的职务；小商贩的聘用通常只需邮件传达或快速面试即可。批发商这样做是有必要的，因为它们给旅行推销员的责任和小商贩相比要大得多，包括有权给零售商提供赊购。此外，旅行推销员的管辖区域也比小商贩要大。

批发商和旅行推销员之间的"正式"合约涉及销售区域、薪酬费率以及赊购限额。旅行推销员不仅要确保货物的流通，还要负责提供信息。他们要填写订单表格、信贷报告，并把信息反馈给批发商。他们的工作兼顾销售和广告，包括在十字路口、教堂集会区和其他能找到的地方分发宣传页和张贴海报。[25]

旅行推销员拜访店主时会留下名片。名片的色彩明亮鲜艳，并且会采用一些吸引眼球的手段，堪称"把推销武装到印刷"的范例。比如在1880年，推销白金汉胡须染色剂的名片上有一个带拉环的图案，顺着拉环的方向，图案中胡须的颜色会从白色变成棕色。[26]旅行推销员还会帮助店主布置柜台和橱窗陈列，并提供推广建议。[27]

销售经理会为旅行推销员制定一套业绩激励方案，并引导他们按照满足公司利益的方式工作。激励方案中通常既有底薪也有佣金。只拿佣金的旅行推销员往往只想"稳赚"，他们不愿开发新片区、不屑于写报告，也不愿做推广工作。为了拿到更多提成，他们会想办法让零售商多囤货。因此在19世纪末，很多批发商更愿意给销售员底薪，在此基础上再奖励佣金。如果批发商想让销售员主推某件商品（比如某款新布料），他们就会提高销售该商品的佣金比例。还有很多雇主开始给销售员报销费用，不再提供固定的每日津贴，因为后一种做法会让旅行推销员为了省钱而去住廉价的酒店或者坐便宜的火车。[28]

和小商贩相比，旅行推销员的销售技能不易察觉，或者说他们有"非正式"的规则。旅行推销员和书商的不同之处在于，他们未必遵循事先写好的销售脚本，他们的说辞也没那么复杂。一位旅行推销员曾这样回忆[29]：

> 我在第一次旅行前曾请教我的老板，接洽潜在客户最有效的方法是什么。我的老板拒绝给我提供任何建议或指点，说没有固定的规则，但如果我能因势利导，就肯定可以找到介绍自己的最有效的方法，并赢得客户倾听的机会。

旅行推销员外出期间，总部也不会对他们进行什么指导——并且这些销售员一走就是好几个月。一位叫乔治·奥尔尼的旅行推销员在19世纪中期曾服务于一家纸张和文具批发商。他说："有时你得到的指示既不清楚，也不符合实际。今天这样几个小时能说明白的事，过去得花好多天。"[30]

后来，从事批发的旅行推销员们为了达成目标，开发出一套独有的策略。如果说小商贩关注的是一次性销售技能的规范化，那么旅行推销员关注的则是构建与客户的长期关系。比如奥尔尼就认为，"旅行推销员必须擅于跟人打交道。擅于交往的旅行推销员举止迷人、招人喜欢，并且总有法子吸引当地的多数商户前来拜访"。奥尔尼的销售片区涵盖了整个南方，他写道："那时候主要的商铺都在十字路口，我会顺道拜访某个之前从未去过的商铺，做个自我介绍，并递上名片。这时店家往往会拿出一瓶酒之类的东西，于是我们就混熟了。"[31] 旅行推销员是一份需要有"人格魅力"的职业，部分原因是他们卖的产品往往差异性不强——因此就得凭借个性彰显差异。新出炉的笑话或故事（无论是销售员头天晚上坐火车时听到的，还是从旅行销售杂志中精挑细选的）都是销售的工具。

和小商贩采取的"硬推广"一样，旅行推销员与客户建立长久关系的做法也是一种策略。或许这也是最为明智的策略：不是先卖东西给别人，而是先和对方喝上一杯或者聊聊天。《商业旅行者杂志》这样形容旅行推销员："老道的商户和专业的报刊早就发现，微笑已经成为旅行推销员的一种商标。"[32]

更为重要的是，由于旅行推销员知道，他们可以针对同一个客户常年进行拜访，因此交易时会小心谨慎，比如别让商户因为囤积了过多产品而卖不出去。尽管如此，不道德的销售行为仍然时有发生。

亚伯拉罕·卡恩在1917年写过一本书，名为《大卫·莱文斯基的崛起》。书中的主人公这样说道："我成为一名优秀的销售员。如果你问我成功道路上的因素是什么，我得说是跟客户沟通时展现出来的热情。这种感情是真诚且富有感染力的。"[33] 但旅行销售光靠热情还不够。旅行推销员还需要依赖很多小刊物来促销，比如城镇的工商企业名录、信用报告、旅馆指南和列车时刻表。旅行推销员一方面要真诚友好地推销，另一方面要对货物的流通了然于心，并把产品销售的方法标准化。这样一来，旅行推销员就建立起了商务网络，也是经济发展中最为重要的流通渠道。

形形色色的批发商

在 19 世纪中，批发商及其麾下的旅行推销员大多销售单一类别的商品，比如纺织品、食杂、五金、酒、颜料和清漆。他们一般要负责某个品类下所有产品的销售，数量以百千计。

几乎所有行业都有自己的期刊。食杂批发商和销售员会阅读《杂货商标准》（1873～1912 年）等期刊；糖果批发商会翻阅《糖果杂志》（1874～1953 年）和《糖果与冰激凌零售商》（1889～1927 年）。很多专业期刊都是伴随着 19 世纪末批发商成为经济主流而产生的。这些期刊包括《纺织品指南》（1898～1921 年）、《纺织品报道》（1871～1929 年）、《鞋业》（1893～1910 年）、《皮靴与鞋》（1882～1901 年）、《美国家具简报》（1880～1902 年）、《芝加哥木材商》（1897～1929 年）、《音乐行业指标》（1878～1915 年）、《五金交易商杂志》（1893～1929 年）、《用具时代》（1892～1918 年）、《红酒与烈酒公告》（1886～1918 年）、《美国药剂师》（1885～1890 年）、《药房公告》（1887～1928 年）、《药品公告》（1879～1933 年）、《美国珠宝商》（1882～1929 年）、《珠宝商周报》（1885～1900 年）。[34]

这些期刊会记载商业旅行中的见闻，并且会避免使用"跑街的"这样的字眼，毕竟听起来不太职业。1875 年，《糖果杂志》上刊登的一篇文章这样写道[35]：

> 旅行推销员的数量如今已经大大超过以往。如果你看到一个聪明、活跃的男士在市郊的商店逐个拜访，与商店老板私密交谈，并且拿出备忘录不时记录着什么，那这个人就是旅行推销员，我们也乐于这样称呼自己。这些人有自己的工作方式，既是为雇主做事，也是为自己做事。哪家公司都离不开他们。

杂志还会介绍新推出的机械产品或流行用品，也会为销售员的招募和企业名录的购买打广告。

旅行推销员拜访客户的频率因商品的类型而定：卖杂货的销售员一般每个月跟客户见一次；卖药品的销售员每两个月跟客户见一次；卖纺织品的销售员每年跟客户见两到四次；卖鞋和皮具的销售员每年跟客户见两次。[36] 如果产品的体积小，旅行推销员会带着样品一家店一家店地拜访。否则，他们就找一家旅店，在自己的房间或者专门预订一间房来做产品展示。19 世纪末，很多旅店都为旅行推销员准备了展示厅。由于产品种类繁多，因此装样品的行李箱往往很大很沉。乔治·马歇尔在 1892 年出版的《拎包去旅行》一书中写道："旅行推销员要携带的箱子通常多达 20 个，重量约为 4 000 到 5 000 磅⊖。"[37]

糖果批发商的销售员出行时会携带产品目录和糖果样品。像 M. E. 佩奇这样的糖果批发商推销的产品种类很多，包括糖浆、葡萄糖、马铃薯淀粉、坚果、油和植物色素。费城的 E. 格林菲尔德之子公司售卖什锦糖、软糖和一便士特色商品。费城的戴维斯华纳梅里特公司经营人们眼中的"外国"水果——橘子、香蕉、菠萝、椰子、葡萄。[38]

药品批发商和其他行业的很多批发商一样，直到南北战争结束后才外派旅行推销员。不过他们一开始就让旅行推销员不仅卖药，也卖化学品和某些提炼物。[39] 纽约市的温埃文斯公司专卖苏打和漂白粉；圣路易斯的密苏里化工厂公司销售硫酸等酸性物质。药品销售员会随身携带产品目录和样品箱，里面装有药品、化学品、药粉、药草、根茎和种子。

当时最有名、最有影响力的批发商从事纺织品批发。他们销售的产品包括亚麻、麻纱、天鹅绒、丝绸、斜纹织布、棉花。[40] 在 19 世纪中，最大的纺织品分销商是纽约的亚历山大·T. 斯图尔特公司。该公司设有批发部和零售部。截至 1870 年，年销售额为 5 000 万美元（约合今天的 6.85 亿美

⊖　1 磅 = 0.453 6 千克。

元），其中 800 万美元来自零售；雇用的员工人数为 2 000 人。与之经营规模相当的是纽约的另一家纺织品批发商 H. B. 克拉夫林公司。芝加哥和费城是另外两个纺织品批发中心，芝加哥有马歇尔·菲尔德公司，费城则是胡德邦布赖特公司的总部所在地。[41]

尽管马歇尔·菲尔德在雇用旅行推销员队伍方面起步晚，但该公司的批发销售队伍组织有序，这对它的成功经营起到了关键作用。马歇尔·菲尔德在 20 岁出头的年纪来到芝加哥，并成为当地最大的纺织品批发商——库利沃兹沃思公司的一名职员。很快他就成为公司外派的销售员，骑着马前往艾奥瓦州，拜访了那里的每一座城镇。他凭借自己不凡的表现，最终成为这家公司的合伙人，直到该公司于 1864 年解散。1865 年，菲尔德和他的伙伴利瓦伊·莱特接管了另一家知名的纺织品批发商——波特·帕默的公司。帕默的公司在芝加哥的名声不错，因为该公司频繁地在当地报纸上做广告，并且实施了若干让客户感到称心的政策，比如"客户如果不满意，可确保退款"，这在当时闻所未闻；菲尔德和莱特上任后，继续贯彻这一政策。他们还摒弃了易货交易的做法，实施了商品的单一价格政策，因为很多顾客对易货交易的过程"感到讨厌"。[42]

1867 年，菲尔德和莱特收购了帕默的公司，并把它改名为菲尔德莱特公司，帕默仍然是举足轻重的人物，他把位于州街和华盛顿街拐角处一座显眼的大楼租给了这家新公司。菲尔德莱特公司既从事零售，也从事批发：1867 年，该公司的销售总收入为 910 万美元（约合今天的 1.1 亿美元），其中 760 万美元来自批发；1872 年，该公司的总收入达到 1 720 万美元（约合今天的 2.5 亿美元），其中 1 400 万美元为批发收入。[43]

菲尔德能与纽约的纺织品批发商竞争，凭借的是他的销售组织。一开始，菲尔德坚持要求店主们到芝加哥的店里来验货。但在 1877 年，公司成立了一个三人的旅行销售团队去卖地毯。这一行动后来大获成功，于是公司加大了对"乡村差旅"的投入，1893 年达到了 142 940 美元（约合今天的 280 万美元）。历史学家罗伯特·W. 特怀曼曾这样描述在菲尔德莱特公司工作的旅行推销员[44]：

他们出发时会拎着包，带上几个箱子——里面装满了样品货物，身上穿的背心印有会社徽章。旅行推销员们会在指派给自己的销售片区里，耐心而辛苦地进行拜访，一个城镇接着一个城镇。每当他们抵达一个城镇，就会在当地旅馆找两间房，一间自己住，另一间安置货物。而在抵达这个城镇之前的几天，他们会提前给城镇里的每家商户邮寄一张卡片，通知他们自己过两天会过来拜访，由此销售工作准备就绪了。

再到后来，菲尔德会雇用两类旅行推销员。一类是"通用销售员"，他们销售的产品类别繁多，包括布料、玩具、首饰，地域也比较分散。另一类是"专用销售员"，他们销售专用的、高品质的产品，包括蕾丝、亚麻、皮具。[45]

尽管旅行推销员的类型各异，但很多共同的诉求还是把这些人吸引到了一起，成立了协会和俱乐部。这些协会组织游说，要求立法解决旅馆糟糕的卫生环境问题，比如公共洗手间里的毛巾不消毒，并呼吁通过有关改善火车站台照明条件的法案。[46]据当时的资料记载，那些最差劲的旅店"又脏又乱，食物发霉而且难吃，服务员粗枝大叶、举止傲慢，铺盖上满是油污，还有股怪味儿，上一位客人用过的床单不换，客人们总担心有虫子。服务台和周边的酒吧里，老有一些镇上的'自以为聪明的傻瓜'在闲逛，他们对每位旅客都不待见"。[47]美国旅行推销员联合会还想办法改善其他的交通条件，比如火车站台的照明。一位成员曾经写道："很多小镇除了晚班列车别无选择，晚上等车的时候可真是一场灾难。站台上的灯光总是很暗，想阅读根本不可能。到了春秋季，站台上经常没有供暖，太难受了；有时还会因此染上肺炎，严重的可能导致死亡。"[48]

旅行推销员协会的最大成就，是成功说服法院废除了牌照法案——该法案此前也束缚了小商贩的发展。[49]关于罚金的严苛程度，一位巴尔的摩商户曾对1886年的情形有过描述，"如果我们把一名巴尔的摩的销售员派到南方去，我们要为他在南方的销售活动支付牌照费，每年超过1 000美元"。旅行推销员会想尽办法规避这些法令。有的会提前把装有样品的箱子发往镇上，让自己看起来不像是个销售员，然后秘密开展业务。反对牌照法案的组织，比如纽约州旅行推销员联合会、密歇根州旅行推销员联合会和西部旅行推销员联合会，都呼吁取消这项收费。它们的游说得到了联邦最高法院的支持，在 1871 年沃德和马里兰州的诉讼，以及 1887 年罗宾斯和谢尔比县缴税区的诉讼中，最高法院都对牌照费的征收予以否决。其中第二项诉讼是因辛辛那提的旅行推销员罗宾斯在孟菲斯售卖文具引起的，他当时没有在俄亥俄州以外的地区进行销售的牌照。尽管法院在两项诉讼中否决了这些牌照要求，但它们并没有因此而完全废除。[50]

1869 年，纽约的旅行推销员协会和芝加哥的商户及旅行推销员联合会组建了反牌照团体，参与了废除牌照法案的游说工作。旅行推销员社团曾发表一份报告说明情况："商务的发展史就是一部人类不断前进的历史。我们现在探讨的这个问题，妨碍、限制、扼杀、阻止的不仅是商贸的运营，还有同一个国家不同地区之间的思想交流和智慧碰撞。"[51] 这份报告是最早对旅行推销员进行全面颂扬的文献之一。它将旅行推销员的作用从推动商贸活动本身，提升到促进国民文化发展和各地区思想交流的高度。

随着旅行推销员数量的增长，一些组织也应运而生，其中包括互助性的保险社团，比如国家联合旅行推销员组织（UCT）和美国旅行推销员保护协会（TPA），还有一些社团的建立是为贫困的和退休的旅行推销员提供帮助。每个社团都有自己的行业杂志，包括《样品箱：美国联合旅行推销员订购期刊》（俄亥俄州哥伦布市，1891 年）、《T. P. A. 杂志：美国旅行推销员保护协会期刊》（圣路易斯市，1897 年）、《旅行推销员之家》（纽约州锡拉丘兹市，1893 年）。

旅行推销员团体为这份孤独的职业提供了社交功能。1902 年 1 月，UCT 在创建约十年后，拥有了 17 143 名会员。会员每 3 个月支付大约 2 美元就可享有意外险权益。但"手提包和新月形"的会员权益[⊖]远不止这些：

㊀ 手提包和新月形是 UCT 最早的徽章构成元素，作者在这里想表达的就是加入 UCT 的会员权益。——译者注

它能提供（至少会许诺）旅行推销员特别向往的"社会声望"、男性仪式，以及"无视信仰和教义差异，对于最佳市民的无条件尊重"，但显然这里面不包含种族差异，因为会员仅限于白种人。[52]

UCT 经常举办会议活动。1902 年 12 月 28 日，星期六，一位来自明尼苏达州圣保罗的"兄弟"描述了这样一场活动："在入会仪式结束后，我们沉浸在音乐、歌曲、舞蹈以及丰富多彩的杂耍表演中。活动 8 点准时开始，欢声笑语一直持续到后半夜。"有些记载刻画了旅行推销员好胃口的形象。其中一份写道："谁看到冷火鸡、冷火腿、烘豆、热咖啡等食物被一扫而光的情景都会感到惊讶，但旅行推销员可不会。"旅行推销员也是有节制的，会议活动中不提供酒。[53]

小说《样品箱》中的情节强化了旅行推销员负责、诚信的形象，与其说他们会骗人，不如说他们会被人骗——制造业的销售经理们常常这样说自己的销售队伍。《邦纳的改造》讲的就是旅行推销员如何被算计的一则故事。邦纳"经过改造"，戒了酒也戒了赌。但火车上有两个贼，趁着邦纳看列车时刻表的工夫，把装满珠宝的样品箱偷走了，还拿一个看上去一样的箱子调包，里面装的却是破衣烂衫。[54]行业期刊也会讲一些旅行推销员的故事，里面的人物总是精力充沛。他们每到一个镇上，只用两天时间就能跟那里的人都相识。有一则故事是这么说的，一位旅行推销员利用火车临时停留两小时的工夫，做了五单生意，加入了当地的一家兄弟会组织，追求了一位姑娘并和她结了婚，由于当天还是选举日，所以这位销售员还参加了竞选，并以八票当选为镇长。[55]

1865 年到 1900 年间，兄弟会和社团组织在美国得到了蓬勃发展，旅行推销员组织也不例外，它们与其他兄弟会和社团组织一样，在举办会议和仪式活动时会戒酒。仪式活动既有中世纪的风采展示（骑士、剑、皇冠和盾牌），也有加官晋爵（主人、贵族、大臣），还有精心安排的入会仪式，让成员展现对社团的忠诚和男子气概。[56]一位 UCT 的申请人要想成为会员，就得走完一段崎岖不平、臭不可闻的路（那种味道会让人想起"变了味的鸡蛋"），然后到达含有"UCT"标识的顶峰——这里的"UCT"代表的是

"团结、慈爱、节制"（Unity, Charity, Temperance）。当地社团的干事对这种磨炼进行了解释："这是在提醒销售员：当他愧对商业规范，让客户相信那棵烂掉的大白菜没问题的时候，将会经历怎样的磨难。"[57]

旅行推销员社团由此开始重塑销售员的地位和形象，并对销售员是中间人和非生产者的指摘做出了回应。旅行推销员不是"非生产者"。他的经济贡献不是来自土地，这一点和农民不一样，而是来自全国的货物流通。

五金销售员桑德斯·诺维尔

桑德斯·诺维尔曾在圣路易斯的西蒙斯五金公司先后担任旅行推销员和销售经理。这家公司颇具规模，在19世纪80年代有70名推销员，等到19世纪末20世纪初，该公司的销售人员多达200人；1915年，它的业务遍布世界各地，拥有资产1 600万美元。西蒙斯公司为了在市场上争先不遗余力，它和其他美国中西部批发商都从事木材供应，也都服务于美国西部的发展中城市。

19世纪早期，大多数五金批发商位于东部沿海城市，随着时间的推移，他们的经营区域扩展到了内陆。到了19世纪50年代，辛辛那提、匹兹堡、圣路易斯和芝加哥出现了五金批发商。[58]很多早期的批发商都有三位合伙人，比如圣保罗市的法韦尔、奥兹蒙和柯克，明尼苏达州杜鲁斯市的凯利 – 豪 – 汤姆森以及芝加哥的希伯德、斯宾塞和巴特利特。一般来说，每位合伙人承担的职能各不相同，一位负责销售和营销，一位负责货物采购和仓库运营，还有一位负责办公、账目和财务。[59]

五金销售和其他行业一样，也受惠于交通设施和通信技术的改进。在19世纪初，五金批发商大多坐堂待客。但1870年以后，它们开始依赖旅行推销员招揽生意了。19世纪80年代中，五金产品的旅行销售非常普遍，桑德斯·诺维尔也是在这个时期开始做旅行推销的。到了1896年，根据全美五金协会的统计，75%的五金商户的销售额都是由旅行推销员完成的；剩余部分来自零售商，零售商要么直接拜访批发商，要么通过邮递方式订货。[60]

　　和其他旅行推销员一样，诺维尔会根据季节的不同来安排出行。在夏末秋初，他们给客户提供收割和打猎的用品。到了早春，他们售卖农耕用具和建筑材料。多数五金销售员只携带产品目录，也有人会配上一些样品。凭借对产品、信贷和库存盘点方法的了解，他们为零售商提供服务，尤其是那些新入行的商户。[61]

　　诺维尔一生大部分时间都在从事五金批发。他于 1864 年出生于加拿大，后来在圣路易斯长大。诺维尔 17 岁时成为西蒙斯五金公司的一名职员，后来又被派往地方公司工作。他在西蒙斯公司服务了 30 年，最终成为该公司的副总裁。在这家公司，他先后担任过旅行推销员（1883 年到 1892 年）和销售经理（1892 年到 1898 年）。他享受旅行销售这份差事，"擅于交际"，并且非常虔诚。[62]

　　西蒙斯公司的产品目录包含数以千计的商品：型号齐全的弹药、铁砧、螺旋钻和钻头、锥子、斧子、秤和铃铛（包括手铃、门铃和奶牛的颈铃）。光是滑轮、插销、镗床和支架就占据了产品目录的开篇部分。后面还有 30 多款锤子和 80 多种合页，以及狗颈圈、制图刮刀、打蛋器、涂料、线圈和各式各样的扳手。五金是商品中的一个大类。有句话是这么说的："如果一样东西，你既不能吃，也不能倒，还不能折，那它就是五金。"[63]

　　西蒙斯五金公司给销售员的待遇不菲，并因此而出名。和马歇尔·菲尔德公司一样，西蒙斯五金公司的销售员既有通用型，也有专用型，后者负责餐具、体育用品等产品线的销售。这家公司也是全美最大的五金批发商之一。

　　诺维尔 19 岁时开始做旅行推销员。他最初的任务是顶替一位生病的推销员，负责的区域是密苏里州吉拉多海角，那是密西西比河附近的一个城镇。一想到销售，诺维尔就觉得兴奋——更确切地说，一想到能去城镇旅行他就感到兴奋。他写道："我买了一个大手提箱、一件防水外套、一把大伞和其他旅行必备品。"但他很快就学会轻装上阵了。一开始诺维尔选择乘坐铁山线路的列车，为了节省两美元，他不买卧铺，宁愿整宿坐在铁炉旁打盹儿，当列车每到一站，他就会被开门时的寒气吹醒。[64] 于是他再也不算计列车费了。随着销售地域的变化，他去过亚拉巴马州、堪萨斯州，并最终到达科罗拉多，途中乘坐小船沿着密西西比河顺流而下，这些经历让他体验到他所追寻的冒险精神。

和其他旅行推销员一样，诺维尔开始旅行销售前，接受的通用技能建议和培训很有限。他写道："R. H. 斯托克顿先生把我带到餐具部。给我上了第一课。他特别提醒我去客户的商店时，一定要带着样品，并且不管客户是否需要，都要打开样品给他们看看。"[65]

但诺维尔偶尔也会收到关于如何与客户建立关系的建议。E.C. 西蒙斯先生有个绰号叫"8号"，因为他签名时，名字里的"S"很像"8"。西蒙斯教过诺维尔，如何通过把领针分给客户来制造影响力[66]：

> 我记得"8号"……递给我一打……金黄色的斧形徽章，用绵纸包着，然后对我说："让我看看，你怎么把一个徽章分给客户。"我从口袋里拿出这包徽章，打开绵纸，然后左手拿着徽章包，右手取出一枚徽章。"8号"不耐烦地摇了摇头说："错了，错了，完全错了。"为什么要让客户知道你有一打徽章可分呢？这样他会想着给店里每个员工都配一个，不会觉得这东西有多大价值。在你的领口上别一个徽章，当你拜访客户时把它取下来，别在客户的外套上。你不必告诉他你还有，这样一来，客户就会珍惜这份礼物，也会把它戴得久一些。

有了这些技能后，诺维尔就懂得如何让客户感受到特别。

诺维尔自己有最终定价权，并发现盈利多少取决于卖什么产品。标准商品，比如钉子或工具，通常价格拼得很厉害，因此利润很有限，而特色商品（尽管知道的人较少）利润更高。诺维尔还发现，他可以给大型零售商更优惠的价格，也可以针对付款慢的零售商提价。他在吉拉多海角的时候曾得到如下建议："当我和瑟奇先生（那个生病的旅行推销员）在一起时，他给我唯一的销售建议就是，要在成本之上留出平均20%的利润，'如果客户不反对，你就知道没问题了'。"[67] 当然，价格弹性也有它的弊端。精明的零售商会告诉旅行推销员，别人家的销售员提供的商品报价更低，你的价格也得差不多才行。

西蒙斯公司的旅行推销员与总部的沟通次数并不频繁，但和大多数批发商相比还是多一些。公司总裁 E.C. 西蒙斯每月给销售员寄一份月报，里面通常会有鼓励的话。激励者是销售经理都要扮演的角色，他们要想方设法说出激励人心的话。诺维尔写道，"西蒙斯先生坚信鼓励的力量，他会尽可能地在月报中鼓励我，当他觉得我必须加把劲儿提高销售额的时候，仍然会用一种友好的、不伤人的方式批评我……他让销售员觉得，自己战无不胜"。[68]

诺维尔会在周六订货，这样到了下周一的早上，货物就能发到圣路易斯市。到了下周的周二或周三，圣路易斯的商家交付订货。接下来的周六，客户会在店里收到货物；前后大约一周的时间。[69]

诺维尔的待遇还算不错，特别是在他调任堪萨斯州后，因为在 19 世纪末，堪萨斯州和许多西部地区一样，都经历了建筑行业的景气。诺维尔的固定工资是 1 800 美元（约合今天的 35 000 美元），此外还能在扣除工资和费用后获得分成。他的年销售额大约为 60 000 美元（约合今天的 100 万美元）。扣除实际成本后的利润率为 25% 到 30%，诺维尔从中分得 33%。比如，当他的年毛利是 12 000 美元的时候，他的分成就是 4 000 美元。再扣除工资（1 800 美元）和费用（1 200 美元），剩下的 1 000 美元就是年佣金。所以他的总收入约为 2 800 美元（约合今天的 55 000 美元），包括工资（1 800 美元）和佣金（1 000 美元）。[70]

诺维尔利用区域零售商工作效率低的特点，主动跟他们接洽。在密苏里州查尔斯顿的一家百货商店，诺维尔询问店主，自己能否在商店打烊后留下来，帮助他们整理库存。最后他忙了一整夜，把商店打扫干净，并做出一份商品库存清单，接下来他就可以向店主提供这家店需要的货物清单了。[71]

诺维尔要把样品从沉重的箱子里拆包、打包，为此花费的时间可不少。

一天工作结束后，他还得拖着箱子上火车，在卧铺车厢里睡一晚，第二天早上又拖着箱子来到一座新城镇。忍耐力是成功的关键，尤其是在建筑业竞争激烈的时代，比如19世纪80年代和90年代的堪萨斯。

马龙·惠利斯也曾为西蒙斯五金公司工作，他和诺维尔的经历差不多。他于1870年出生在田纳西州的纳什维尔——比诺维尔小几岁。每当回忆起青年时代，他的眼前就会浮现出形形色色的旅行推销员，他们刻意打扮，穿着"整洁时髦"的衣服，赶着小马车来到镇上。惠利斯在加入西蒙斯五金公司之前，曾在一家小公司干过几年。一开始他是公司的办事员，负责根据旅行推销员发来的订单给客户供货，还要把生产商运来的产品放到货架上。

惠利斯和诺维尔一样，也是在一位销售员离职后开启旅行销售生涯的。总部跟他的沟通同样不多，提供的指导也很少。"我（第一次）外出的头两个月，总部寄给我的信不多，关于我的整体表现和具体成果也只字不提；事实上他们几乎不会给我任何建议或帮助。"信是用很薄的纸手写的。惠利斯有利润分成，但公司不给他发工资，因此他必须自掏腰包承担费用。第一次旅行时，他不得不借钱去买马、小马车和马具。但一年以后，他的收入就比很多店员甚至记账员都要多了。在19世纪80年代，办事员的月收入为100美元，而惠利斯每月能挣150美元（约今天的2 600美元）。这也促使他想方设法去推销利润空间最大的产品。[72]

后来惠利斯因为待遇问题离开了那家小公司，加入了西蒙斯五金公司。和之前那家公司相比，西蒙斯五金公司管理得很好，它甚至有专门的部门，负责把商品运输和展示所需的箱子做得招人喜欢。惠利斯加入西蒙斯五金公司后，公司让他把产品目录捋一遍，然后列出希望随身携带的样品清单。他发现，带着样品去推销要比只带着产品目录去推销好得多。但这意味着他得拖着重箱子。[73]

惠利斯发现，尽管自己工作很努力，但旅行推销员的地位仍不高。他写道，大部分客户对他经历的生活艰辛一无所知：[74]

（他们不知道）我每天都得带着八个到十个样品箱，先打开箱子给客户做展示，然后装箱打包，日复一日——有时候还得忙到深夜，忙到凌晨 1 点与最后一位客户谈完，再花上两个多小时装箱打包，搭上一班慢车赶往下座城市，然后来不及合眼就得再打开箱子，再给客户做展示。客户也完全不知道这份工作的繁重程度，包括填好所有订单、每天回复收到的大量信件、周六晚上还得双倍付出。

此外，惠利斯的工作离家很远，他的妻子和孩子住在圣路易斯，而他的销售区域在弗吉尼亚和卡罗来纳。诺维尔也有同感："我的一些朋友似乎认为，我的工作跟小商小贩差不多，有几次他们会问我，'旅行推销员'好在哪儿。我那时候就想，并且从那以后我也经常想，需要让公众多了解一下，旅行推销员到底是做什么的，以及他的商业地位和社会地位究竟是什么。"[75]

惠利斯和诺维尔最终都当上了经理，因为有了管人的经历，他们发现旅行销售和办公室的工作很不一样。诺维尔做了 9 年的旅行推销员后，于 1892 年被提升为西蒙斯五金公司的销售经理。为此他得重回圣路易斯，工作地点主要在办公室。但他并不喜欢这样。"我已经习惯近乎绝对的自由了。此前我只要按自己的想法工作就好。只要有结果，没人会对我提出别的要求。我过着一种纯粹的个人主义生活。"[76]

诺维尔作为经理，必须学会处理一种新关系：不仅要处理好销售员与客户的关系，还要处理好经理和销售员之间的关系。一开始他把销售员的情况用备忘录记下来，包括各自的"特点"，就像以前对待客户那样。他经常和公司的其他管理者谈话。他会征求采购负责人的建议，采购负责人在公司里扮演关键角色，因为他们既和形形色色的供货商接洽，也监管产品目录的制作。诺维尔还要经常和处理客户应付账款的负责人打交道。他管过 200 名"几乎遍布全美各地"的旅行推销员。他和每位销售员一年里大概只能见上一面，这些销售员独自来公司吃午餐或晚餐的时候，总要拉着诺维尔一起。诺维尔觉得这份工作"非常累"，因为很多时候他都得招待这些销售员到深夜。[77] 销售和其他岗位不同，升职做管理后收入反而会减少，因为诺维尔不再拿佣金了。[78]

诺维尔曾出版过一本励志书，名字叫《魔鬼：怀疑》。后来他发行了杂志《慧眼》，名字的灵感来自木工用的小工具。[79] 这些内容反映出，诺维尔眼中的旅行销售是一份面向未来、前景乐观、充满机会的工作——除了信心不足、努力不够和缺乏想象，没有什么能阻碍一个人的成功。

手册、笑话和销售工具

旅行推销员是以大批发商为依托，服务的客户是零售店主，因此他们的销售技巧和小商贩的不太一样。尽管他们销售时通常不指望说辞，但也需要各种宣传册、说明书和表单作为辅助。到了 19 世纪末，市场上出现了旅行指南，这些手册能在旅行推销员跑市场时派上用场，包括简易列车时刻表、信用报告、旅馆指南和海运价格指数。批发商和旅行推销员还需要零售店主财务状况的确切信息。邓氏公司和它当时的竞争对手、最终又合并到一起的白氏公司都能为批发商提供这些关键信息，从而帮助批发商决定，该给零售店主和其他想采购商品的公司多长的账期。[80]

手册中的信息为旅行推销员安排行程提供了便利，还有助于他们制订物流计划，比如，L.C. 布雷福格尔的《旅行销售员：美国旅馆指南和地名词典》（1881 年）。[81] L. P. 布罗克特的《旅行推销员指南》包含铁路线路信息、当地旅馆列表及价格、邮资和运费以及每个城镇商业经营的分类表。[82] 这些图、表、报告的种类有很多，它们对经济运行中的物流标准化起到了促进作用。

19 世纪末，有关旅行推销员推销技巧的书也不少——这些书的作者大多是已退休的销售员，书中回顾了他们的旅行销售经历。其中包括作者不详的《旅途二十年：一位旅行推销员的磨难》（1884 年）、N. R. 斯特里特写的《一名旅行推销老兵手提箱里的宝物》（1889 年）、查尔斯·S. 普卢默写的《旅行推销员日记节选：二十五载商旅记》（1889 年）以及乔治·L. 马歇尔写的《拎包去旅行》（1892 年）。[83]

这些书表明，与枯燥无味的农场生活和工厂生活相比，旅行推销员的生活是不一样的。但旅行推销员会把市场开拓视为个人关系和知识水平的延续，这些都需要经验的积累。由于他们经常去不同的城镇旅行，拜会各种各样的店主，晚上还得在火车上或旅馆里过夜，因此对这份职业也逐渐形成一种观念，那就是它需要销售员具有坚强的毅力、充沛的精力，并且对未来保持乐观的态度。

旅行推销员认为，销售不需要制定规则（后来的销售员可不这么看），需要的是搜集段子。他们往往会用讲故事的方式做销售。一本作者匿名的《如何成为一名成功的旅行推销员》（1891 年）的书，曾概括性地提供如下销售建议：[84]

> 绝不抱怨这份工作有多么乏味。没有人能随随便便成功。
> 越擅于用得体且有趣的方式招待客户，就越能说明你是一个好销售。

旅行推销员和小商贩不同，他们打交道的几乎都是男性（包括销售员和客户），他们的回忆录也会强调，干这行需要具备勇敢的"男子汉"心态。旅行推销员爱德华·布里格斯写道，"有些人天生胆小，他们总是担惊受怕，对自己和同伴没有信心，犹豫不决，进而迷失方向"。旅行推销员必须"斗志昂扬"。[85] 1878 年，《糖果杂志》曾嘲讽那些"紧张兮兮的旅行推销员"，他们总是担心伙食怎么样，床是不是潮湿，甚至担心"5点 40 分的火车会在克莱沙姆车站跟 6 点 20 分的火车撞上，于是在车头传来三声鸣笛后，发现自己的身子坐在冰冷的座位上，脑袋却在窗外"。这篇文章也夸奖了那些"幽默的旅行推销员"，称他们总能"随遇而安"。他"笑着启程，大笑着结束行程……他很快就能跟你混熟……他开心的样子总能打动你"。[86]

表一

500 人以上的城市、乡镇和村庄，铁路线、火车站的距离与方位，1870 年时的人口，商铺数量（纺织品、五金、食杂、珠宝、图书、药品、鞋子、综合商店等），工厂数量。

☞ 表中的城镇列表是根据铁路枢纽的既定次序来安排的，我们斟酌再三，觉得这样安排旅行推销员用起来最方便。因为无论他在哪个铁路枢纽（参看表中的"距离和方位"一栏），都能很容易地知道怎么出发去他想要去的城镇。

在个别情况下，我们只能对西部和南部一些州的小镇人口进行估算，因为我们曾以个人或书面方式接洽过人口统计局和这些地区的执法官，但无法获得相关数据。加拿大的城镇人口没有列出（个别大型城镇除外），因为加拿大的人口普查在 1871 年夏季才开始。

铁路枢纽标记为"距离和方位"一列中的小型大写字母。

地名	州	铁路	距离和方位	1870年人口	纺织品店	食杂店	五金店	综合商店	工厂	药店	书店	珠宝店	鞋店
扬克斯	纽约	哈德逊河铁路	15 N. N. Y. CITY.	18 318	18	20	6	4	18	3	2	2	8
海斯廷斯	"	"	19 "	1 250	…	3	1	1	4	··		··	1
多布斯费里	"	"	21 "	1 240	…	6	…	…	…				
欧文顿	"	"	23 "	920	2	6	1	1	2				
塔利敦	"	"	26 "	5 123	5	14	1	4	3	4			
新新	"	"	32 "	6 351	9	14	4	6	10	4		2	7
克罗顿	"	"	35 "	251	…	1	…	1					
克鲁杰	"	"	38 "	160	…	3							
皮克斯基尔	"	"	42 "	4 500	18	20	5	6	19	4	2	2	6
冷泉	"	"	53 "	2 770	9	6	2	6	2	2	1		
费西基尔	"	"	59 "	1 500	2	1	2	5	1	1	1	3	5
纽汉堡	"	"	65 "	563	2	4	1		1	··		··	1
波基普西	"	"	73 "	20 148	41	45	14	1	30	9	6	10	23

L. P. 布罗克特的《旅行推销员指南》（1871 年）为旅行推销员提供了使用方便的图表，表中涵盖了大型城镇的人口和商业概况

资料来源：L. P. Brockett, *The Commercial Traveller's Guide Book* (New York: H. Dayton, 1871), p.77. Baker Library, Harvard Business School.

和商户谈谈心、聊聊天非常有用。这是一种不经意的销售方式，有助于旅行推销员了解某个客户或某个社区的品位。[87]销售员以擅长讲故事而出名。老牌旅行推销员乔治·奥尔尼回忆起他在吸烟车厢听过的故事和传闻时说："在卧铺车厢的吸烟区，你能听到的段子恐怕比其他任何地方都要多。比如在我那个年代，卧铺车厢里尽是说谎的、吹牛的、胡扯的人！没有哪个地方的人比吸烟区的人更口无遮拦。"[88]旅行推销员的回忆录也彰显出他们有多会编故事，特别是在争取大订单或需要打败竞争对手的时候。这些故事收编在《旅行推销员日记：25篇故事》（1906年）等书中。

19世纪末20世纪初，出现了专门为旅行推销员写的笑话书，销售员不仅可以借此打发火车上的漫长时光，还能把一些笑料用到工作中。这些笑话不仅是为了破冰，还能通过某个话题（飞扬跋扈的丈母娘、醉醺醺的爱尔兰人）帮助销售员与店主建立联系，是一些双方都觉得有趣的话题。[89]一位"拎包骑士"写了《旅行销售故事新编》（1913年），里面提供了可以帮助销售员和客户建立联系的各种笑料，有些是关于丈母娘的，有些是关于妻子的（"你妻子为你淘衣服吗？""不，她只淘我的口袋"），有些和爱尔兰人有关（"你在找啥，迈克？""噢，没啥"，迈克说。其实迈克在找的威士忌，帕特已经捷足先登了。于是帕特说，"嗯，迈克，那瓶底里还有一点"）。[90]还有些书也能给销售员提供谈资，比如亨利·威廉斯的《给销售员的一番话！》和《共同举杯》（1903年），后者包含了150篇适合在晚餐后的各种场合讲的故事。

说到底，旅行推销员要想学会销售，最重要的是积累经验。在《通往财富之路》（1876年）一书中，威廉·H.马赫写道，旅行推销员必须学会"识人相面"和"掌握人性"。他强调，重要的是常年摸爬滚打，而不是如后来的营销从业者所说的，学习某种战略或分析市场数据。[91]

也有人曾尝试运用骨相学和相面术，把旅行推销员"识人相面"的做法体系化。[92]戈达德写的《销售的艺术：如何读懂个性》《销售之法》等书（1889年）讲述了销售的通用原则，他说这些销售原则适用于所有的产品和场合，因为它是基于科学发展而来的，或者说，是基于伪科学。这和贝茨·哈林顿1879年写的《大揭秘：游商的把戏和欺骗公众的广告》有所

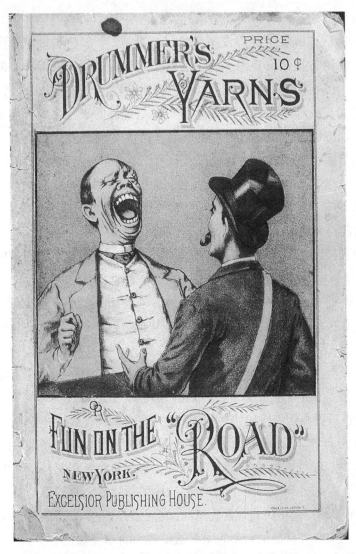

幽默和机智是旅行销售文化中的重要组成部分。这本出自 1886 年的笑话书不仅可以帮助旅行推销员打发列车上的时间，还能提供现学现用的段子，帮助销售员与批发商建立关系

资料来源：Thomas Carey, *Drummer's Yarns: Fun on the "Road"*(New York: Excelsior, 1886). Warshaw Collection of Business Americana—Humor, Archives Center, National Museum of American History, Behring Center, Smithsonian Institution.

不同。哈林顿的书在"揭露"小商贩伎俩的同时，解释了这些伎俩是如何让人上钩的。而戈达德的书是给销售员提供明确的指导。他教销售员如何掌握相面术，或者说如何解读一个人的面部结构。戈达德在书中写道，脸"和书一样，都是可读的"。方形的脸代表坚定和良好的判断力；椭圆形的脸代表敏感；长方形的脸代表忧郁和软弱；圆形的脸具有动物般的敏锐感官。通过仔细观察，你不仅可以对一个人的个性有大致了解，而且可以发现"更细微的差别"。销售员需要留意客户的脸部特征（包括额头、眼睛、牙齿、头发和下巴），从而了解客户的脾气和秉性。"一个人的下巴如果又长、又宽、又厚、又骨感，那他必定刻薄傲慢、性情暴烈，尖下巴说明这个人很刻薄或狡诈。如果长着松软肥厚的双下巴，那这个人是个美食家；如果下巴是圆的还有酒窝，那这个人很慈善。"[93]戈达德在书中提到，根据外貌来识别人非常重要，因为人们总是竭尽全力地隐藏自己的真实性情和他们的情感。在熙熙攘攘的社会里，外貌是我们识别一个人真实性格和气质的地图。

尽管人们很早就不相信骨相学和相面术的"科学"了，但识人相面的销售术一直持续到 20 世纪初。这套方法推动了一种思想的普及，即买家和卖家可以分为不同的类型，后来的作家和学者在分析销售时也采用了这种做法。但更重要的是，早期的这些书反映出，人们越来越渴望获得可行的推销法则，只是还没有找到而已。

旅行推销员行业的终结

旅行推销员的工作和文化百态（包括旅行指南、回忆录和社团组织）都说明，和小商贩时期依赖话术的做法相比，现代销售要复杂得多。它是一套整合了物流和人际关系的"体系"。虽说旅行推销员推动了商业的发展，但他们最终还是沦为人们批判的对象，就像小商贩当年经历的一样。旅行推销员被视为多余的中间人。此外，旅行推销员流连于火车和旅馆的生活方式（喝酒、打牌、讲故事），让他们很快就成为嘲讽的对象。一位批评者曾说，旅行推销员就是"喜欢打扮，口袋里装满了雪茄的家伙。为了取悦客户，他会讲很多让人生疑的故事。他还是每个酒吧男招待的一手顾问"。[94]

西奥多·德莱塞对旅行推销员特别感兴趣，他在写《嘉莉妹妹》(1900年) 的时候已经敏锐地感受到，这类职业将会消失。"为了不让这类人永远消失，我得从他们拿手的销售方式和方法中找出显著特征，并把它们记下来。"他写道，"考究的衣服肯定首当其冲，否则他们一文不值。其次是强健的体格和对异性的渴求。"[95] 德莱塞在《嘉莉妹妹》中，描写了一位典型的旅行推销员查尔斯·德鲁埃，并对他的穿着费了一番笔墨：他穿着"方格"图案的西服，笔挺的白衬衫上有粉色条纹，袖扣上镶着黄玛瑙，手上戴着几枚戒指，手表上有麋鹿会的徽章；头上戴着一顶灰色的软呢帽；脚上穿着一双锃亮的黄褐色皮鞋。德鲁埃为人和气、衣着讲究。德鲁埃是个"爱跟女人调情的家伙"，喜欢勾引多愁善感的年轻女性。他走进豪华的列车，坐在最有希望下手的女士旁边。接下来他问这位女士，能否把窗帘放下来，又吩咐列车服务员拿个搁脚的小凳子过来。"谈话间歇时，他会给那位女士找些可以阅读的东西，然后通过花言巧语的恭维、个人叙述、夸大其词、悉心伺候等手段，博得女方的宽容，或许还有好感。"[96] 德莱塞的这番描述表明，旅行推销员就是靠耍花招、玩幽默、讲故事来征服别人，这些技巧和接洽商户时所用的，甚至和德莱塞本人所用的技巧相比，都没什么区别。

1879 年，美国大部分（大约 70%）的制造品流通都需要通过批发商来实现。[97] 但此后几年，这一比例有所下降，因为一些行业的生产商开始把产品直接卖给零售商甚至是消费者了。造成旅行推销员行业终结的原因有很多。19 世纪末，邮购公司对批发商的统治地位发起了挑战。[98] 纺织品批发商面临着来自西尔斯和蒙哥马利·沃德等邮购公司的竞争。1872 年，蒙哥马利·沃德的邮购清单只有一页纸，但 20 年后，邮购清单增加到了 1 000 页。[99] 五金批发商面临来自西尔斯的邮购挑战。[100] 到 19 世纪末 20 世纪初，西尔斯公司成为邮购行业的领导者，年销售额达到 1 100 万美元。[101]

百货公司也在侵蚀着旅行推销员的业务，因为他们可以直接从生产商那里采购产品。创建于 1858 年的梅西百货成为当时的超级商业中心，销售的产品包罗万象，有首饰、瓷器、休闲商品、布料、家具、皮具、床上用品等。19世纪末20世纪初，该公司的年销售额超过800万美元，员工数超过3 000人。[102]

造成旅行销售行业衰落的还有一个更重要的因素：越来越多的生产商选择自己分销产品，不再依赖某个批发商。19世纪末，随着大量生产的方式的发展和品牌营销的提升，旅行推销员及其批发商的势力有所削弱。店主更愿意采购在全国杂志上做过广告并且为他们的客户所熟知的品牌产品，而非可信的旅行推销员带来的不知名的产品。

具有讽刺意味的是，正是由于旅行推销员队伍的发展壮大，使得商品流通体系变得更加高效和可靠，这反而加速了旅行推销员在某些行业（尽管并非所有行业）的消亡。此外，伴随全国期刊的出现，生产商可以为自己的产品做宣传推广。19世纪末新兴的商业组织在采用大量生产的方式的同时，也希望采用更加"科学"、更能将生产与流通结合的新销售方式。

第 四 章

Birth of a Salesman

57 个品类

销售经理和品牌商品

19 世纪 80 年代是从事农业零售的小商品推销员和从事批发的旅行推销员的鼎盛时期。小商品推销员们随身携带着书或其他小商品，凭借一套销售指导手册，乘坐马车或步行到农户家挨个拜访，并获取佣金。与此同时，雇用旅行推销员的批发商从小型生产商那里进货后，对产品进行分类和重新包装，再卖给零售店或其他小批发商。旅行推销员坐火车或马车出差时总是拖着箱子，箱子里装满了样品和厚厚的产品目录。旅行推销员有固定的薪水和佣金。

到了 19 世纪后期，一种新型的、主动的、管理更加有序的销售方式出现了。大规模制造商开始成立自己的销售骨干队伍，由此出现了第一批现代的销售队伍。之所以称为"现代"，是因为在此后的数十年里，企业的销售都是遵循这种方式运作的。

在 19 世纪后期的几十年里，美国商业进入了非常繁荣的时期。大型生产企业的出现推动了经济的高速增长。几家早期的小型企业在 20 世纪初的时候发展成了大型企业。国家收银机公司（简称 NCR）、伊士曼柯达公司、可口可乐、西屋电气、卡内基钢铁都成立于 19 世纪 80 年代；在接下来的十年里，出现了瑞格利的箭牌口香糖、通用电气、巴勒斯和百事可乐。

正是这些大型制造企业，终结了大型批发商的统治地位。它们发动规模浩大、投入不菲的销售战役，冲击了旅行推销员先前建立的分销渠道。对于这些企业来说，建立强有力的销售部门是取得成功的重要因素，这可以帮助它们创造客户需求，并防止竞争对手进入自己的领地。那些大量生产的企业也必须进行大量销售。[1]

大型制造企业的销售策略和那些从事批发的旅行推销员的销售策略有所不同。前者会把销售队伍的工作与生产计划联系起来，并且销售的是有品牌的商品（而非通用型产品）。品牌的有效使用，使得生产商可以将自己的商品与批发商兜售的众多通用型产品区分开来。在 19 世纪 70 年代，只有少量拥有注册商标的商品（据一个数据来源显示，只有大约 170 个），但到了 19 世纪的后几十年，这一数字迅速翻了好几倍。[2]

创立这些大型制造企业的企业家通常有强烈的个性。他们要组织生产与分销，还要选拔管理者和其他岗位的经理。他们会负责销售队伍的招募和部署，通常还要领导组织的发展；或者至少在公司的成长期保留自己的烙印。有些企业家本身发明了公司销售的产品，包括塞勒斯·霍尔·麦考密克（机械收割机）、艾萨克·梅里特·胜家（缝纫机）、威廉·巴勒斯（加法机）。不少企业家有销售经验，口香糖大亨小威廉·瑞格利、波斯特早餐谷物的发明者波斯特都曾做过旅行推销员，其他企业家（麦考密克、海因茨、巴勒斯和香烟大亨詹姆斯·杜克）在事业刚起步时也曾旅行推销过自己公司的产品。还有些企业家（包括海因茨、凯洛格、杜克和波斯特）参加过当地的商科学校，学习过会计和商业课程。

许多企业家都有志于进行某种改革：威廉·凯洛格和波斯特主张进行

营养和饮食的改革；亨利·海因茨曾为1906年颁布的《纯净食品和药物法案》进行游说；国家收银机公司的约翰·帕特森开创了"福利工作"，呼吁创造健康的工作环境，包括兴建公园、健身设施和公共演讲厅。当然，这些行动并不意味企业家们对利润不感兴趣，而是说明他们对自己的企业怀有深厚的热忱和个人热情，并且，他们会把自己的热忱传递给销售团队。有时，他们将整个行业视为自己的使命感召。

由于企业家们自身经验的不同，他们对销售的理解也不同。亨利·海因茨有小商贩的背景，因此他会驾着货运马车兜售蔬菜，并建立了一个组织，在世界各地销售番茄酱、腌菜、烘豆和其他包装食品。阿萨·坎德勒在推销可口可乐的过程中，融合了自己对广告的洞察。威廉·巴勒斯是个修补匠和发明家，他召集了一群销售员来推销他发明的加法机，并给他们讲解产品功能。他有个孙子跟他同名，是一位作家。

不过这些企业家（无论出身于小商贩，还是发明家）也有许多共同的特点。他们建立了大型企业，将生产与大规模分销结合起来。他们运用广告和其他促销手段来配合销售员的工作。值得注意的是，销售员扮演的角色与广告截然不同。用20世纪早期常见的军事来进行类比，广告是发动空战的武器，而销售员则是地面战役中的步兵。

为了精心策划销售战役，企业家越来越多地通过销售经理来控制错综复杂的销售过程。经理监督销售的每一个细节——分配销售片区、设置销售指标以及建立薪酬机制。这些改变销售方式的做法，堪比弗雷德里克·温斯洛·泰勒的科学管理运动对生产的改变。泰勒告诉管理者，要分析和规范所有的工作程序，使它们尽可能高效，并为员工提供了明确的指导方针和完成任务的时间表。泰勒制是管理者控制生产各个环节的一种方式。在19世纪末20世纪初，这种"科学销售管理"（一位商业作家起的名字）对销售也产生了类似的影响。[3]

大型制造企业给自己的销售员"贴标签"的方式有很多种，就像它们要给自己的产品贴标签一样。大规模制造商不仅要有统一的销售说辞（比如图书企业分发的详尽的销售手册），还要培训出统一的销售员。他们不雇用"小商品推销员"或"旅行推销员"，而是雇用雷明顿的销售员、国家收银机公司代理商或亨氏的销售员。公司名称或品牌对销售员的身份至关重要，因为他们代表的是制造商，而不是他们自己。他们被整合到一个大的公司系统里，从收集原材料开始，一直持续到产品销售。

大公司的销售管理系统不仅改变了这个职业的日常职责，有时也改变了销售员的仪表，因为这些雇主要求销售员必须着装保守、饮食健康，要和印象中那些肥胖的旅行推销员区分开来。[4]制造商通过贬低普通的"旅行推销员"来提高他们的销售员的地位，这些"旅行推销员"往往是他们争夺商铺店主注意力的主要竞争对手。亨氏公司1905年的内刊发表过一篇文章，称穿着花哨、言行粗俗的旅行推销员已成为历史。"这类标本应该装裱起来送进博物馆，把它和驿站马车、前膛枪等文物放一起展览。"文章称现代销售员绝不是这样的。"他有教养、聪明、精力充沛、有事业心，他研究人性、察言观色，并且敏锐、友善、端庄、热情。他是训练有素的销售员。"[5]

销售仍然是以男性为主的职业。女性从事销售的不多，少有的机会则是去巴勒斯和胜家缝纫机等机械公司担任演示员。不过正如那些内刊所揭示的，制造企业讲求的销售员的阳刚之气不再是热情满满和咄咄逼人，而是节制与专业。

不过，这些"品牌"销售员数量的增加并不意味着小商品推销员或旅行推销员的数量减少了。各类销售员的数量都在增加。根据人口普查数据（通常会低估流动销售员的数量），"沿街叫卖的小商贩"的数量从1890年的59 083人增加到1910年的80 415人，同期旅行推销员的数量则从58 691人增加到163 620人。

19世纪末，当图书订购行业衰落的时候，旅行推销员开始向发展中的城市和郊区兜售其他小商品。比如在1886年，曾经做过图书销售员的大卫·麦可尼在纽约布鲁克林创立了加州香芬公司，并最终发展为业务遍布全球的雅芳公司。19世纪70年代末，随着纽约大都会人寿、新泽西州纽瓦克的保诚人寿和波士顿的约翰·汉考克推出工业寿险保单，工业寿险的推销蓬勃发展。这些公司售卖的保单单位金额小（50～1 000 美元），每周上门收取的保费从 5 美分到 60 美分不等。这些保单非常受欢迎。到 1909 年，美国每 9 个人中就有 2 人有工业寿险保单。也是在 1909 年前后，大都会人寿公司每周拜访保单用户的代理人超过 13 000 名。[6] 此外，还有几家非裔美国工业寿险公司发展不错，如北卡罗来纳互助人寿保险公司（1898 年）和亚特兰大人寿保险公司（1905 年），它们满足了白人公司忽视的市场需求。[7]

在 20 世纪初，从事批发的旅行推销员仍在多个领域推广通用产品，包括酒类、皮革、杂货、珠宝和家具——许多小型零售商店售卖的就是这些同质化、无品牌的商品。[8] 一些批发商加大了对销售员的监控力度，他们要求旅行推销员更频繁地写报告，或在销售领地建立联系网。威廉·卡斯特洛在《只是一名旅行推销员》（1903 年）一书中写道："许多旅行推销员回乡后，会被问及他去过的城市里发生的跟他有关的一些事，他从未想过他的公司知道这些，但事实确实如此。"[9]

不过在世纪之交的数十年里，要说最致力于系统化的销售尝试，并且对销售期待最多的企业家，还得是大型制造企业主。许多大型制造企业的总部设在纽约或中西部的几个发展中城市，如芝加哥、代顿、底特律或匹兹堡。随着时间的推移，这些企业在打造销售队伍上投入最多，包括缝纫机公司、办公设备公司、制药公司、油漆颜料公司以及供暖和电气设备生产商。[10]

前面关于小商品推销员和旅行推销员的章节中提到过，产品的性质和客户的类型决定了销售策略。这些特质非常重要。它能决定销售员从事的是交易型销售，还是要与客户建立长期的关系。它还能影响广告的投放量和投放方式，比如是选择行业期刊、报纸，还是全国性杂志。大型制造企业通过销售员把有品牌的商品卖给很多客户，包括公众、零售商和商业企业；通常还会在杂志、广告牌和报纸上做大量广告。大型企业销售策略的多样性，可以从缝纫机、品牌食品和办公设备推销员的销售经历中略见一斑。

销售缝纫机

许多知名大型制造企业在 19 世纪 80 年代和 90 年代就建立了销售队伍，但正如前文所述，有些公司的销售历史更悠久。还有几家早早建立了销售组织，直接向农民和小企业主销售产品。特别是胜家缝纫机公司，在 19 世纪中期就已建立起一支规模化、高效的销售队伍。它还建立了分公司的销售网络，开创了分期付款的销售方式，并设立让潜在客户试用机器的展示中心；这些做法对销售行业的发展做出了杰出贡献，并对销售员在日后推销更加复杂的商品（如汽车）时应扮演的角色有着重要启示。

胜家缝纫机公司是由艾萨克·梅里特·胜家（1811—1875）创立的，不过它的实际领导人是胜家的合伙人兼律师爱德华·克拉克（1811—1882），他在胜家去世后成为总裁。起初，胜家缝纫机公司依靠全职的独立代理商出售机器，公司把特定的片区分给代理商，并授予其独家销售权，这些片区有些是县城，有些甚至是整个州。[11]

从 1852 年开始，胜家公司开设了自己的零售分支机构——首先是在波士顿，然后是在费城和纽约。办公费用很高，因为公司必须支付租金和广告费，还要安装用于展示的机器。分支机构的设立还需要办公职员，通常包括一名解说员、一名机械师、一名销售员和一位经理。到 1859 年，该公司在美国设立了 14 家分支机构，西至芝加哥，南至查尔斯顿。[12] 尽管成本不菲，但事实证明，这些分支机构对公司的成功至关重要，因为它为销售员提供了培养客户的机会，还能帮助公司跟踪区域库存，并对潜在客户的信用状况做出明智的评估。[13] 很快，克拉克开始减少对独立代理商的依赖，将资源投入到分支机构。[14]

胜家缝纫机确实是一项划时代的发明。自 17 世纪中叶以来，发明家们一直尝试开发机械缝纫机。胜家的机器通过脚踏板提供动力，相较手工缝纫机的生产效率有显著提高。由于缝纫机的价格很昂贵，克拉克非常前瞻性地提出先让主妇"租用"机器的想法，并把租金计入购买机器的最终款项中。1856 年，他启动了一项计划：购买者首付 5 美元，然后每月支付

3 美元到 5 美元，直到机器的余款和信贷的利息全部付清。第二年，公司的销售额增加了两倍。[15] 胜家公司凭借其营销组织（包括广告投入和推销团队的部署）成为市场的领跑者，而它的产品技术并非最先进的。[16]

南北战争推动胜家缝纫机的销量进一步提升，达到每年逾 1 万台。公司在新泽西州的伊丽莎白港建造了第一座大型工厂。19 世纪 60 年代，该公司还在英国建立了组装厂，此后在苏格兰也建起了配套完整的工厂。[17]

胜家公司很多营销策略上的重要创新都来自英国办事处，并在内战后的几年引入了美国。[18] 胜家公司很早就重视英国市场的开发。自 1864 年起，乔治·鲍德温·伍德拉夫成为胜家公司在英国的总代理，此前他曾先后领导纽黑文和波士顿的分公司。伦敦的销售环境比美国复杂，毕竟在美国，胜家公司还能享有专利保护。在伍德拉夫的领导下，伦敦分公司针对商业和消费市场制定了积极的销售策略。19 世纪 60 年代末，伍德拉夫开始聘用能登门拜访的推销员。他建立的分公司和小区域办事处的销售体系，成为推销员的运营基地。伍德拉夫为客户提供缝纫课程，印制有插图的目录手册，期望通过薄利多销的方式实现大量销售。胜家公司的英国办事处推行上门推销后，年销量从 1875 年的 3 万台迅速增长到 1880 年的 6 万台。[19] 从 19 世纪 70 年代末开始，克拉克在美国建立了相似的体系。[20]

1874 年，胜家公司控制了美国缝纫机市场约 37% 的份额，当年销售了 219 758 台机器。[21] 代理商必须遵守一份包含 22 项条款的合同（该合同列出了他们在特定地区的独家销售权），并有义务认真填写日常交易跟进的表格和文书。合同规定，代理商可以从事以旧换新的交易（尽管佣金较低），也可以用"农产品、股票和其他可销售的商品"替代现金来换机器。[22]

胜家公司发现，地区许可证费用的法令束缚了公司的发展——该法令也曾限制小贩跨州兜售商品。胜家发起了反许可证的诉讼并取得了成功。该公司在密苏里州的一名代理人韦尔顿被指控未经许可销售一种"外国"（州外制造）的产品。胜家将此案上诉至美国最高法院，在《韦尔顿诉密苏里州案》（1876 年）中，法院裁定跨州商业应该是"自由和不受束缚"的。[23]这一决定对美国商业至关重要，因为它阻止了美国国内贸易的割据化。当然它并未彻底终止县和城镇为了限制流动推销和上门推销，所拥有的制定法令的权力。[24]

1878 年，胜家公司的总裁爱德华·克拉克发布了一项重组计划，他希望最终建立一个全球网络，连接各地的零售分支机构——推销员的运营基地。该计划设立了一个由代理人、副代理人、推销员和助理组成的分级销售和分销系统。纽约总部指挥三个管控机构（在纽约、伦敦和汉堡）的工作；这些管控机构监督各地办事处的工作，而办事处则监督推销员的大本营零售网点的工作。[25] 经理领取月薪，推销员则领取小额周薪、外加 15% 的销售额和 10% 的收款额作为佣金。[26]

亚特兰大分公司编制了一份名为《推销员指引手册及销售艺术的提示与建议》的文件。它提醒推销员，在处理订单时应使用标准表格，并确保正确填写所订购的机器型号和维修所需的正确零件号码。文件详细地解释了留下机器进行测试和签订租约的方法。手册还包括一个名为"推销艺术"的部分，其中没有脚本，但提供了一般性的建议。"在你进入房子之前，务必要了解一家人的名字。然后立马以一种愉快的方式介绍你的业务。"手册说："不要立即要求他们购买，而是继续展示你的机器，展示它的有用性和优点，以及拥有一台机器的经济性。当他们产生兴趣时，再教给他们如何使用，然后尝试实现销售。"在很大程度上，它主要是告诉代理商要听从管理层的指示，在处理报告时要小心，并在他们的地盘上认真仔细地工作。[27]

就每个产品的面对面销售成本在销售总成本中所占的百分比而言，缝纫机行业面对面销售的成本占比非常高——这种情况直到 20 世纪才有改观（1940 年后，当销售费用超过总销售额的 30% 时，销售策略才有所变化）。[28] 缝纫机的销售为其他高档或复杂机器的推广铺平了道路，像真空吸尘器和汽车，也是通过上门推销和成立分支销售机构的方式卖给客户的。汽车行业在 20 世纪早期也把上门推销作为特许经销的补充，这一点我们将在后面的章节中讨论。在这些行业中，销售员起着至关重要的作用，他们要向顾客解释产品，提供有关的服务信息，安排信用赊购，指出自己的产品与竞争对手的差别，还要说服客户克服"惰性"并一掷千金。

向店主销售名牌食品

19 世纪末的大型制造企业和胜家公司不同，它们不直接向消费者推销产品，而是把产品卖给企业：有些卖给零售商，比如综合商店、杂货店、烟草店、餐馆、药店和汽水店，还有一些则根据产品的特性，卖给企业的办事处或制造商。这些商品对于美国 19 世纪末的工业化和城市化进程来说不可或缺。

美国烟草公司、亨氏公司和家乐氏公司的销售员把产品卖给零售商，这和从事批发的旅行推销员做的事情很相似；尽管它们有自己的销售队伍去招揽订单，但仍会依赖批发商分销产品。这些公司利用高速运转的机器设备不停歇地大量生产。[29] 在 1881 年，一种香烟制造机获得专利，它可以在一天 10 小时内生产 7 万多支香烟；同年，另一种新型机器每天可以生产和包装数以百万计的火柴。[30] 与批发商贩兜售的产品不同的是，这些商品通常印有制造商的品牌。到了 1900 年，许多商品如糖、糖浆、醋等，都装在印有制造商名字的彩色容器里出售。事实上，印刷和包装方面的创新给商品的推广带来了巨大的变化。尤其是食物，它们被装进干净整洁的包装袋和瓶子里，告别了以前的饼干桶、糖浆桶和糖罐；这时的新理念是，商品应该整齐地摆放在货架上。产品广告刊登在全国发行的杂志上，也出现在海报和广告牌上。零售商还重组了它们的商店以实现自助服务，并开始宣传它们出售的是享誉全国的产品。[31]

客户对某个品牌试用过几次后，他就了解这个品牌产品的质量了。这会提升制造商在消费者心中的知名度，还能巩固制造商在批发商心中的地位，因为当消费者想要购买"象牙"牌而不是普通肥皂时，批发商不得不去宝洁公司那里购买。[32] 更重要的是，品牌可以让公司基于价格之外的要素来竞争，这对于像糖果、口香糖这些仅售几美分的商品来说至关重要。生产商主要通过广告的方式来推广品牌；而销售员则是通过现场的推广展示，获取好的货架位置，发放印有公司标识的日历、玻璃杯和其他物品来打造品牌知名度。

THE SALESMAN.

OUR PASSWORD---HUSTLE.

VOL. 2.　　　ST. LOUIS, MO., SATURDAY, OCTOBER 18, 1890.　　　NO. 2.

制造公司经常会通过报纸或杂志来指导和激励销售队伍。图为胜家公司圣路易斯办事处出版的《销售员》（1890 年），内容包括新闻、建议（比如"争取让客户付全款"）、格言（比如"打猎和赚钱不可得兼"）、诗歌，甚至还有暗号，比如"跨马加鞭"

资料来源: *Salesman* 2, no.2, Oct.18, 1890. Image WHi-6311, Singer Manufacturing Company Records, box 110, folder 11, Wisconsin Historical Society, Madison.

当时有位杰出的企业家叫亨利·海因茨，他凭借自己组建的销售队伍和营销活动，把公司从一家小型蔬菜推销商发展成为全球化组织。[33] 海因茨（1844—1919）出生于宾夕法尼亚州的匹兹堡，是德国移民的儿子。他曾就读于宾夕法尼亚州夏普斯堡的阿勒格尼学院，本想成为一名教会牧师，但后来决定经商，在附近的达夫商学院学习簿记。

海因茨在他父亲的砖厂工作了一段时间后，将注意力转向了食品销售。年轻时，他在自家菜园里推销蔬菜，并对种植农作物表现出浓厚兴趣。到了 19 世纪 60 年代初，海因茨将自己制作的辣根卖给了全城的杂货店，并很快与邻居克拉伦斯·诺布尔结成了伙伴关系。购买预包装的调味品和蔬菜在当时是相当前卫的理念，很多家庭仍习惯于自给自足或购买当地农民的作物。但海因茨展现了他的营销才华，他给产品取了个名字叫"锚"，并装在玻璃瓶里销售，方便消费者看到产品。海因茨慢慢赢得了客户，公司也开始扩张，并在匹兹堡南部建立了总部。这家公司的生意一直很好，直到 1875 年由于农产品的价格下跌和信贷问题，才被迫宣布破产。

海因茨并没有因此被吓倒，他另起炉灶，这一次是与他的兄弟和堂兄合伙经营。亨氏公司成立于 1876 年，最开始销售酸菜、番茄酱和腌菜。借助一些新技术，亨氏也开始销售一系列罐装水果和蔬菜。

随着新公司的发展，亨氏在匹兹堡以外的城市设立了分公司。公司的销售团队拜访杂货店去争取订单，然后由各地区的仓库供货。亨氏公司的销售员按佣金领取薪水。在 19 世纪 80 年代早期，马车销售员可以得到 2.5% 到 5% 的佣金，具体金额取决于商品。[34] 亨氏的销售队伍从 1877 年的 2 人增长到 1893 年的 125 人，再到 1919 年的 952 人。[35] 这个销售队伍规模只是胜家公司销售队伍的零头，后者的销售人数多达数万人。这一方面是因为胜家公司的业务规模更大，另一方面是因为客户的特性不同。胜家公司既销售给消费者，也销售给企业；它希望销售员能敲开每一扇门。而亨氏公司仅面向商铺老板，因此需要的销售员也较少。[36]

海因茨是一位富有创意的推销员。1893 年，在芝加哥举行的哥伦比亚博览会上，他发放了腌菜形状的饰针，还让大家到他一尘不染的工厂里参观。他提出了公司的广告语"57个品类"，而这只是因为他喜欢这个数字的发音；1896年，当他提出这个说法的时候，这家公司生产的产品远远超过了57种，包括辣椒、烘豆、腌洋葱以及各种各样的番茄酱。与独立的旅行推销员不同，亨氏的销售员得到了大量针对消费者的广告投放的支持。1900年，亨氏立起了纽约市的第一个电子广告牌；使用了1 200个灯泡，矗立在第五大道和第23街的拐角处。后来，公司还在1902年布法罗世界博览会上推广过产品。在大西洋城，公司在一个900英尺长的码头上建起一个临时建筑物，作为醒目的广告。[37]

亨氏是一家规模化的企业，它的事例说明：大批量生产的企业必须非常注重产出与分销之间的平衡。大约在20世纪初，亨氏公司雇用了3 000名正式员工和多达40 000名季节性劳工来收获农作物。它在匹兹堡的主厂房是由25栋砖砌建筑组成的，占地20英亩。这里有61个腌制车间，还有很多房间用来装瓶和贴标签。烘豆车间每天生产36 000罐豆子——每罐都会自动灌满、称重。还有一套装瓶机每天会灌注、封口和清洗2 500打（相当于30 000瓶）番茄酱瓶。公司还设有保鲜部门、芥末部门和番茄汤部门。此外亨氏还有自己的玻璃工厂和马厩。[38]

为了将产品销往世界各地，亨氏在欧洲、亚洲、非洲和澳大利亚建立了国际仓储体系，并在美国和英国的主要城市设有26个销售分公司。运输部门管理着自己的冷藏车和铁路罐车，并利用匹兹堡铁路的主干线和各条支线将产品运出工厂。[39]

亨氏公司不仅对包装和装瓶工厂的运营进行严格管理，对销售队伍的管理也同样严格。销售员要填写表格，向主管汇报工作。海因茨还办了一份名为《腌菜》的内部刊物，来对销售队伍进行激励和指导。他把这些人称为"旅行者"，他们去拜访食品杂货商，检查商品陈列，并就如何保存和订购亨氏的库存向零售商提供建议。获得好的货架位置很重要。《腌菜》杂志建议，"销售员在他负责的销售区域里，有责任检查我们的货物是否处于

⊖　1英亩=4 046.856平方米。

有利于销售的状态；不要让杂货商把我们的瓶装商品散落在整个商店，要让他给你一层架子专门摆放我们的产品系列；你可以做到的。"[40] 海因茨敦促销售员，要集中精力构建与商户的长期关系，要取得他们的信任，不要一次卖太多，以避免货品的积压。他指出："一旦商户与销售员之间建立了信任的关系。他们就会接受来自销售员的任何建议，因为他们相信销售员是在寻求共赢。"[41]

亨氏的销售员试图展现出一种专业的形象。1898 年，当每个分公司的销售员摆出姿势拍摄正式照片时，他们都身着黑西装、搭配白色衬衫和领带。照片下面是销售员的相关信息，比如匹兹堡的雅各布斯，他是"该地区最好的酸菜推销员"。[42] 销售员的关键任务是要了解零售商，包括他们的商店、客户和需求。在 20 世纪之交，"销售你本人，而不是销售商品"是销售员的"呐喊口号"。[43]

海因茨在公司建造了游泳池和报告厅。20 世纪初的时候，海因茨把他1869 年创业初期盖的小砖房搬到一艘驳船上，然后沿着阿勒格尼河顺流而下，安放到匹兹堡的总部。这所房子成了博物馆，收藏了创始人收集的艺术品，也是对公司和创始人的纪念。[44]

其他企业家也"跳过中间商"销售汽水、口香糖和早餐谷物，不过很多公司在赢得销售订单后，仍会依靠批发商运送货品。阿萨·坎德勒（1851—1929）在营销可口可乐时展现了由衷的热情。他和海因茨一样，也是通过面对面的销售将一个小企业发展成为全球化组织的。

坎德勒雇用销售员在各种场所推销可口可乐，包括冷饮小卖部、旅馆、餐馆、熟食店、蔬果店等场所。销售员免费赠送钟表、玻璃杯和托盘，早些时候还赠送过公司的存货。销售员指导零售商如何贩卖这种饮料。在坎德勒的领导下，可口可乐的销售额从 1887 年（成立一年后）的 1 500 美元增加到 1897 年的 228 600 美元，1907 年达到 3 363 100 美元（相当于今天的 6 400 万美元）。[45]

在 19 世纪末 20 世纪初，销售员会在冬末春初时来到亚特兰大接受培训。他们接受公司政策的指导，观看可口可乐的制造过程，并学习如何与客户接洽。销售员离开亚特兰大时，都知道自己要拜访哪些城镇，以及关注哪些业务。[46]虽然坎德勒不是一个鼓舞人心的演讲者，但据说，可口可乐的销售员曾在销售会议上为他伴唱"前进……"。[47]

其他加工食品和农产品的制造商也建起自己的销售队伍，从食品杂货商等零售商那里争夺订单。美国烟草公司的创始人詹姆斯·杜克（1856—1925）在将高速卷烟机投入生产后，建立了自己的销售组织。他的邦萨克卷烟机每天能够生产数千支香烟，所以杜克面临的真正挑战是销售——如何向美国人介绍吸烟这件事，以及如何建立一个庞大的组织。这并不容易，因为在19世纪70年代，香烟在美国鲜为人知。杜克游历全美乃至全球，签约代理商并参观烟草商店。他不屈不挠地开拓市场，分发名片和其他促销品，并于1883年将他的产品价格从每包10美分（行业标准）降至仅5美分。杜克依靠销售员向烟草店和药店分发传单、名片和其他推广材料。他在全美各地建立了销售办事处，并与世界各地的批发商和经销商达成协议推广他的香烟。[48]到了1889年，杜克每年生产8.34亿支香烟，销售额达到450万美元（相当于今天的8 700万美元）。[49]

最后是口香糖大亨小威廉·瑞格利，他也在19世纪末期组织了一支销售员队伍。瑞格利几乎没有接受过正规的教育，最初是在他父亲的公司——"瑞格利"牌香皂担任销售员。1891年，他从叔叔那里借钱开了一家公司，起初做肥皂和发酵粉的生意，后来转向口香糖。当时，美国还有超过十几家口香糖生产商。瑞格利于1893年推出了果汁口香糖，1899年推出了薄荷口香糖。1907年，他斥资284 000美元做品牌广告，这在当时是一笔巨额投资。他还向消费者寄送了口香糖的免费样品。瑞格利让销售员说服食杂店和汽水店推销自己的品牌，并提供灯、剃须刀和磅秤等宣传赠品。该公司还在海外建立了销售分公司，包括加拿大（1910年）、澳大利亚（1915年）、英国（1927年）和新西兰（1939年）。[50]

品牌食品、烟草和糖果行业里不乏热情的推销员。他们借助全国广告、品牌影响和面对面销售来实现他们的目标。创始人的个性决定了销售团队的文化和管理。这些公司倾向于在广告和销售方面进行大量投入（两项费用合起来大约占其净销售额的 15%～20%）。[51] 这些公司中许多都取得了巨大的成功，从而使它们的品牌一直延续到今天。从某种程度上说，它们的长期成功要归功于销售员在分销过程中所扮演的角色：他们保障了货架空间、投放了促销材料、发放了赠品和样品，并想方设法击败竞争对手。

向办公室和商店销售商用机器

在品牌食品制造商大力发展销售队伍争取店主的同时，其他制造商把它们的销售队伍投入另外两个发展壮大的业务领域——工厂和商业办公室。在 19 世纪后期，成品和半成品制造商开始越来越多地建立自己的销售团队。19 世纪 80 年代，卡内基钢铁公司在由铁轨制造转为建筑钢材制造后，开始建立自己的分支机构。早期的卡内基钢铁公司，销售是通过中间商进行的。19 世纪 80 年代后期，卡内基在波士顿开设了自己的销售办事处，到了 19 世纪末，在纽约、费城、芝加哥、蒙特利尔、匹兹堡、辛辛那提、克利夫兰、圣路易斯、新奥尔良、亚特兰大、丹佛、布法罗和其他城市都设有分公司。卡内基的一位总销售代理每周给销售代理写信，敦促他们推销滞销的商品。[52]

托马斯·爱迪生在 1879 年创立自己的电气公司之后，同样着手组建一支销售队伍。[53] 爱迪生电气照明系统有两种类型的用户：生产和销售光电的中央电站，以及企业。后一类的早期客户包括纺织厂、酿酒厂、采矿厂、印刷厂和家具厂等，它们发现白炽灯比弧光灯和煤气灯优良，因为它不会散发热量或烟雾。[54] 最终，人们开始在家中安装电力。最初，爱迪生和他的竞争对手（主要是乔治·威斯汀豪斯）面临的问题是克服公众对电力安全性的担忧。在 19 世纪 80 年代和 90 年代，操作和安装不慎导致了几起灾难性的火灾。电力销售员中许多人拥有工程学学位，对他们的培训不仅是为了缓解公众的恐惧，也是为了解释这种新型照明系统的多功能性。[55]

这一整年您都会感受到，门廊前的这盏灯装得太好了。

无论冬天还是夏天，您都能体会到它的便利。这盏灯的光线很讨喜，适合招待朋友和客人。同时它还是您防盗、防备流浪汉和不速之客的最佳工具。所以说电灯超级好用，这就是个明显的例子。

爱迪生麦士达灯泡

有了爱迪生麦士达灯泡，您还能享受电力照明的更多好处（地窖灯、阁楼灯、壁橱灯、通宵照明灯），由于爱迪生麦士达灯泡非常省电，因此如果您把这些灯全都装上，您在享受了照明好处的同时，电费也不比您安装老式电灯的费用高。告诉我们您需要什么，我们会根据您的需求推荐灯泡规格。我们有各种规格的麦士达灯泡。

麦士达灯泡，您的价格首选。

（此处填写经销商的名字）

Ed.7

这则广告发布于 1914 年。爱迪生公司兜售麦士达灯泡的一位销售员正在告诉房主，电力照明一年下来的好处有哪些，其中包括防备"不速之客"

资料来源：*Edison Business Builder* (May 1914), p. 26, New York Public Library.

新型办公设备的制造商，如加法机、打字机和收银机公司，也建立了自己的销售队伍。它们要向客户详细介绍这些机器的用途和特点。从事批发的旅行推销员对这些复杂产品不够了解，无法解释它们的功能或对它们进行维修。这些产品的费用也增加了销售的难度，通常都需要一个分期付款的购买计划——这也不是独立批发商或它们的旅行推销员擅于安排的。这种销售方式的真正先驱是约翰·帕特森，他创办的国家收银机公司是市场的领军者。当然在20世纪初，其他办公设备制造商也有自己的销售队伍。

巴勒斯加法机公司（在1905年之前被称为美国计算器公司）成立于1886年。[56] 中学毕业后，威廉·巴勒斯（约1857—1898）来到纽约奥本的一家银行。在那里，他熟悉了单调乏味的交易记账工作。他构想出一种可以执行简单加减法的机器，这既能减轻工作的单调乏味，还有助于避免出错。巴勒斯搬到圣路易斯后，开始着手他的发明。他得到了两位纺织品商人的支持，并与另一位发明家约瑟夫·博耶尔联手。1890年，巴勒斯解决了机械问题，并且生产出了一台可靠的机器。但他的个人健康状况一直不好，后来因肺结核去世，当时公司刚有起色。[57]

阿尔文·麦考利曾任国家收银机公司的专利律师，他后来成为巴勒斯公司的总裁，并将公司迁往底特律。巴勒斯曾尝试通过独立经销商来销售，但之后建立了自己的代理商队伍。公司要求代理商将全部时间和精力投入到特定的销售区域。机器和配套供应品只能现金交易（不提供赊账），价格是由公司而非代理商设定的，代理商按照销售价格的三分之一收取佣金。1908年，该公司在全美设有54个办事处，拥有166名销售员，39名初级销售员和24名销售经理。同年他们总共售出超过13 000台机器。最大的代理商在纽约，有11名销售员；达拉斯有10名销售员；费城有8名；芝加哥7名。[58]

销售加法机并不容易。销售员不得不反复拜访顾客。一名销售员表示，"我认为卖出一台机器需要六次拜访，我并不是说每台机器都需要六次拜访才能卖出，因为有时你拜访六次也卖不出一台，但我认为，一般来说，销量与你的拜访量大致成正比。"[59] 大多数拜访并非当天就会成交，甚至永远也不会。即使试用过后，销售成交率也相当低，最高时为19%，最低可以到 8%。平均而言，只有 14% 的试用最终会成交。[60]

销售员必须克服的一个障碍是职员的偏见，他们不喜欢新机器，认为这会威胁到他们的工作。这和国家收银机公司的销售员面临的挑战有些类似，他们必须说服职员，购买收银机并不表示对职员处理账目的能力不信任，或者怀疑职员不诚实。此外，巴勒斯公司和其他同业者在推出加法机时，还得发送信函，解释这种新设备的功能，指出如何使用它才物有所值。

销售员和代理商会利用销售大会提供有关产品设计的反馈，比如机器的玻璃罩在运输过程中是怎么破碎的，释放键在某个特定模式下是怎么卡住的，装纸的时候有哪些困难，或者展示架的高度哪里不合适。一名销售员曾说，"他们一直在寄送没有毡垫的机器……我注意到，卷轴上的纸被挤压了，所以纸进不去，就卡在卷轴或圆环后面了"。[61]

巴勒斯公司 1914 年组织的一场销售员培训课，培训内容包括如何正确使用加法机以及如何推销

资料来源：Photographic Collection, Burroughs Corporation Records, Charles Babbage Institute, University of Minnesota.

巴勒斯销售公报全明星大会专刊

第 1468 期，1917 年 8 月 3 日

　　巴勒斯公司 1917 年组织的全明星销售员大会，参会者为完成年度销售指标的销售员。这次会议堪称盛典，爱国主义、积极思考的氛围无所不在。巴勒斯公司也通过这次会议，有效收集了销售队伍的反馈，并推出了新产品

资料来源：Burroughs Adding Machine Company, Special All Star Convention Issue of the Burrou-ghs Sales Bulletin, no.1468, Aug.3, 1917, cover. Burroughs Sales Conventions, 1905-1929, box 2 27.I.2.C, Burroughs Corporation Records, Charles Babbage Institute, University of Minnesota.

销售员们还会交流销售机器的最佳方法。一位销售员分享了他"喋喋不休"的销售方式。他曾是标准公司的一名加法机销售代表，之前以185美元（相当于今天的 3 800 美元）的价格销售过标准公司的机器，这个价格是巴勒斯公司的一半。"我一进门就喋喋不休、说个不停。全程都是我在说话。我迅速进去，然后把常念叨的一股脑儿地说出来。事实上我一直在说。我并不了解标准公司，但我的话就是这世界上唯一的存在，也是这世界上最好的东西，是无与伦比的。一切都没问题。这台加法机我只卖您185美元，其实所有东西加起来应该收您 375 美元。诸如此类的话，也不用说得多具体，这就是我在标准公司的成功秘诀。"为了卖掉巴勒斯加法机，他建议销售员准备一段"马戏团的说辞"来征服潜在顾客。[62] 福斯特则倾向于采用理性论证的方法，他将自己合乎逻辑的销售陈述比作"在客户周围筑起一道篱笆"。公司经理弗兰克·道奇展示了如何在"萨克斯顿先生"周围"筑起篱笆"。道奇开始说："萨克斯顿先生，这是最新型号的机器。在您了解它的用途之前，您无法充分体会到这台机器有多好。"[63] 然后，他开始有条不紊地介绍加法机的功能。

还有一位销售员的客户是小银行和农民，他在谈到这台机器体积小，似乎不值得花那么多钱的时候说，"如果它像谷仓那么大，客户就不会在价格上抱怨了"。为了反驳他们，他会问："你们为割捆机支付多少钱？"答案通常是 100 美元到 140 美元。"您一年使用多少周？"农民会说，每年 4 周到 6 周。"它的寿命是多久？"5 年。"140 美元，只工作 30 周，而这里有一台机器可以一年工作 52 周，使用 20 年，花费是 375 美元，这难道不值得吗？"销售员问道，不忘记以一个能引起正向回应的问题来结束。根据会议纪要，他的这一说法赢得了掌声。[64]

办公机器销售员对美国销售的发展至关重要。巴勒斯、国家收银机公司和其他公司创立的销售方法对 IBM 和其他电脑公司的销售方法产生了很大的影响。与其他销售类型相比，销售员在安排信贷、提供租赁、为商家提供咨询等方面的角色作用更突出了。这些角色对于 20 世纪的电脑销售员和商业服务销售员来说非常有借鉴意义。

销售管理的动态

19 世纪末 20 世纪初，制造业的企业家们开始施展各种各样的促销手段，包括广告牌、品牌促销和赠品。在当时声势浩大的宣传活动中，销售员的活动与全国发行杂志上的广告投放是同步进行的。截至 1911 年，亨氏公司利用销售团队与杂志广告的协同作战，完成了对 25 000 家门店商品的换季陈列。宝洁公司在 1912 年推出了科瑞烘焙油，并精心策划了销售和广告活动，它们预先测试了不同的促销计划，并向全美各地的杂货商邮寄了免费样品。[65]

随着这些公司的发展，负责销售的关键人物成为销售经理。他们希望将销售工作变得尽可能具有统一性和可预测性，从而找到一种方法传授给新员工。有些公司，特别是那些消费品公司，需要培训销售员快速成交。比如，刷子推销员要挨户拜访，做完一单生意后再去下一家。还有些公司，比如那些服务零售商和企业的公司，需要培训它们的销售员与客户建立持久的关系。比如，品牌食品的销售员会与某家食品杂货商或店主保持长年的生意往来。

在推行销售策略时，经理们提出了销售的硬建设和软建设。硬建设包括明确销售指标、划分销售片区和制定薪酬标准。销售员的工资通常由薪水和佣金构成。佣金的提成比例取决于产品、公司策略（例如，公司推出新产品可能需要大量促销，包括设置高佣金），以及销售员在公司的职位，因此这是个变化值。总之，公司在雇用新销售员时会提供基本的底薪，这样他们就不会因为一开始太过气馁而辞职。随着他们见识的增长，联系人越来越多，他们就可以基于佣金拿报酬了。[66]

虽然佣金的提成比例是个变化值，但还是有些显而易见的共同规律。通常，办公机器和其他复杂商品的佣金比例最高，毕竟这些产品需要销售员做大量的解释和说明工作，而销量又相对较低。巴勒斯加法机代理商的佣金是机器销售价格的 30% 左右；这些钱会支付给地区代理商，然后由地区代理商支付给销售员，销售员实际上只能从中拿到一部分。品牌食杂的销售员，如亨氏公司的销售员佣金提成要低得多。亨氏公司的佣金比例大约只有总销售额的 5%。

销售的软建设包括培养销售员的信心、提高销售谈话技巧并激发工作热情。从很多方面看，销售术比生产程序更难标准化。管理者必须面对来自顾客欲望、竞争威胁以及销售员心理状态的挑战。由于销售员在外工作，管理者不能直接监督他们的工作。为了让销售员保持积极性，管理者要制定多种补偿方案，还要采取策略给销售员施压，比如举办"国家收银机公司德比赛"或巴勒斯"汽车拉力赛"。[67]

管理者的激励手段还包括激发销售员的竞争意识和男子气概。他们延续了大型批发商的性别政策，倾向于不雇用女性做销售员，但可以做职员或秘书，与之相对的，办公室里的"男性"工作则是经理岗位或高层管理职位。管理者还尝试培养销售员的男子气概，因为销售工作具有许多传统意义上的女性特征，比如它强调语言技巧、说服力和对物品设计的关心。在销售竞赛中，管理者强调销售是一项男性活动。公司希望销售员在比赛中全情投入、积极竞争，他们每卖出一单就好比猎鹿、伐木或达阵[⊖]得分。军事主题的销售竞赛也很常见，推销格兰特的回忆录和亨利·海德的公平人寿保险公司的人寿保险的竞赛活动就是如此。不过到了 20 世纪初，这些主题的设计变得更加精妙：例如，美国重图销售公司组织了一场销售员在一次假想"经济危机"时的战争游戏。这场战争游戏是一次为期 3 个月的销售战役，活动开始时公司还发行了一期"战争特刊"的内部简讯。胜出者会被授予金、银、铜的十字勋章，获得"销售服务标兵"的称号。而那些销售额不及底线（500 美元）的人则会被称为"伤残者、病人或精疲力竭的人"，会被送往"基地医院"进行康复。[68]

为了给销售员施压，制造商会把销售竞赛的战报发到销售员的家中，或者特制销售员妻子喜欢的奖品，比如把瓷器餐具或新家具作为奖品。20世纪 20 年代末的一项调查发现，将近 20% 的销售公司与销售员妻子联系

⊖ 美式橄榄球比赛得分方式的一种。——译者注

过，其中超过一半的公司赞成这样做。妻子由此成为销售管理的帮手，激励销售员取得更大成就。[69]

销售经理们相信，销售员要取得成功，就需要不断鼓舞、增强自信，且头脑"清醒"。因此，他们会举办励志讲座和具有戏剧风格的大会。这也使得销售部门成为公司各部门中最鼓舞人心，甚至是最注重精神追求的部门。20世纪早期的销售部门为励志演讲这一职业拉开了序幕，戴尔·卡耐基由此将自己的励志建议完善成型，并在后来借助《人性的弱点》（1936年）一书传播开来。

随着销售员开始为多部门的大型企业工作，他们的工作性质发生了变化，这些变化与同期生产工人的工作变化有些相似。[70]销售经理掌控工作节奏（通过设定销售指标），认真监督销售团队的工作，并通过一套详细且需要遵守的工作程序来把控工作方法。在大型制造企业的销售部门工作的销售员发现，他们的职位有权无力。他们的财富和重要性远远超过以往，并得到了广告和办公人员的支持。但他们每天都要在公司里体会从属地位，比如填写报告、参加会议或领认销售指标。

在这个曾经崇尚独立、旅行和机智的职业里，竞赛、脚本和程序取而代之，这不可避免地引发了一些冲突。例如，当管理层似乎束缚了销售员的手脚时，后者就会表现出不满。圣路易斯一家公司的销售员曾对被迫接受管束进行抱怨。他说自己之前一直在自主的环境下工作，后来公司安排了一位"细节控"的上司。这位新经理"开始'系统化'，他对细节非常敏感，每天把我拴在办公室让我写报告或做其他一些无聊的事，一直到中午。我不能去拜访我的分销商。我得先把事务性的事都做完。我在这家公司是出了名的快速服务好手，但现在所有的事都耽误了。我也开始赔钱了"。[71]

销售员最受不了的是那些自以为是、认为自己比团队成员都强的管理者。一位销售员写道，"我最糟糕的一次经历是在纽约一家酒店用晚餐，和我们一起来的销售经理和公司的高管坐一张桌子，让我们在另一张桌子吃饭。或许他不是故意的，但我们都有些愤怒。最后我们中的一个人把大家心中的抱怨说出来了，于是大家也打开了话匣子。从那时起，我们那位老板的日子就变得很难过"。[72] 每位销售经理都要应对员工流失这个大问题。一位知名保险公司的高管估计，1915 年美国有 150 000 名持有许可证的保险代理人，他们当中的一半人会在一年内离职。[73]

　　大公司成立销售部门的做法使得销售行业发生了根本性的改变，但它也带来了新问题。如何管理销售员？如何衡量个体销售员的成功？销售指标应该设多高？如何确定和划分销售片区？如何给销售员发工资？怎样培训和激励销售员最有效？简而言之，如何在销售流程的基础上建立销售体系？最崇尚销售术的一派认为，现代销售管理应该遵循科学原则。这一点没有谁比国家收银机公司的约翰·帕特森贯彻得更好了。

第 五 章
Birth of a Salesman

金字塔计划

约翰·帕特森和对效率的追求

在大型制造企业里，销售员的生活既是天堂也是地狱：在每年的公司代表大会和动员大会期间，销售员感觉如同置身天堂；当他未能完成销售指标的时候，生活又变得如同地狱。[1] 最明显的例子当属约翰·帕特森在国家收银机公司（NCR）制定的管理政策。帕特森创建的全球管理系统强制要求销售员一边开发新客户（以及把更新换代的产品卖给现有客户），一边打垮竞争对手。他在创建组织上不惜成本，鼓励销售员将公司利益视为自身利益，并全身心地推动目标实现。

帕特森（1844—1922）与海因茨、坎德勒和巴勒斯是同时代的人物，他非常渴望通过销售让自己的生意大变样。帕特森在某些方面与小商贩詹姆斯·吉尔德很相似，都看重销售的机灵劲儿；帕特森和旅行推销员桑德斯·诺维尔也有相似之处，都认为销售对于建立持久的商业关系来说很重要。帕特森还与其他大型制造企业的高管们一样，试图建立一套销售管理体系，实现生产和分销的协调。但有一点帕特森比别人走得更远，他将销售发展成为一门包罗万象的科学。鉴于他对现代销售管理早期发展的影响，第五章会详细介绍这位销售的"狂热爱好者"。

帕特森对"科学"销售的推广始于 19 世纪 80 年代中期，一直到 1922 年去世，他在这个领域的贡献无人能及。[2] 帕特森与科学管理的创始人弗雷德里克·温斯洛·泰勒一样，将业务流程分解为统一的工序，这样就可以教给许多愿意承担工序任务的人。他要求销售员每月完成销售指标，从而管控工作的节奏，这一点也和泰勒一样。但帕特森在推动销售改革的过程中，面临的挑战与泰勒不同。[3] 他不仅要应对成交的不可预测性，还要解决外出销售员的激励问题。帕特森对大型销售战役的思考无疑源于他的从军经历。但他本人确实对体系建设有着浓厚的兴趣，甚至可以说是迷恋，以致他对 19 世纪末的流行风尚和伪科学非常痴迷。帕特森对这些思潮及其背后的神秘学的信仰，使他充满了热情。帕特森坚信，销售员需要敲打，有时还得对他们狠一点，然后他们才能成为 NCR 的优秀代理商或高管。[4]

帕特森相信销售员有能力创造需求、打压竞争对手，他的管理策略也是基于这种信念。他给销售员支付非常高的佣金，并投入大量的时间制作公司简报、召开销售大会来激励队伍。某种程度上说，帕特森开发的管理方法让激励员工这件事变得可复制、可预测。他把收银机描绘成安全、准确的记账工具。正如一篇文章所指出的：更重要的是，他"让推销员相信，自己的工作经济价值巨大"。[5]

帕特森认为销售和广告不是生产的阻力，而是驱动力。他对销售员的能力充满信心，认为他们只要掌握了适当的技巧，就能说服"潜在客户"购买 NCR 的产品。这些说服技巧并不局限于机器的功能方面，还包括语言（比如，多问一些能引起正向回应的问题）和手势（比如，递给顾客一支笔，让他们在订单上签字）。此外，NCR 的案例还表明，独特的销售具有累积价值；尽管市面上不乏其他同样先进的产品，但 NCR 总能从单笔订单中获得多次销售的机会。

帕特森决心打造一个白领销售阶层——他们穿着保守，熟悉公司章程，并且每天都向总部提交工作报告。帕特森的目标是打造一个不依赖于任何个人的体系，但可以通过培养新人来替代那些在帕特森看来要么业绩不佳、要么野心太大、要么桀骜不驯，从而被解雇的老员工。

帕特森的管理体系包括：为全球销售员提供关于公司政策和产品的培训，对大量的交易及其资金流进行跟踪，对每个城镇的市场需求进行评估。从某种意义上说，帕特森的管理既要求销售员具备像旅行推销员那样坚持不懈的品质，也要学习批发推销员对于长期关系的培养：他为销售员制定了详细的话术，同时鼓励销售员与商业客户和店主建立持久的联系。

尽管帕特森的事例并非典型，但高效销售经理的诸多特质在他身上得到了充分展现。他的成功经历和他自我推广的本领，使得他对销售管理的成形产生了重要影响。他的一位忠实员工，托马斯·约翰·沃森，在 IBM 打造了一支类似的销售队伍，而像沃森这样师从帕特森，并且名利双收的高层管理者还有很多。

发展收银机业务

从 19 世纪末到 20 世纪初，打字机、收银机和加法机的发明改变了秘书、商店店员、会计和银行出纳员的日常工作。这些小型商业机器凭借迅速、准确的信息处理能力，成为那个时代的电脑。它们不仅是设备，而且象征着现代商业的本质。在辛克莱·刘易斯的同名小说中，乔治·福兰斯比·巴比特在穿过泽尼斯市中心的时候梦想有自己的办公机器："在代理 NCR 的辛普克斯办公家具店，他渴望有一台口述录音机，还有一台能做加法和乘法的打字机，就像诗人渴望四开本的图书，或者医生渴望镭一样。㊀" 6

㊀ 作者借用图书和诗人的关系、镭和医生的关系，来比喻巴比特对口述录音机的渴望。——译者注

这些机器制造商发现，他们的产品并不好销售。商人们不愿购买此前从未需要过的昂贵设备，因此销售员必须说服客户，让他们相信新设备能提高工作效率和节省成本。高效的销售团队是制造商成功的关键，而办公机器制造商是第一批创建自己销售部门的企业。[7]

帕特森直到 40 岁时才进入收银机行业。他出生于 1844 年，成长在俄亥俄州代顿的一个农场里，家里有 11 个兄弟姐妹，他排行第七。他曾在美国南北战争中短暂服役，在第 131 俄亥俄州志愿步兵团当了 100 天的志愿兵，然后进入达特茅斯学院读书，并于 1867 年毕业。帕特森对创建高效组织充满兴趣，和那些将销售视为"战役"的人一样，他很崇尚军规。正如多年以后他在书中写道："我认为，企业在许多方面都应该像一艘战舰——整洁、有秩序、遵守纪律、整装待发。"[8]

帕特森的第一份工作是在代顿的运河上担任收费员。很快他就开始兼职推销煤炭和木材，并最终发展为全职工作。1879 年，他与自己的一位兄弟合伙，两人经营了几个煤矿和零售煤场。几年后，这家公司倒闭了，但与此同时，帕特森成为最早拥有收银机的业主之一。根据他后来的回忆，他之所以购买收银机，是因为怀疑一名职员从现金抽屉里偷了钱，而收银机能为他提供当天收据的准确清单。帕特森购买的机器是由代顿的国家制造公司制造的，专利权归一位名叫詹姆斯·里蒂的人所有，里蒂此前经营过酒吧。1883 年，帕特森以 1 250 美元的价格购买了这家公司 8.5% 的股份；次年，他从偿还完煤炭公司债务后剩下的钱中，又拿出 6 500 美元购买了这家公司的控股权。此后不久，他将公司的名称改为国家收银机公司（NCR）。[9]

帕特森接管 NCR 的时候，这家公司有 13 名员工。很快他就增加了工人和销售员的数量。他说服那些做兼职的销售员转为全职代理商，把所有的精力都投入到 NCR 中。代理商收取的是佣金，这也是许多公司的常规做法，但这种做法容易让人联想到保险推销员等不体面的推销职业，帕特森希望能和这些推销从业者保持距离。[10] 19 世纪 80 年代，代理商每卖出一台收银机，就可以获得产品售价一半的提成。正如塞缪尔·克劳瑟所说，代理商是收银机的委托代销人。最畅销的收银机售价从 150 美元到 200 美元不等，代理商可以获得产品售价的50%的提成；早期的NCR代理商一度赚得盆满钵满。但佣金比例不会一直这么高，到了1919年，平均佣金比例已经降至31%。[11] 从某种程度来看，公司早期采用佣金制非常必要，因为没有足够的资金支付工资，而这也符合帕特森的观点：销售员需要激励。NCR希望代理商设立零售办事处，并给他们分配"受保障的片区"，从而享有该区域内的全部佣金。这种策略不同于分派销售员负责不同区域的做法，因为它防止的是代理商为了争夺同一个客户而相互竞争。帕特森认为，该计划还有利于销售员相互交流销售技能。[12] 代理商聘请销售员做片区的销售工作，自己则直接受雇于NCR，而销售员从法律意义上说是代理商的雇员。代理商按照他认为合适的方式，给销售员以薪水或佣金的方式支付薪酬。[13]

约翰·帕特森，摄于1882年前后，两年后，国家收银机公司成立

资料来源：NCR Archive, Montgomery County Historical Society, Dayton, Ohio.

截至1888年5月，NCR在美国34个城市都有代理商，从佛罗里达州的彭萨科拉，到俄勒冈州的波特兰。当时最高效的代理商有俄亥俄州代顿市的代理商，当月订购了45台收银机；芝加哥当月订购了35台；纽约当月订购了18台；波士顿和费城当月各订购15台。[14] 纽约和新英格兰地区为公司创造的收入最多。1896年，NCR的国内总销量为9 600台，并且明显集中在东北部地区，尤其是纽约（占总量的11%）和波士顿（占总量的7%）。[15]

帕特森从 1884 年创立公司以来，就希望建立一个国际化的销售组织。胜家公司是第一家开展海外业务的现代美国制造商，到 19 世纪 80 年代，该公司累积了 30 年的海外销售经验。紧随其后的是麦考密克、柯达等公司。[16] 正如米拉·威尔金斯指出的，海外扩张通常会经历几个可预测的阶段。公司首先使用国际出口公司的服务，然后任命一名领取薪水的海外代表或建立一个国际销售分支机构，最终会建立一个海外制造工厂。1886 年的时候，NCR 已经进入了第二阶段，在伦敦、利物浦和柏林都发展了代理商。[17]

1893 年，NCR 的官方杂志《国家收银机公司》（*NCR*）宣布："全世界都能听到 NCR 的铃声了。"事实上，NCR 当时的海外业务主要局限于欧洲。在德国，该公司预计每月销售 100 台收银机。在英国，由于公司刚刚发明了针对英镑的收银机，因此月销量有望达到 200 台。荷兰和比利时每月销售 8～10 台。该公司在挪威、瑞典和丹麦都设有代理商，并在法国、奥地利和意大利也有销售记录。[18] 到了 1896 年，公司 23% 的销售额来自美国和加拿大以外的国家。其中，英国占总销售额的 9%，德国占 8%，澳大利亚和南非各占 2%。[19]

由于 NCR 的收银机价格很高，销售代理商不得不说服业主客户，购买机器是物有所值的。NCR 的早期广告类似于当代人寿保险公司的传单，目的都是增加客户的恐惧感和不确定性。在收银机的交易中，客户恐惧的是收款被盗。帕特森有一则广告的主题是"堵住漏洞"，讲的是某店主因为现金抽屉里的钱被店员偷走，结果损失惨重。[20] 这种营销策略也给 NCR 带来了麻烦，因为店员和酒保对这则广告的潜台词很反感，即"抓贼"的机器是工作中必备的。有些人甚至成立了抵制该产品的保护协会。[21] 每当遇到店员对新安装的收银机产生强烈抵触的情况时，帕特森就会让侦探监视机器的运营情况。1888 年 6 月，*NCR* 刊登了一封底特律店主的来信，他的商店被 NCR 雇用的侦探监视过。"我拿到了你们的侦探报告，里面提到我的人有笔账没有记入。我对抓到这个人感到非常惊讶，因为他是我最信任的店员，我把酒吧和办公室里的事情都托付给他了。"[22]

随着收银机的普及，NCR 步入了营销的新阶段。NCR 给收银机增添了先进的功能，并宣称，现代化、高效率的会计和库存控制离不开收银机。NCR 的广告不再强调店主对自己信赖的雇员盗窃这件事有多担心，而是开始强调，店主担心利润会因潦草的记录和不准确的数据而受损。[23]公司还扩大了客户的受众群。1896 年时，酒吧仍占销售额的 24%，但 NCR 的客户群中还包括综合商户（占总销售额的 17%）、药店（占总销售额的 11%）和杂货店（占总销售额的 9%）。[24]

为了确保销售员能把收银机的好处都介绍清楚，帕特森给他们提供了要记的话术。NCR 的第一版销售话术是由帕特森的姐夫约瑟夫·克瑞恩于 1887 年创作的。《我是怎样销售国家收银机的》，后来被称为《入门手册》，它不仅指导销售员该怎么说，还包含了他们在说这句话时应该做什么动作。[25]在《入门手册》中，星号（*）用来表示销售员应该指向所讲解的机器的部位：[26]

> 商户先生，这个 * 是 NCR 最受欢迎的一款产品。
>
> 为了搞清楚这个产品可以怎么帮到您，我们必须先了解，您店铺涉及的记账工作有哪些。
>
> 我想与客户进行的日常交易一般可以分为 5 类：
>
> - 现金交易。
> - 赊销商品。
> - 您收取分期付款的现金。
> - 您支付的现金。
> - 换硬币或钞票。
>
> 我说得对吗？
>
> 您看先生，这台收银机 * 可以把这些账目计入。
>
> 交易情况 * 能从这个玻璃罩里看到。
>
> 上一笔记录的交易金额 * 始终都有，您敲这些键就可以记录交易金额了。

收银机的产品展示

商户先生，这个 * 是 NCR 最受欢迎的一款产品。

为了搞清楚这个产品可以怎么帮到您，我们必须先了解，您店铺涉及的记账工作有哪些。

我想与客户进行的日常交易一般可以分为 5 类：

Charge Sales
Received on Account
Cash Sales
Paid Out
Bill or Coin Changed

1. 现金交易。
2. 赊销商品。
3. 您收取分期付款的现金。
4. 您支付的现金。
5. 换硬币或钞票。

我说得对吗？

您看先生，这台收银机 * 可以把这些账目计入。

交易情况 * 能从这个玻璃罩里看到。

上一笔记录的交易金额 * 始终都有，您敲这些键就可以记录交易金额了。

———
* 向客户指出相对应的位置。

4

国家收银机《入门手册》的一页内容：告诉销售员应该如何介绍收银机产品，1887 年

资料来源：NCR Archive, Montgomery County Historical Society, Dayton, Ohio.

《入门手册》将销售分为四个步骤：接洽、提议、演示和成交。在接洽阶段，售货员不会提收银机的事，而要告诉对方，他想帮助店主找到提高利润的方法，实际上，他想担任商业顾问的角色。在提议阶段，售货员会首次介绍收银机，并说明它如何防盗，如何准确记录当天的交易。这个阶段的目标是预约产品展示，地点可以安排在附近的酒店，并让销售员在那里安放一个展台，或者如果客户方便，就在 NCR 当地的办公室进行演示。在演示阶段，销售员要小心翼翼地把客户引导到成交环节。当时机合适时，他就可以设法关单。这是销售中最困难的一个部分。《入门手册》提供了一些成交技巧，其中包括以下内容：[27]

当你清晰地做完提议，并确信店主了解收银机的价值后，不要询问客户是否下单，而应认定他会购买。你要对他说："布兰克先生，您要什么颜色的收银机？"或者"您想什么时候交货？"……把订单表拿出来，填写好，然后把笔递给客户，说："就在我画了叉的地方签字吧。"……

如果客户拒绝，你要弄清原因，回答他的异议，然后再次准备让他签字……你要让店主感觉到，他是因为自己的明智判断而购买的……你要找出他提出异议的真正原因，而这很有可能就是他应该购买的原因……把你的全部力量集中在一个强有力的论点上，让他做判断，让他承认你所说的是真的，然后把笔轻松地递给他，同时继续你的谈话。这会让签字成交变得合情合理、水到渠成。

《入门手册》告诉销售员，在向客户施压时要刚柔并济，关键是不要让潜在客户感觉自己被操纵了。"不要让客户觉得你在逼他购买。没人喜欢被人强卖。"[28] 同时，销售员要表现出自信和诚实，这一点很重要。在 NCR 的销售规则中，首先就是能够表现出"对'潜在购买者'的业务和利益……有同情心，并且在向'潜在购买者'介绍机器的时候，能表现出真诚。"[29] 这些技能都需要磨炼。一位名叫约翰·T·沃特森的代理商在 1895 年的销售大会上进行过一次演示，一位观众称赞沃特森"表现真诚"，另一位观众也说："我认为最值得称道的是，沃特森先生的举止表明，他自己也认为他在说实话。"[30]

当然，即使严格按照《入门手册》行事，也不能保证销售能顺利进行。销售的过程仍然是一场猫捉老鼠的游戏。当俄勒冈州波特兰的代理人韦布打算出售一台机器时，他遵从了《入门手册》的建议，首先仔细研究了潜在客户并赢得了对方的"信任"。当客户提出反对意见时，他承认反对意见的合理性，然后试图回应。

我认为，我的销售方式与其他经理的方法没有太大的不同。

如果我拜访的是一个陌生客户，首先我要了解我的客户，包括他的居住地、业务情况等，并且赢得他的信任；接下来，我会安下心来，把最适合他的需求和业务的收银机推荐给他；如果他已决定想要一台和邻居家一样的收银机，我就卖给他那台，即使我觉得那款产品未必完全适合他。当我拿到白纸黑字的订单后，如果我认为有必要，就会向他介绍其他款的收银机，看看他觉得哪一款最适合他。

当然，价格昂贵是最有挑战的异议之一。遇到这种情况，我通常会说："对于您来说，毫无疑问，价格的确高了些，您这么想我一点也不会责怪您，因为您还没体验过，可能还不知道我们的收银机能为您做什么。"……我在谈话过程中，会经常告诉潜在购买者，如果我觉得收银机对他没用，或者他不愿按照我们的建议使用收银机，我就不会卖给他，也不打算卖给他。我告诉他这是因为，如果一台收银机没有用对地方，那它可能对一打售出的收银机产生坏影响。[31]

这也是典型的销售说辞模式——首先对客户的抱怨表示认可，然后试着回应它。

《入门手册》经历了多年的修订。这本手册问世后不久，一本名为《论证手册》的补充文本就推出了，里面包含了针对客户常见问题的回答。1894 年 1 月，NCR 将这两本手册的内容合二为一，出版了更正式的《销售手册》。[32] 1904 年的《销售手册》尺寸很大，有将近 200 页的内容。此后公司为了让销售员更好地掌握它，对书中的内容做了精简。1910 年的《销售手册》是一本小册子，只有 56 页。[33]《入门手册》的更改和收银机的迭代有些类似——两者都是在持续改进的同时，还要满足不断变化的客户需求。[34]

《入门手册》是提升销售标准化的一种方式，与此同时，帕特森也在寻找规范和监控销售员日常活动的新方法。他让销售员每天写工作报告，并寄到代顿总部。报告内容涉及某个片区的覆盖程度，以及对竞争对手的打压（或"击溃"）情况。[35] 克利夫兰的一名 NCR 代理商回忆，他在 19 世纪 90 年代初写过这样的报告："报告中包含我们拜访的客户、我们取得的销售额、我们打败的竞争对手；事实上，通常每天我们会向公司汇报当天达成的业务量、当天拜访的潜在客户和用户、当天了解到的竞争状况……销售员会把每日工作报告交给他的销售代理，也就是他的上司，销售代理会将报告转给总部。销售代理还会在当天向总部进行汇报。"[36]

最重要的是，帕特森给每个代理商分配了销售指标。最初，指标是根据片区的人口来设定的。帕特森曾算过，在某个区域里，每 400 人就可以售出一台收银机。[37] 随着时间的推移，指标变为基于前一年的销售额来设定。实际指标的设定不是用销售量来衡量，而是基于交易额的点数系统来衡量，每一点数等于 25 美元。1898 年，一家位于俄亥俄州托莱多的中等规模的代理商，它的月度指标为 70 个点，也就是每年 840 个点，因此该代理商当年要完成的商品交易额为 2.1 万美元（相当于今天的大约 45 万美元）。与此同时，纽约的代理商月度指标为 630 个点，年度指标为 7 560 个点，预计当年的收入指标为 189 000 美元（相当于今天的大约 400 万美元）。[38]

NCR 在 1892 年 4 月就已推出指标分配的做法，但达成指标并不容易。根据 NCR 当月发布的统计数据，25 位代理商中，只有 4 位 100% 完成了当月指标。[39] 指标一旦设定好，就从未下调过，这也反映了帕特森的观点，即市场永远不会真正饱和，我们可以引导客户购买替代新品。为了给销售员施压，公司会举办主题销售大赛，比如 NCR 德比大战，销售员为了获得比赛奖励，争先恐后地完成销售指标。[40]

NCR 不仅会记载个体代理商的销售记录，还会记载他们的收款记录。定期、准时的收款对于 NCR 来说至关重要，因为 NCR 当时仍是一个家族企业，资金来自内部筹款。销售员必须经常提醒客户，要尽早支付欠款。[41] 1893 年 4 月，NCR 法律部门的报告显示，有 511 笔逾期账款，总计金额超过 530 000 美元（相当于今天的约 100 万美元）。公司将债务的累积归咎于代理商。NCR 建议说："你们中的一些人认为，你们要做的只是拿订单，其他的事情我们会做……我们希望各位销售代理商告诉销售员们，你们既要紧追订单，也要紧盯收款。"[42]

魅力型领导者

帕特森本人对 NCR 的文化打造至关重要——这位矮小精悍的男士脾气很暴躁，也让他身边的高管倍感紧张。他会给员工讲授关于销售、职业发展、个人发展等一系列的话题。社会学家尼科尔·伍尔西·比加特 1989 年出版了关于直销组织研究的一本书，她在书中强调了"魅力型"领导者在直销公司中发挥的作用。这种领导擅于激发销售代理商的使命感，鼓励个体在组织中发挥主观能动性。无论是 1906 年创办富勒刷具公司的艾尔弗雷德·富勒，还是 1963 年创建化妆品公司的玫琳凯·艾施，都让公司领导层的形象充满了个人色彩。他们会给员工写信鼓劲儿，并针对员工的一些个人话题给出建议。比加特发现，这些企业的员工经常将工作描述为一种"生活方式"，并积极参与到公司的庆典活动中。[43]

虽然帕特森没有像富勒和艾施那样从事直销业务，但是他的确给 NCR 烙上了深深的个人印记。帕特森的志向不止于成为一名企业高管，他还想改善代顿工厂的条件，从而创造一个具有模范效应的工作环境。他建造了明亮的设施，里面有自助餐厅、医院、图书馆和娱乐设施，他还给员工们放映电影，并在午餐时间举办讲座活动。[44] 为了宣传这些创新理念，帕特森向公众开放了工厂。参观者们穿过种满鲜花和绿茵草坪的景观花园，看到模拟的杂货店和肉铺里陈列着亮闪闪的收银机，以及一群工人在运转良好的机器上进行操作。[45]

帕特森通过内部通信、期刊和演讲等方式，不断向 NCR 的代理商和工厂工人传达他的工作和生活理念。从他传递的内容中，可以看出他对流行科学和伪科学有着浓厚的兴趣，其中不乏健康和饮食风尚。例如，NCR 经常刊登有关哈瑞斯·弗莱谢尔的文章，他主张吃饭时要细嚼慢咽；约翰·哈维·凯洛格也是 NCR 的常客，他是巴特尔克里克疗养院的院长。[46] 1905 年，帕特森聘请查尔斯·帕尔默担任身体文化总监，后者对骨相学和面相学颇有兴趣。[47] 斯坦利·阿林于1913年从大学毕业后加入NCR，后来升任 NCR的总裁。他在回忆帕特森时曾说，"帕特森一度非常痴迷5这个数字，我们连着几天都得变着法儿地准备关于5的话题。比如，通知推销员他们必须做的5件事以及必须避免的5件事"。[48] 帕特森的这些癖好让有些人觉得他"不可理喻"，还有些人则认为，这些癖好会让人觉得他的命令很科学并且不一般，还有助于增强公司的秩序感和效率。[49]

与销售组织中服务于"魅力型"领导者的员工相比，那些在传统官僚机构工作的员工所处的环境是不同的。[50] 传统官僚机构中的员工通常只是以薪水的形式获得财务回报。相比之下，魅力型领导者带领的组织拥有"使命"和企业家笃信的"道德至上"。员工获得的回报既有物质层面，也有"意义"（或象征）层面。此外，魅力型领导者会鼓励人们通过改变自我来实现个人成功。比加特写道，（直接）销售组织中的人必须要有正向思维，要相信"如果一个人想成功，那么成功就会随之而来，而失败是由消极的思维习惯造成的"。领导者的存在，能够让整个组织产生"意识聚焦"。[51]

从19世纪90年代开始，帕特森对金字塔产生了兴趣。当代的灵性文学和伪科学文献里，都会提到金字塔的象征意义。帕特森起草的公司组织结构图就采用了这种形状。阿林说："帕特森先生非常喜欢复杂的金字塔架构，他是金字塔顶端的那个人，其他人的名字依次往下排。"[52] 公司被划分为一个包含董事会的金字塔、三个"发起端金字塔"（法律、出版和劳动部门），以及三个"运营端金字塔"（所谓的制造、记录和销售部门）。最重要的是，这种组织形式强调了帕特森的最高地位。"NCR的整个业务都是通过这个金字塔计划运行起来的"，第二副总裁兼总经理休·查尔默斯如是说。[53]

在19世纪末，金字塔有着非凡的象征意义。数学、科学和占星术的真理都存在于古埃及大金字塔的几何形状中。史密斯的《大金字塔留给我们的遗产》促成了国际保留与完善重量及测量单位研究院的创建，该研究院于1879年在波士顿成立，旨在以金字塔的测量值作为标准单位；它在帕特森的家乡俄亥俄州设有一个分支机构。史密斯强调金字塔五边形的重要性。

国家收银机公司

第 6 卷　　　　俄亥俄州代顿，1893 年 9 月 15 日　　　　第 9 期

要避免做的事

《国家收银机公司》1893 年 9 月的封面，讲的是销售员不要做哪些事：不要让潜在客户触摸机器，不要对客户指指点点，不要用手抓住客户不放，不要在客户面前做手势

资料来源：*NCR*, Sept. 15, 1893. NCR Archive, Montgomery County Historical Society, Dayton, Ohio.

"整装待发"

1900 年 10 月发行的 *NCR*，一位打扮得体、精力充沛的销售员"整装待发"

资料来源：*NCR*, Oct. 1, 1900. NCR Archive, Montgomery County Historical Society, Dayton, Ohio.

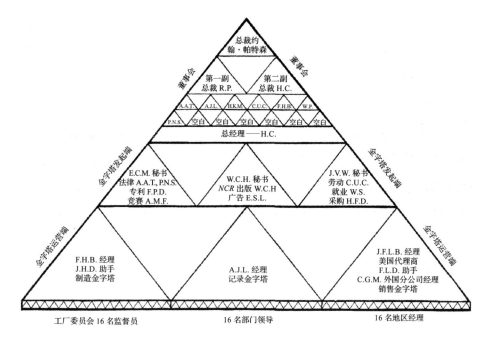

国家收银机 1903 年的组织架构图显示出帕特森对金字塔的热爱。他自己
当然是位于金字塔的塔尖

资料来源：*NCR*, Jan. 1, 1903. NCR Archive, Montgomery County Historical Society,
Dayton, Ohio.

逐渐，帕特森把他大部分的战略思想和指导意见都用金字塔的方式来
表达。其中一张金字塔计划取名为"销售的科学"，它描述了成功销售员的
五种品质：健康、诚实、能力、勤奋和业务知识。该计划反映了 *NCR* 期刊
中的许多观点，提到"磁性""动物精神"这些伪科学中常用的语言，并强
调健康与商业成功之间的联系。"一个体弱多病、紧张兮兮的销售员很难让
人感受到他的个人魅力，这会让销售员的成功不知不觉地大打折扣。"这份
计划还说："无论是大公司的销售经理，还是从事销售心理学研究的教授们
都坚信，健康的体魄和旺盛的动物精神是销售员最重要的素质。"[54]

帕特森与代理商沟通的最直接方式是举办销售激励大会。1886 年，他
在代顿的菲利普斯酒店召开了第一次会议。[55] 那年冬天，代理商韦布出席
了会议，他回忆："正是这次大会让我走上了正轨，成为 NCR 的一名代理

商。"[56] 到了 19 世纪末，这些大会成为推动公司发展的重要事件，大会内容包括工厂参观、销售培训、工程师和发明家的技术讲座以及各地代理商的工作汇报。大会为公司提供了向代理商传达公司文化的机会，因为许多代理商都在距离代顿很远的地方工作。大会也为代理商提供了讨论策略的平台。一位来自圣路易斯的 NCR 销售员回忆说，他在大会上遇到了"来自全美各地"的代理商，他们针对"各自卖过的产品和遇到的客户进行了交流；比如，谁经历过什么样的困难案例，以及这个案例可以怎样帮助我们应对各自的挑战"。[57] 大会还为销售员的情感宣泄做好了铺垫，包括公司高管激动人心的演讲、威武的军乐声以及下一季销售指标的誓师会。

大会还让 NCR 有机会提醒各位销售代理，公司对他们有着很高的期待。提醒的方式颇具戏剧性。一位代理商回忆起在 1895 年的大会演讲中，大家留意到："在礼堂的讲台中央摆着一个时钟。每过一小时，就有人在表盘上画一个钱袋，每个袋子都标记了 500 美元的金额。时钟的正面写了这样一句话，'本次大会的时间价值为每小时 500 美元。不要浪费'。"[58]

销售大会也彰显出 NCR 在代理商管理上面临的矛盾。一方面，公司要对代理商施压，比如提醒他们要完成多少业绩，并检查他们的销售演讲水平。另一方面，公司又鼓励代理商自主独立，可以赚到无数的佣金。比如，在一次 NCR 大会上，一位名叫约翰·威尔逊的销售员说（有可能是帕特森先生事先安排的）："我想感谢帕特森先生，感谢您为我们所做的出色工作……我的商品库存都是由公司寄售的，我不用承担任何成本。我也不需要雇用广告经理，因为帕特森先生与大型广告部门和印刷厂都有合作，我就不用为此操心了。"[59]

帕特森一再强调正向思考、果断行事的重要性。爱德华·迪茨于 1899 年以工程师的身份加入 NCR，后来成为公司的总裁。据他回忆，在一次销售大会上，帕特森下令用一晚上的时间，把公司的某座建筑全部拆除，并在上面铺上草。迪茨带领一群人，凭借非凡的努力完成了这项任务，而此时销售员们还在睡觉。第二天，帕特森利用这座神秘消失的建筑的例子来说明，只要下定决心，就没有做不到的事情。[60]

在帕特森看来，成功的最大障碍是懦弱、沮丧和缺乏信心。每年的销售大会上，当他宣布提高代理商的销售指标时，都会强调这一点：只要销售员下定决心，努力工作，不断向潜在客户施压，同时还打压竞争对手，这个市场就永远不会饱和。"不要自我满足。"帕特森在 NCR 中写道，"一个人如果躺在过去的功劳簿上睡大觉，或者因为取得一点成绩就沾沾自喜，那就大错特错了。"[61] NCR 工厂的墙壁上刻有这样的座右铭："我们通过变革取得进步。""足够好是最好的敌人。"[62]

帕特森认为自己不仅创建了 NCR，也创建了整个收银机产业。当他的一位生意伙伴把钱投给 NCR 的竞争对手时，帕特森对他说："赶快把你的钱从那家公司取出来吧，因为我会摧毁这个行业的所有竞争对手；我有专利，这个行业是我发展起来的；而且我从事这行差不多 20 年了；我不认为谁能窃取我的劳动成果。"[63] 帕特森的管理风格就是如此：他要说服代理商，让他们觉得自己是自主创业者，挣多少钱取决于自己的努力和能力。与此同时，帕特森也会提醒代理商，他们属于更大事业的一部分：是代顿总部管辖下的"金字塔"中的一员。

国家收银机公司的校舍

NCR 是收银机行业的先驱，也是早期市场的统治者。不过到了 19 世纪 90 年代中期，该公司面临着新的挑战，包括经济大萧条，这也促使帕特森进一步加大了营销力度。

始于 1893 年的经济大萧条对很多产业造成了重创，从农业到商业无一幸免；关键问题不是产量在减少，而是商品价格的下挫。面对这种情况，经营者们想出了不少办法：有的制定了新的管理政策，以减少对技术工人的依赖；有的制定了发展海外客户的营销策略。[64] 与此同时，产业整合也在发生。从 1890 年到 1893 年，产业界出现了企业并购的苗头；经济大萧条爆发后，企业并购陷入停滞；到了 1898 年，随着金融市场的回暖，以及最高法院做出几次对产业整合利好的仲裁后，并购也重新开始。[65]

帕特森主动采取了一系列应对措施。他实施了更加严格的销售管理办法，增加了本土市场和海外市场的销售员数量，继续打击竞争对手，迫使对手要么破产，要么同意被直接收购。与此同时，他反复强调销售文献中老生常谈的一个话题：越是在困难时期，越要加倍努力。据他后来的回忆，"当经济不景气的时候，我们更要多做宣传，更要努力工作"。[66] 对于经济大萧条的到来，帕特森其实早有准备，因为他读过"俄亥俄农民"塞缪尔·班纳的预言，班纳是一位朴素的哲学家和经济学家，他从 1875 年开始发表经济周期预测，并收录于《班纳的预言：未来的价格波动》一书中。帕特森是班纳的狂热追随者，他把班纳的文章在 *NCR* 进行了转载。班纳基于生铁价格的表现，准确预测到 1891 年会有灾难性的经济利空，造成的影响将长达 6 年之久。对于某些班纳的追随者来说，这意味着企业应该趁机退出市场。但帕特森不这么想，他想造一艘"救生船"，让自己的公司活下来，同时静候竞争对手淹死。[67]

1893 年初，帕特森开始加大对销售团队的监管和培训力度。1893 年3~6 月，帕特森和公司的广告经理吉布斯一起，拜访了国内代理商。他们走访了美国所有的大城市，并且随时安排和代理商的会议。他们和每家代理商仔细探讨"销售方法、接触客户的方式、关单技巧、销售员的举止仪表、对潜在客户的态度……他们还会花大量时间检查产品陈列室，了解收银机是怎样展示给客户以及如何售出的"。旅行期间，帕特森还制定了代理商和销售员的管理新规。每天早上 8 点 15 分点名，同时代理商把头一天的销售报告提交上来；上午 9 点，所有代理商都奔赴市场，开始一天的工作。每周一的上午 8 点，各代理商的负责人必须召开周会，审议本周的工作目标。[68]

帕特森在 *NCR* 中向那些无法记住《入门手册》的代理商发出警告："我们今后将不打算再接受任何借口。在这次旅行中，我们已经证明了使用《入门手册》和执行公司指引的好处。那些无法照做的代理商，不管什么原因，都将终止合同。"[69] 对于声称喜欢按照自己的方式销售收银机的人，帕特森会问："像布斯这样的好演员，如果每次都用不同的方式演哈姆雷特，你觉得他会怎样？"[70] 帕特森为了将标准化的销售方法执行到位，给代理商约瑟夫·克瑞恩指派了一项任务，让他对全国的代理商进行测试，检验他们对《入门手册》的掌握情况，并把结果登在 *NCR* 上。[71] 这个测试非常有必要，它不仅仅是针对经济困难时期的举措，而且随着 NCR 提供的产品型号越来越多，销售员必须对每个型号更加了解。在 20 世纪初，NCR 提供的收银机及其配件型号超过 100 种。[72]

为进一步提升销售技能，帕特森于 1894 年在代顿总部开设了一家销售学校。最初的课程持续 6 周，传授基本的会计知识、收银机的演示方法、健康须知和商务礼仪。[73] 第一所"NCR 校舍"是一间村舍，位于帕特森老家的农场，很快公司又在全国和海外地区建设了临时校舍。1896 年，代顿学校总共开设了七个班，招收了 106 名学生。到当年年底，仍有 70 名毕业生服务于该公司。NCR 发现，30% 的毕业生没有在公司干满一年，有的是因为所谓的"自然原因"，包括感到气馁或者缺乏能力。[74] 1901 年，授课内容增加了工厂参观、长官俱乐部午餐会以及总裁和副总裁的演讲环节。[75]

斯泰西是 NCR 密苏里的代理商，他回忆了 1907 年在当地 NCR 学校的经历。[76]

> 我和另外十二三个代理商一起加入了圣路易斯学校，我们在那儿待了大约 30 天后就被派往城市的销售片区了。在学校，我们有一位固定的导师。每天早上大约 9 点，他把我们召集到一起，一直到晚上大约 5 点 30 分或 6 点结束……他和其他老师一样，比我们起得早，会给我们讲解当天要演示的机器。然后他会给我们发卷子考试。我们得在当天晚上做完卷子，第二天再交给他。他每天都会对我们的学习效率进行评估，会给我们的卷子打分，让我们了解学习的情况。

对于有些销售员来说，无休止的争议话术的演练令人反感。曾在 NCR 公司任职的销售员亨利 1913 年写过一本书，名为《收银机托拉斯的花招》。他在谈到自己在 NCR 销售学校的经历时抨击道："可以说商户针对收银机提出的任何争议，都在销售学校或公司的销售大会上仔细讨论过了。"他把 NCR 比喻成一条"鲨鱼"，这条鲨鱼教给销售员一套操控他人的话术，用来捕食小店主和竞争对手。"没有哪个商家能对抗得了鲨鱼……鲨鱼就是想利用争议来绞杀猎物。"[77]

到了 20 世纪初，NCR 希望继续加大销售力度。销售代理商不仅上班的时候要承受压力，还得把这种压力带回家。和小商贩以及大部分旅行推销员不同的是，许多代理商都已婚。帕特森说服了代理商的妻子们，请她们支持自己的丈夫提升业绩。他的办法是鼓励妻子们，要对丈夫们的成功更加上心。除了前面提到的将销售竞赛的奖品定为餐桌和瓷器，[78] 帕特森有时还会邀请妻子们在没有丈夫陪伴的情况下来代顿参加自己的大会，会上有演出，也有关于着装和饮食的讲座。[79] 在一次大会上，帕特森张贴了一张横幅，上面列出了妻子帮助丈夫成功可以做的 10 件事：[80]

- 备好简单可口的饭菜。
- 让他开心。
- 让他多呼吸新鲜空气。
- 确保他有足够的睡眠时间。
- 适当的时候给予他鼓励。
- 确保他经常锻炼身体。
- 保持节俭，未雨绸缪。
- 真心关注他的销售业绩。
- 阅读 NCR 的宣传材料。
- 让自己开心。

帕特森还把这种方法在商业报刊上进行了推广，他曾在《系统》杂志（《商业周刊》的前身）上撰文《妻子：助理销售员》。[81] 达特内尔也在报告中引用了"通过销售员的妻子接触销售员"的章节，还刊登了一封来自参加过 NCR 妻子大会的女士写的信。还有一封信是这样建议的："如果丈夫回家晚了，绝不要表现出失望。始终记得祝贺他当天或者当周取得的业绩。

提醒他做产品演示的时候，要使用简单的语言。要特别注意满足每一餐的营养需求。"[82]

这种建立公司与销售员妻子之间关系的做法，在当时已经很普遍了。[83] 1921 年的一份调查显示："销售经理越来越借助于销售员的家庭纽带，来撬动他们的生产力。""已婚人士通常都会受到妻子的影响，因此很多公司会制订计划，来取得妻子们的合作与支持。"[84]另一项调查发现，大约有 20% 的销售公司曾经与销售员的妻子联系。通常的目的是让妻子成为一名管理上的支持者，检查销售员的进展，激励他取得更大的成功。[85]

通过这样的管理策略，NCR 把它对销售员的监督从同事延伸到了家庭。如果说销售竞赛是为了激发销售员的男子汉气概，那么妻子的参与则会激发销售员作为丈夫和父亲的责任担当；成功的销售员无论在公司还是在家里，都会有自己的地位。

从 1906 年开始，每年完成业绩的 NCR 销售员都将应邀加入一个新组织——"100 点俱乐部"，该俱乐部每年单独召开自己的年会。[86]公司会给每位成员奖励价值 150 美元的黄金，提供参观工厂的机会，并且承担相应的费用（通常情况下，销售员参加总部年会需要自掏腰包）。俱乐部的成员都是当年的每月业绩达到或超过 100 点的销售员。俱乐部的年会持续一周，其中包括帕特森和公司其他高管的讲话。[87]一份报告曾这样记录俱乐部年会："当'100 点俱乐部'成员进入工厂的时候，只见偌大工厂的每个角落，都有飘扬的旗帜在迎接他们的到来，厂里四处张贴的公告则在告诉 6 000 名员工，这些销售精英取得了哪些成就。"[88]

到了 20 世纪初，NCR 公司的业务不断扩张，规模效应日渐显露。从 1902 年 1 月到 1903 年 4 月，NCR 公司新建了四栋工厂大楼，并对另外两座工厂建筑进行了扩建；在此期间，工厂规模翻了一番。[89]销售队伍从 1890 年的 128 人增长到 1910 年的 750 人，同期的收银机销量从 9 091 台增长到 83 333 台。因此，尽管销售队伍的人数增长了大约 5 倍，但销量提高了 8 倍多。[90]

帕特森在加强本土培训力度的同时，也在改善海外的销售组织。1897

年 6 月，他前往欧洲拜访代理商（类似于 1893 年他在美国本土做的事情），开始了长达 3 个月的旅行。其间他去了利物浦、伦敦、巴黎、柏林、圣彼得堡、莫斯科、塞瓦斯托波尔、敖德萨、维也纳和克拉科夫。[91] 帕特森给员工们讲解了公司的全球策略。他画了一个大圆圈来代表地球，然后告诉员工，全球市场上如果哪个地方出现了亏损，公司还可以通过其他市场上的收益来弥补。

NCR 公司把海外市场视为公司文化的一部分，并且会借助公司的出版物进行宣传。20 世纪初在 NCR 代顿工厂的外墙上，刻有 NCR 全球办事机构的名录。[92] 截至 1903 年，NCR 在 27 个国家有业务往来，包括英国、爱尔兰、法国、德国、意大利、西班牙、荷兰、挪威、瑞典、俄国、比利时、奥地利、土耳其、丹麦、葡萄牙、澳大利亚、新西兰、菲律宾、南非、波多黎各、墨西哥、古巴、哥斯达黎加、阿根廷、智利、巴西和乌拉圭。[93] 三年后，NCR 海外业务占公司总销售额的 38%，其中德国市场的份额最大（达到 14%）。[94]

1895 年，国家收银机有限公司伦敦子公司成立。1896 年，国家收银机在柏林成立了另一家子公司。1902 年，NCR 在柏林建造了一座工厂，主要生产收银机的柜子。因为德国进口税的缘故，所以在当地生产更便宜。这家工厂还生产一些初级型号的收银机。[95]

伦敦子公司有自己的企业内刊，同时也要面对自身经济的波动。1899 年，《英国 NCR》称，南非的布尔战争导致业务受损，因为酒馆和酒吧的生意变得不好了。[96] 伦敦子公司的销售额在世纪之交的时候稳步增长，从 1898 年售出 3 710 台收银机，到 1903 年售出 5 617 台。[97] 1900 年 3 月，英国有 47 名销售代理商和销售员，当月销售了 176 台新机器和 6 台二手收银机。[98] 在美国，收银机同样深受酒馆和酒吧老板的青睐。伦敦一家代理商的工作日志显示，他的客户中有 22% 来自酒馆行业，这也是他份额最大的客户群体。[99] 1908 年，帕特森再次来到伦敦子公司，并在那里逗留了近两年的时间，亲自主抓当地的业务。[100]

受美西战争余波的影响，NCR 开始加强在亚太市场的发展。一位夏威夷的代理商曾感叹道："5/6 的零售业务掌握在日本商人和中国商人的手里，尽管他们现在还没有使用收银机，但我认为，只要持续地做说服工作，他们会接受的。"[101] NCR 于是在亚太市场上开设课程，把公司的销售方法传授给本土的销售员和移居当地的美国人。1906 年，NCR 日本市场的总经理 J.A.M. 约翰逊在谈到他的销售队伍时说："这些人已经接受了三个多星期的培训，现在他们每个人都能对《入门手册》进行全面展示，还能讲出其中的要点。"[102]

　　19 世纪 90 年代，帕特森一边加强对代理商的培训和海外市场的投入，一边加大力度打击竞争对手，他还为此招募了销售员。尽管 1888 年的时候，竞争形势不像后来那么激烈，但帕特森仍然决心将整个收银机行业据为己有。当年他在 *NCR* 这样写道："目前我们没有严格意义上的竞争对手，我们也不想看到它们的出现，在弱小的对手变得强大以前，我们必须把它们击垮。"[103] 当时引起帕特森注意的是位于肯塔基州路易斯维尔的霍普金斯罗宾逊公司。为了打败这家公司，帕特森在市场上推出了一款"搅局产品"。该产品跟霍普金斯罗宾逊生产的机型几乎一样，同时又不侵权，但价格比它低。对此帕特森解释道："推出这款机器的目的不是为了卖得有多好，而是为了阻击霍普金斯罗宾逊公司的销售。我并不指望这款'搅局产品'热卖，除非潜在客户由于价格的原因坚持选择霍普金斯罗宾逊而放弃了我们。"[104]

　　"搅局产品"的运用由此成为 NCR 营销策略的重要组成部分。公司甚至还制定了一份搅局产品目录，把原版机器和仿制机器摆在一起展示，帮助客户了解这些产品与竞争对手的区别。当市面上推出一款新的收银机，销售代理就会把它买下来发回工厂，由专利律师和机械专家进行检查，目的有三个：开发一款搅局产品；看看 NCR 的专利权是否遭到侵犯；看看是否能够"打败"它——比如，想方设法让它记错账，从而证明这款产品有缺陷。[105]"搅局产品"使得帕特森无须再用标准产品跟对手拼价格了，他只需要让搅局产品的价格低于对手的价格就可以。

　　到了 19 世纪 90 年代初，竞争压力开始变得越来越大，竞争成本也越来越高。[106] 拉姆森公司在辛辛那提、托莱多、克利夫兰和底特律设有办事处；太阳辛普克斯公司通过全国各地的批发商推销简版收银机；联合公司的产品主打低价。NCR 的竞争对手数量达到 63 家。[107] 1891 年 11 月，NCR 公司成立了"作战部"。[108] 该部门一方面积极采取措施，对竞争对手进行专利起诉，另一方面成立了自己的销售队伍，驻扎在新兴对手的地盘上。他们是 NCR 的授薪雇员，被称为"公司职员"或"特殊职员"。[109] 他们的任务之一是紧盯竞争对手的销售员去过哪些商店，然后设法取消他们刚谈成的订单。一位科罗拉多的商店老板在回顾 NCR 销售员的做法时说：[110]

> 1909 年的时候，我经营着一家小饰品和糖果店。5 月 20 日，我和丹佛的阿尔德里奇销售公司签约，购买美国收银机公司（ACR）的一台收银机，售价 120 美元。我签署了购买协议，但还没支付商定好的 20 美元的首付款……这时候，一位来自博尔德的 NCR 公司代理商过来向我兜售 NCR 的产品。他告诉我，ACR 的那款产品我买贵了，而且一点儿也不好用。一开始我没怎么说话，后来他又来了一次，这一次他给我看了科罗拉多州和各地商户写的信，这些人都说 ACR 的产品不好用，记账也出错。再后来，他把我邀请到了奥康纳酒店，给我展示了两台收银机，还把盒子打开，给我讲解工作原理。

这些"特殊职员"都接受过"如何打击竞品"的公司培训。[111] 1900 年，詹姆斯·沃勒曾是 NCR 洛杉矶的一名"特殊职员"。他参加过公司组织的夜校，学习过如何通过一系列人为操作，让竞争对手豪尔伍德的收银机计算出错——在打开或关闭收银抽屉的时候，同时按下几个键。[112] 这些"特殊职员"的很多做法都超越了推销术的边界。

公平地说，NCR 并非唯一从事暗箱操作的公司。1892 年 11 月，波士顿收银机公司也曾培训代理商，如何用一块薄的钢片撬开 NCR 收银机上的抽屉。[113] 其他行业为了打垮竞争对手，同样引导销售员采取不道德的行为。举例来说，联合果品、标准石油和巴勒斯加法机等公司，都曾让销售员收集竞争对手的情报，破坏它们的销售活动。它们时而恐吓竞争对手的销售员，时而低价倾销，有时还会威胁客户。比如，巴勒斯公司的销售总监常收到来自菲尔特塔兰特制造公司销售主管的投诉信，这家公司是康普托计算器的制造商。菲尔特塔兰特制造公司的经理抱怨说，巴勒斯的销售员总是要花招。他曾目睹他们将沙子倒入康普托计算器的齿轮中。1919 年10 月，他写道："贵公司的维修员或销售员跟费城乔治·华盛顿·布拉邦公司说，只要晃动一下按键 9，他们最近购买的两台康普托计算器就会出错，接着又拿出两台你们的计算器让客户试用。显然这位销售员让客户相信我们的机器有毛病了，因为客户把这两台计算器退回来维修，但我们发现，机器一切都正常。"[114] 当这些伎俩与正当手段相结合的时候，能让公司获得大单。

NCR 将自己没有击溃的对手收为己有。1893 年到 1906 年间，NCR 总共收购了 19 家制造商或代理商：克鲁斯收银机公司、拉姆森收银机公司、波士顿现金指示器和记录器公司、奥斯本收银机公司、托莱多收银机公司、亨利·西奥博尔德代理公司、卢克·库尼代理公司、理想收银机公司、布雷宁收银机交易所、大都会收银机公司、太阳辛普克斯收银机公司、全球和世纪收银机公司、伊萨克·弗里曼代理公司、福斯新奇公司、芝加哥收银机公司、韦勒收银机公司、南方收银机公司、A. J. 托马斯收银机公司和联合收银机公司。[115] 大部分（17 家）的收购发生在 1900 年到 1906 年之间。

这些收购举措，以及 NCR 巨大的市场份额（估计 1892 年为 80%，10年后为 95%），使得公司在多个场合面临着法律纠纷。[116] NCR 成立 6 年后，也就是 1890 年《谢尔曼反托拉斯法》颁布时，两次遭遇反垄断的指控。第一个联邦案件是美国诉帕特森等人案（1893 年），指控该公司密谋限制贸易，并称密谋并非通过合约或联合的方式进行，而是"通过破坏或阻挠他人贸易的方式"来实现，从而"通过驱逐其他公司退出相关业务，来谋求垄断"。[117] 这个案子始终没有开庭审理；因为当其中一家参与投诉的公司——拉姆森加入 NCR 之后，该诉讼就失效了。[118] 到了 1912 年，NCR再次面临反垄断指控，当时的塔夫特政府正在严厉打击反垄断行为。[119] 在

1911 年 12 月，一项民事反垄断诉讼将 NCR 告上法庭。次年 2 月，NCR 又被提起了刑事诉讼。这一次，帕特森和其他 NCR 的高管被判有罪。法庭对帕特森和其他 26 名员工处以罚款和监禁；帕特森本人收到 5 000 美元的罚款，并被判处一年监禁。但这次判决同样没有得到执行；NCR 提起了上诉，结果原来的刑事判决被推翻了。[120]

大多数关于该刑事诉讼被推翻的说法都认为，帕特森在代顿洪水灾害期间所做的努力，提高了他在公众和联邦政府心目中的信誉。1913 年 3 月，一场洪水摧毁了代顿这座城市。在帕特森的带领下，NCR 的生产业务从制造收银机转变为制造平底船，这些船被用于救灾。此举可能确实对案件的最终判决起到了一些作用。但更有可能的一个因素是，NCR 的律师们已经整理好一份详尽的上诉文件，对证据的可接受性提出了质疑，并抗议竞争对手对 NCR 专利的侵权行为。在民事诉讼的判决中双方达成协议，NCR 被强制通过一项同意令，即在没有得到辛辛那提美国地方法院和美国总检察长批准的情况下，NCR 不得获取竞争对手的业务、专利或财产的控制权和所有权。[121]

从长远来看，法院的这一裁定对于 NCR 来说并非难以承受。相反从许多方面来看，它被证明是有益的，因为它推动了公司产品的多元化。[122] 这次判决还促使 NCR 整顿了销售队伍中存在的出格行为。威廉·本顿就是在同意令颁布后加入 NCR 的，这也是他的第一份工作。后来他成立了本顿－鲍尔斯纽约广告公司，并成为美国参议员。根据本顿的回忆，"我在 NCR 做销售员的第一天，必须先读一本小册子，这本小册子会告诉所有销售员他们不能做什么，因为如果他们做了其中任何一件事，老板就会进监狱。作为一名销售员，我不能做的事情之一就是威胁（胁迫）竞争对手的销售员。另一件不能做的事是贿赂货运代理人，让他们晚发竞争对手的货物；或者在竞争对手的机器中倒沙子，破坏它的正常运作；或者在竞争对手的隔壁开设办公室；或者为了让竞争对手出局，将产品售价砍掉一半——这些事情以前都是那帮特殊职员在干，现在公司不许我们这么干了"。[123]

帕特森的遗产

尽管帕特森的周围不乏才华横溢的高管，其中许多人还在 NCR 接受过培训，但他还是非常珍惜他所处的金字塔顶端的地位。哪个高管如果想挑战他，就会被解雇。[124] 在同意令颁布之后，帕特森解雇了他的大多数高级经理，他指责他们，称就是这群人让公司陷入了麻烦，有些人后来去了其他公司担任高级职务。[125]

1917 年，帕特森放弃了对公司日常运营的管理。他在 73 岁的时候外出旅行了近一年。斯坦利·阿林多年来一直为该公司制作会计报告，据他说，帕特森仍然对反垄断案的判决耿耿于怀，因此在第一次世界大战期间，当重组后的 NCR 开始生产飞机配件和手枪时，帕特森不想被人指摘为大发战争财。帕特森在他生命的最后几年时间里，支持伍德罗·威尔逊关于让美国加入国际联盟的举措，并出席了在欧洲举行的相关会议。帕特森不在位时，公司由总经理约翰·巴林格和阿林负责，阿林担任巴林格的助手。尽管帕特森公开表示反对裙带关系，但 1921 年他还是将公司总裁的职务传给了他的儿子弗雷德里克，自己担任公司的董事长。不过弗雷德里克仍将公司大部分的日常运营交给了巴林格和阿林。[126]

从某种意义上说，约翰·帕特森的管理风格是无法效仿的，这与他本人的个性分不开。[127] 尽管如此，帕特森通过自己的演说和自我推销，对销售方法和销售管理产生了巨大的影响。他的经营方法在不少文章和图书中都有描述，其中多数都是赞誉有加的。《打印机墨水》杂志从 1911 年起，就连载关于帕特森生平的八篇文章。[128] 塞缪尔·克劳瑟写的传记《约翰·帕特森》于 1926 年出版，该书的副标题为"工业福利的先驱"。[129]

更为重要的是，与帕特森共事过的高管们在为其他公司效力时（通常是被 NCR 解雇后），也把他的管理方法传播了出去。阿尔文·麦考利曾经是帕特森的专利律师，后来担任巴勒斯公司的总裁，他创建的加法机销售组织与 NCR 的相似。巴勒斯的销售员与 NCR 的销售员的定位一样，要以咨询顾问和分析师的身份接触潜在客户，而不仅仅是作为销售员。[130] 要持续跟踪潜在买家，而不是可能的购买者。在管理方法上，巴勒斯也和 NCR 一样，把市场划分为可管控的区域，分配销售指标，并通过戏剧化的销售竞赛来激励团队，同时利用销售员来对抗竞争。[131]

1920 年在代顿召开的 NCR 销售大会。房间里悬挂的国旗代表了 NCR 设有办事处的国家

资料来源：NCR Archive, Montgomery County Historical Society, Dayton, Ohio.

事实上，曾经在 NCR 任职的高管们，有相当多的一部分成为其他大型生产企业的总裁，其中许多是在汽车和办公设备领域。NCR 的校友包括通用汽车的查尔斯·凯特林、查尔默斯汽车公司的休·查尔默斯和雪佛兰的理查德·格兰特，还有国家自动化工具公司的威廉·博克霍夫、地址簿与复印机制造公司的约瑟夫·罗杰斯、托莱多仪器公司的亨利·西奥博尔德、标准收银机公司的威廉·谢尔曼，以及 IBM 的托马斯约翰·沃森。看到 IBM 身着蓝色西装的销售员，你自然就会联想起 NCR 的销售策略。IBM

著名的座右铭"思考（THINK）！"一开始是在 NCR 名片上的，显然这是来自沃森的建议。[132]

20 世纪初的销售策略分析师也认为帕特森的影响巨大。圣埃尔莫·刘易斯在 NCR 和巴勒斯加法机公司都工作过，他写了一本非常有名的销售技能综合指导书《创造性推销术》（1911 年）。在该书中，刘易斯对帕特森给予了赞赏，并按步骤讲解了销售流程，其方法与《入门手册》中的接洽、提议、演示、成交四步骤非常契合。他称 NCR 的销售手册是"在追求销售效率最大化时，由于本着科学态度而取得的成果之一"。[133] 刘易斯提出的口号是"吸引注意力，保持兴趣，创造欲望"。他在书中详细地阐述了这一理论，认为在销售过程中，销售员要通过渐进的意识状态来引导潜在客户，从注意力开始，然后是兴趣，最后是欲望。这种依次发生的状态引导会激发购买的"行动"。[134] 刘易斯的模型不仅经常被其他作者复制，而且按照产业心理学家爱德华·凯洛格·斯特朗的说法，"对销售界产生了非常深远的影响"——这很可能是因为，它让人们在探讨销售流程时有了依据。[135]

在帕特森和刘易斯实践的背后，是一场始于 20 世纪初的大规模运动，这场运动涉及的人群范围非常广，它的目的是想赋予销售"科学的态度"和专业的精神。随着销售的分析性越来越强，销售研究不再只是某家公司的事，许多有影响力的机构与专家也加入其中。

第 六 章

Birth of a Salesman

销售学

心理学家、经济学家和其他销售专家

到了 20 世纪初，现代销售管理的许多要素已经确立。约翰·帕特森成为系统化销售的杰出代言人。与此同时，其他企业家和经理们也踌躇满志，希望打造高效的销售队伍。凯洛格发起了"玉米片运动"，以对抗竞争对手波斯特推出的葡萄坚果谷物食品。1919 年，罗伯特·温希普·伍德拉夫在他父亲收购可口可乐后不久就成为公司的负责人。他深谙推销术，并借助广告将不变的产品与美国社会的主题长久地联系在一起。[1]宝洁公司的威廉·库珀·普罗克特擅于推出新品。1911 年，他在推出科瑞烘焙油时进行了大规模的上门推销、免费试用和广告宣传。此外，他还在 1920 年对公司的销售结构进行了重组，砍掉了批发商环节，直接面向零售商销售。

帕特森倡导的科学销售触动了一些企业高管,他们结合自身经验,开始以不同的方式思考销售——销售既能创造新市场,也能创造现有市场的新机会。对于许多大型制造商来说,问题不是如何维持高产量,而是如何激发需求,把大量生产的产品卖出去。[2]一些行业的企业家通过增加产品供应,加大国际市场的销售力度来寻找新市场。其间亨氏和家乐氏向包括英国在内的许多国家出口产品;英国人尤其喜欢烘豆和早餐谷物。[3]

随着销售在经济活动中扮演的角色越来越重要,销售也获得了其他商业领域(比如会计和金融行业)已有的待遇:专业协会、行业期刊、学术图书和商学院课程。到了20世纪初,商业作家、出版商、经济学家和心理学家纷纷开始分析销售。这群"专家"成为继图书销售员、从事批发业务的旅行推销员和从事大量生产的企业家之后的新一批销售拥护者。

学者和分析师想了解销售的运作机制,或者说是"如何"做到的。他们尤其关注销售经理面临的问题:如何设定销售指标,如何组建销售队伍,如何设定合理的薪酬,如何降低销售员的流失率以及如何鼓舞士气。

事实证明,那时候的经营者是善于接受新事物的群体。他们不仅迫切地想提高销售效率,而且还希望通过与专业人士和专家的结盟来改善自己的形象。1895年到1904年间的"并购运动"催生了一批商业巨头,但公众对大企业的信任也降到了低点。[4]一些批评家对垄断巨头大加谴责,其中既有标准石油和美国烟草这样的老牌企业,也有像美国钢铁这样的新贵;他们还给这些企业的领导者冠以"强盗资本家"的称号,包括约翰·洛克菲勒、詹姆斯·杜克和J. P. 摩根。一些人认为,很快所有行业都将被大企业主导,不过后来的事实证明,这样的情况只出现在个别行业,尤其是那些进入壁垒高的行业。[5]

对于企业家和管理者来说,更糟糕的是,20世纪早期出现了几起丑闻,有些跟销售员有关。1905年,纽约州展开了对保险行业的全面调查。首席检察官查尔斯·埃文斯·休斯揭露了许多销售代理商的不道德行为,例如给回扣(代理人向潜在客户提出,把自己佣金的一部分分给对方,以此诱使其购买)和替换保单(代理人向投保人施压,要求替换他们已经从竞争对手那里购入的保单）。休斯认为，如果一个产品需要用如此激进的销售手段说服人们购买，那就说明这个产品恐怕没有"社会需求"。[6]在 NCR 的反垄断案审理期间，国家收银机公司及其销售员的一举一动也成为头版新闻。1912 年 2 月，一个大陪审团依照《谢尔曼反托拉斯法》，起诉了帕特森和其他 21 名公司高管，指控他们密谋阻碍贸易和试图垄断市场。有些指控是针对 NCR 的销售员托马斯·约翰·沃森（也就是后来 IBM 的掌门人）的，称他佯装建立了一个二手收银机商店，实则针对竞争对手进行低价倾销。[7]

新入行的专家和专业人士则承诺，会帮助企业家和销售经理应对效率低下、员工流失率高以及公众质疑的问题；他们鼓励经营者来主动垂询。他们的事业也受益于弗雷德里克·温斯洛·泰勒的开创性工作。泰勒是一位训练有素的工程师，也是"科学管理"的创始人，他倡导通过实验和观察来改进业务流程，特别是生产流程。泰勒提出通过"时间和动作研究"来分析制造工人的工序。他仔细观察工人们的操作，并把每一个动作都记在笔记本上。泰勒声称，可以找到工作的"最佳方式"。他也因此成为全面管理体系的代言人，该体系除了时间和动作研究，还包括成本核算、基于奖励的薪资体系以及存储、库存、采购的系统方法。正如泰勒经常说的，科学管理的总体思路是从过去的"以人为先"，转变到未来的"以系统为先"。[8]

虽然很少有公司会将泰勒的建议完全照搬，但许多公司都开发出了生产管理的系统方法，生产的控制权从劳动者手中转移到了管理者手中，生产变得流水线化。20 世纪初，一些商人和作家想把泰勒的思想应用到分销领域中。在 1913 年出版的《政治经济学》中，阿马萨·沃克声称："在科学管理的工厂中，几乎每一个无用动作都被淘汰了。"他想知道，"为什么当货物装上货运车厢后，科学管理就结束了？"[9]查尔斯·威尔逊·霍伊特在他的著作《科学销售管理》（1913 年）中直言，应将泰勒的理论应用于销售。"科学的销售管理提倡对销售员进行适当的培训。"霍伊特声称，"这种培训甚至会深入到销售员的个人动作和工作过程中，并坚持要求每名销售员遵循严格的工作方法，而非各自为战。这甚至还会涉及销售员的言谈举止，以及与客户接洽方式的标准化。"[10]

20 世纪初的销售专家对泰勒提出的体系化和增效建议很认同。与此同时，许多人对于如何将销售变成一门"科学"也有自己的思考。出版商对成功企业的销售经理和高管进行了调查。经济学家和来自新成立的商学院的学者分析了销售员的不同经济职能，并收集了有关分销成本的经验数据。心理学家测试了销售话术的有效性，并通过人类行为理论来理解销售；他们还尝试通过研究成功销售员的技术、智力和个性来识别成功销售员的特质。

专业人士的崛起对销售领域产生了多方面影响。首先它普及了这样一种观念：销售可以更加系统，甚至是更加科学地运行。其次，经济学家、心理学家和其他精英人物针对这个主题纷纷著书或发表演讲，将"销售"和"销售管理"提升到了学术高度，从而增加了销售行业的合法性。最后，销售专家群体的兴起（更确切地说，是雇用销售专家的出版社、大学、甚至政府部门）共同打造了"制度矩阵"。用一位历史学家的话说，这个矩阵将大企业与有影响力的同盟者连接到了一起。[11] 很多专家和机构因此有机会针对经济相关的信息和理论进行交流，涉及生产、贸易、广告和销售，并探讨现代销售术的相关思考，比如工人动机、消费者行为等。这个群体把销售的想法打造成为一套成熟的观点体系，同时也为更多权威人士（无论他们是否符合资格）的参与打开了大门。

商业作家和出版商

《打印机墨水》（Printers' Ink）杂志创立于 1888 年，是最早面向销售和广告人士的期刊之一，发行了近一个世纪。这本杂志与早数十年发行的行业专刊（比如在纺织品、皮革、杂货和药品领域）不同的地方在于，它满足的是商业职能的需求。此后许多竞争期刊陆续出现；从 1900 年到 1909 年，大约有 15 本以销售和广告为主题的杂志；1910 年到 1919 年，这一数字增长到了 19 本。美国国会图书馆购买的销售技能和销售管理主题的图书数量也稳步上升：1890 年到 1900 年间只有 6 本，1900 年至 1910 年间增加到了 36 本，而 1910 年到 1920 年的数量达到 220 本。[12]

一些图书和杂志在封面上冠以"科学"的字眼。《销售术》杂志于 1903 年在宾夕法尼亚州的米勒斯威尔创刊，发行人是此前做过销售员的弗兰克·杜克·史密斯，该杂志"致力于提升销售科学与销售艺术的关系"。[13] 阿瑟·弗雷德里克·谢尔登编写了《成功销售技巧的科学》（1904 年）一书，这本书也是最早在书名中使用"科学"一词的销售图书之一。此外，还有沃特伯里所著《销售之书：什么是销售的科学？》（1907 年）、霍伊特出版的《科学销售管理：科学管理原则在销售中的实际应用》（1913 年）。[14]

有些书传授的是入门级的销售技巧。这些 20 世纪的作品不同于 19 世纪末旅行推销员写的回忆录。早期的作品，如查尔斯·S.普卢默写的《旅行推销员日记节选：二十五载商旅记》（1889 年），或者乔治·马歇尔的《拎包去旅行》（1892 年），这些作品多是以叙事的方式讲述销售，而后期的图书则是讲述销售的基本原则或策略。[15]

其中最受欢迎的书是查尔斯·劳伦斯·赫夫的《赫夫谈真销售》（1912 年）、伯特·克利福德·比恩的《如何说服和使人信服》（1913 年）、托马斯·拉斯特的《销售技巧 ABC》（1914 年）、诺瓦尔·霍金斯的《销售流程：销售技巧原理手册》（后简称为《销售流程》）以及奥里森·斯威特·马登的《销售事宜》（1916 年）。

这些书讲授了商务礼仪的一般规则，对于那些有制造业或农业背景并且想成为销售员的人来说特别有帮助。由于越来越多的人想从生产端转向分销端和服务业（从事分销和服务业的劳动力人数占总劳动人口的比例，从 1870 年的 24% 上升到 1930 年的 46%），因此这群人普遍想看这类书。[16] 销售经理 W. T. 赖特有一篇文章谈到他如何将农场男孩训练成为销售员："我坐下来，然后告诉他们不要把餐刀放进嘴里。我还教他们酒店里的行为举止。"[17] 旧金山的汽车科学研究所出版的《高级现代销售术的原理和秘密》（1926 年），详细介绍了问候他人和握手的方法，包括姿势、握法和持续时间。[18]

《销售学》是20世纪10年代和20年代畅销的销售杂志之一。它向读者保证，可以通过掌握销售技巧来赢得成功。图为1923年的《销售学》杂志封面，画面中的"寻找聪明的男孩"是想说服人们，入行要趁早

资料来源：*Salesology*, Feb. 1923, cover. New York Public Library.

这些书的目的不仅仅在于传递商业礼仪，还是教会读者如何重塑自我，从而变得更加自信、热情和雄心勃勃。[19]在《销售事宜》这本畅销书中，作家奥里森·斯威特·马登将销售员描述为"进取型人才"（具有充分的主动性、非凡的勇气与毅力的那些人），他们是经济中的驱动力（"擅于主动出击并获取生意的那些人"），并且懂得"销售的科学"。销售技巧是一项要求很高的技能，必须时刻加以练习。马登写道："我们工作之外的时间应该全部投入到工作中去。有些娱乐方式可以提高效率……逆水行舟，不进则退……利用你所有的娱乐时间重塑自己吧，无论是身体上、思想上还是精神上。"[20]和同时代其他心灵疗愈的书一样，马登的作品传达给人这样一种理念：在新经济中，导致失败的最大原因是气馁，而不是缺乏知识或技能。[21]这些书也为奥格·曼狄诺、诺曼·文森特·皮尔和托尼·罗宾斯等后来的励志作家的销售作品开创了道路。

　　这些关于销售技巧的书也谈到了销售过程的本质，即它是如何运作的，以及如何能更加有效。正如前面提到的，圣埃尔莫·刘易斯在 NCR 工作的那几年给了他灵感，他写道，良好的销售技巧遵循一个简单的公式："吸引注意力，保持兴趣，创造欲望。"[22]事实证明，这个简单的理论公式，或者说是标语，非常有说服力，因为它为 20 世纪 10 年代和 20 年代的销售图书提供了一张蓝图。它假定销售是由若干简单步骤组成的，销售员在过程中引导潜在客户做出购买决定；步骤的顺序不能改变，必须一步一步地进行。阿瑟·弗雷德里克·谢尔登创立了自己的科学销售技能学校，他在刘易斯的三个步骤之外增加了第四个步骤，"确保满意"，从而使整个流程更符合道德伦理的要求。正如当时的一位作家所说，刘易斯和谢尔登的公式"对销售界产生了非常深远的影响"。这位作家声称（或许也有自我推销的成分），经过谢尔登的完善，这个新公式"让销售从混乱中走出来"，并且被"90%"以销售为主题的文章和图书所引用。[23]

　　事实上，从世纪之交到 20 世纪 20 年代，尽管商业作家谈及的销售话题有很多，但他们都认为销售是由彼此独立的若干步骤组成的。[24]福特汽车公司的销售负责人诺瓦尔·霍金斯对此进行了详尽的阐述。霍金斯在

《销售流程》一书中，将成功的销售描述为按照顺序走完几个阶段：准备阶段（准备工作、寻找潜在商机、接触商机、面对受众）、展示阶段（评估需求、吸引注意力、激发兴趣）、说服阶段（说服客户并创造欲望，处理反对意见）以及关单阶段（赢得决策认可并签约）。这些阶段被进一步细分。例如，要吸引正确的"注意力"，就要带着潜在客户走完三个台阶（强制关注；激发好奇；产生有意识的或自发的关注）。用这种方式同样可以对激发兴趣做细分：因关注而感兴趣、因连接而感兴趣、因个人而感兴趣。霍金斯还提供了一张详细的图表，罗列了成功销售员需要具备的知识类型，里面既有"商品的历史"也有"快乐的价值"，总共有 150 多项。[25]

和以上探讨销售规则的著作相比，传播销售管理原则的图书对于推动销售专业化来说显得更重要（可能也更有用）。其中专门针对销售经理的期刊有《销售技巧：世界推销大会杂志》（于 1916 年创刊）、《销售管理》（1918年）和《销售经理杂志：致力于提高销售效率》（1919 年）。杂志中的文章涉及薪酬方法、指标、定价、销售会议、销售活动和选用销售员等话题。类似主题的图书包括：沃尔特·科廷厄姆编辑的《销售之书》（1907 年）、塞莱克曼的《总代理，销售组织与管理的方法》（1910 年）、约翰·琼斯的《推销术与销售管理》（1917 年）、哈罗德·怀特黑德的《推销术原理》（1918年），以及《系统》杂志的系列丛书《销售的诀窍》（1913 年）。[26]这些书的作者对改革和改进销售管理方法充满热情。詹姆斯·塞缪尔·诺克斯在1915 年出版的《销售技巧与商业效率》一书的导言中宣称，商业已经取得了巨大的进步。"十年前，还没有商业科学、销售技巧或广告科学这样的东西。今天，这些科学在各地都得到了认可。"[27]

芝加哥商人阿奇·肖也许是销售管理杂志和图书领域最有影响力的出版商。在他职业生涯的早期，肖和他的合伙人路易斯·沃克创办了一家制造公司，专门销售办公设备和卡片归档系统。肖－沃克公司的客户包括谷物食品制造商威廉·凯洛格和 NCR 的帕特森。这些经历促使肖下定决心成为销售领域的顾问和出版商。他相信自己可以"每月出版一本杂志，把我们服务NCR 时想到的好点子拿出来"。[28]肖的公司因为出版了一系列的商业图书而闻名，包括《销售：销售科学原理》（1905 年）。1900 年，他创办了《系统》杂志，刊登了许多知名的商人和作家的文章，推动了商业效率的全面提高。该杂志还以连载的形式出版了塞缪尔·克劳瑟写的约翰·帕特森传记。

另一位芝加哥的出版商约翰·卡梅隆·阿斯普利也专门从事销售管理图书的制作，他出版了关于销售管理和销售战略发展趋势的活页装订报告。[29] 1917 年，阿斯普利创立了达特内尔公司，该公司的调查对象是销售经理，调查内容包括当下流行的销售大会议题、如何设定销售指标等。例如，《300 家卓越企业的有效销售指标计划》列举了管理者用来计算年度销售指标的公式。[30] 其他报告包括《打造销售组织忠诚精神的计划》和《赢得销售员妻子和家人的支持》。[31]

如果说达特内尔调查有一个更大的意图，那就是利用统计数据和其他信息来让销售变得更加可管理和可预测。达特内尔建议，销售经理要鼓励销售员在工作中收集市场信息，并引导销售员使用表格、问卷和其他工具。达特内尔还建议，公司要给销售员配备相机，让他们拍摄客户店内和店外的陈列。然后可以利用这些照片来研究商店的库存如何、哪些空间适合促销展示，最后也可以装裱起来，作为礼物送给客户。[32]

商业作家借助商业期刊和图书的发行，传播销售和销售管理的新思想。出版商则会举办大会和贸易展览，如 1916 年的世界销售员大会，汇集了来自全美各地的商人和政治家，并宣称销售已经进入讲求标准化和高效程序的新时代。

这些销售主题的出版物还促使销售转变为独立的业务职能，而销售管理也成为拥有一套独特工具和词汇的学科。一些商业出版商，如阿奇·肖，还与全美各地涌现的大学和小型商科学校建立联系，从而进一步推动了销售研究的发展。

学院派的销售管理

在 19 世纪末，商学院的数量还很少，当时大多数的商学院只传授簿记和秘书技能。宾夕法尼亚大学沃顿商学院是个例外，它成立于 1881 年，设置的课程包括商业会计和法律。到了 19 世纪末 20 世纪初，又有几所大学宣告成立了商学院，包括芝加哥大学（1899 年）、加利福尼亚大学（1899 年）、纽约大学（1900 年）、达特茅斯大学（1900 年）和哈佛大学（1908 年）。

一些大学开始设立分销、市场营销和销售管理的课程。1902 年，密歇根大学开设了"美国的流通与管制行业"的课程，涵盖了市场营销、品牌名称、批发和零售。第二年，加利福尼亚大学推出了"贸易和商业技术：关于组织和商业机构、商业形式与实践的研究"课程，俄亥俄州州立大学在其课程目录中列出了"产品分销"这门课。不过，对市场营销和销售管理的研究做出突出贡献的还得说是威斯康星大学和哈佛大学。

威斯康星大学不仅是制度经济学的发源地，也是研究销售和分销方法的鼻祖。[33] 早期的研究大部分集中于农产品的配送，因为研究者担心，农民从批发商和零售商那里获得的回报太低了。亨利·C.泰勒教授研究的是经济地理学，包括农产品在哪里种植和消费，以及如何从一个中间商流通到另一个中间商。他和他的学生针对威斯康星州奶酪和牛奶的销售和分销进行了详尽研究，并且辅以地图、统计数据和图表。[34] 琼斯教授也发表了大量关于农产品销售的文章，并对广告在产品分销中的作用进行过分析。本杰明·H.希巴德从 1913 年开始教授农产品合作营销的课程，他还出版了《农产品市场营销》（1921 年）一书。西奥多·麦克林在 1921 年出版了《有效的农业市场营销》一书。[35]

如果说威斯康星大学在农产品营销领域闻名遐迩，那么成立于 1908 年的哈佛商学院则在工业品营销方面居于领先。由于弗雷德里克·温斯洛·泰勒在生产流程的研究上已经具有不可撼动的地位，哈佛大学很早就把研究重心放到了分销而非生产领域。经济历史学家埃德温·盖伊院长决定将泰勒的科学管理原理纳入学校的课程，同时投入资源研究其他科目，包括通用管理、分销和市场营销。[36]

哈佛大学从事销售和营销研究的杰出人物当中，有一位并非是接受过专业训练的经济学家，这个人就是出版商和企业家阿奇·肖。但肖所拥有的顾问经验使得他在品牌和营销领域具有举足轻重的影响力。

　　肖在离开他创办的芝加哥公司后休息了一年，其间他去哈佛商学院学习，并师从著名经济学家弗兰克·威廉·陶西格。1911年，他成为学院讲师，并与盖伊院长密切合作，制订了哈佛商学院的研究计划。肖对哈佛商学院的最大学术贡献是他在《经济学季刊》（1912年）上发表的文章《市场流通中的若干问题》。[37] 在这篇文章中，肖描述了随着时间的推移，中间商和分销商所发挥的不同功能：分担风险、运输产品、安排融资、重新包装和物品分拣以及商品推销。他指出，机构的职责会随着时间的推移而变化，并且用图形展示，哪些原本由批发商承担的职责，现在制造商自己承担了——比如在很多行业里，制造商的销售代理人将会逐渐取代旅行推销员。

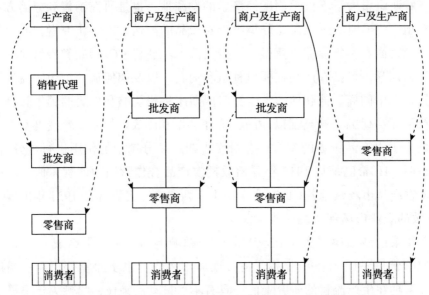

　　本图来自哈佛商学院讲师阿奇·肖的文章《市场流通中的若干问题》（1912年），它表明制成品从工厂流通到消费者的路径有多条。每幅流通图里，左边的曲线代表的是销售员的通路，右边的曲线代表的是广告的通路。在第一幅图里，生产商雇用销售代理把货卖给批发商，但也会借助广告让产品触达零售商。在第四幅图里，生产商把货卖给零售商，同时利用广告触达店主和消费者

　　资料来源：A. W. Shaw, " Some Problems in Market Distribution," *Quarterly Journal of Economics* 26, no.4 (Aug. 1912), pp. 703-765.

肖注意到了分销渠道的整体发展趋势，即制造商越来越趋向于针对零售商直接销售，而中间商的作用在减弱。不过他也发现，当时的分销方法并不完善，甚至是"混乱"的，需要更多的研究和更大的改善。肖认为，从历史上看商人们不太看重分销，而是关注生产力和效率的提高。他们认为成功之道在于以更低的成本生产出更多的产品，于是想尽办法利用廉价的能源、做好生产的标准化，并寻找主打产品的成熟市场。因此，肖在文章中写道："我们已经建立了一个相对有效的生产组织。"尽管产能得到了大幅提高，一些新产品也陆续问世，人们却没有对分销进行类似的改善。分销效率的低下不仅"会制约生产的进一步发展"，而且是"巨大的社会浪费"。[38]

肖在文中还写道，经营者需要找到更好的方法来评估需求，不过这是一个棘手的问题。假设一位高管有一笔固定的开销："一个销售员可能会花100美元拜访50个客户，他的努力可能带来10单生意。"肖写道。"或者，同样用100美元寄出5 000张宣传单，结果可能只有8单生意。再或者，把这100美元用来在发行量为10万册的杂志上刊登一页广告，结果只产生了6个订单。"肖以此为例解释说，聘用销售员似乎是最有效的方法。但是，他补充说道，这件事没那么简单：虽然宣传单寄出后，有4 992名消费者没有立刻下订单，但他们现在知道了这个产品，并可能在将来某一天购买；而在投放杂志广告的例子中，这个人数有49 994人之多。经营者需要找到方法来判断消费需求的不同层次。当经营者掌握了准确信息后，就能学会如何有效地创造需求，就能成为"探索人类欲望的先驱"。[39]

肖认为，收集这些信息是必要的，不仅能改善个别企业的绩效，还能提振整体经济。肖和其他研究市场营销的学者一样，认为随着新公司规模的扩大，以及交通和通信系统效率的提升，一味坚持自由放任的市场原则会适得其反。企业和政府层面的管理改进，将使经济变得更有效率。[40]

为了开始收集信息，分析实际商业问题，肖捐赠2 200美元成立了哈佛商业研究局。创办的初衷是详细研究零售鞋店的成本。1913年，研究局发布了第一份公报《商业研究局的目标、历史以及零售鞋业的初步数据》，引用了从数千家零售商那里收集的数据。第二年，研究人员又针对杂货贸易、五金经销商（1918 年）、百货公司和专卖店（1920 年）以及其他企业进行了成本研究。[41] 这些公报说明，哈佛很早就将商业视为一系列实际、具体的问题来研究，而非抽象的模型或理论，最明显的例子莫过于哈佛面向全球商学院出售的案例研究。

除了肖，哈佛还聘请了其他销售和广告领域的知名学者。保罗·T. 彻林顿是一位受过专业训练的社会学家，他写了《广告的商业力量》（1912 年）和《营销的要素》（1920 年）。梅尔文·T. 科普兰是一位经济学家，他曾在弗兰克·威廉·陶西格的指导下进行学习，担任过哈佛商业研究局的主任，并出版了《营销的问题》（1920 年）一书。[42] 陶西格的另一名学生哈里·托斯达在销售管理的研究领域硕果累累。他出版了一本名为《销售管理中的问题》（1921 年）的案例集，书中他谈到了一系列问题，包括价格、未来需求的预测、销售队伍的激励、现场数据的收集以及销售队伍的组织。[43]

商学院的学者从管理角度定义了销售包含的领域，并首次勾勒出销售行业的变迁史。他们最初的目标只是想归整信息，然后设定一些术语和分类对销售的方方面面进行表述，这种想法直到 20 世纪 20 年代初才有所改变。他们对"科学"的看法主要是基于经验，包括收集和组织数据，以及进行观察。在经济学家和商学院的学者关注销售管理、成本和组织等问题的同时，心理学家关注的是销售流程的动态（比如买卖双方的谈判）以及对销售员的激励。他们的科学观更纯粹，认为所谓科学就是基于研究而产生的一套基本原理。

销售心理学

在 20 世纪初，心理学家对销售和广告领域做出了许多贡献。当时比较有影响力的著作包括哈里·霍林沃思的《广告与销售：吸引和反应的原理》（1913 年）、爱德华·凯洛格·斯特朗的《销售人寿保险的心理学》（1922

年）和《广告和销售心理学》（1925 年）、梅里尔·杰伊·里姆的《销售能力：与个性和经验的某些关联》（1924 年）以及 A. J. 斯诺的《个人销售心理学》（1926 年）。

心理学家与商学院的学者一样，也是从管理者的视角来确定需要研究的问题。提高"效率"是他们的总体目标。这既是泰勒起初设定的主要目标，也是后来追随他的顾问和分析师设定的方向和范围。[44]

虽然心理学家做的许多工作最终证明对管理者没有什么实际用处（甚至还暴露出将基础研究应用于销售的局限性），但心理学家仍然对销售业的发展产生了影响。他们改变了销售的词汇，增加了一些客观性和实验性的术语，如"暗示""本能需求"和"认知"。肖和哈佛大学的其他教授，包括梅尔文·T. 科普兰和哈里·托斯达，迅速将这些思想融入他们的销售和广告教材中。[45]心理学家发明了人员选拔程序和消费者行为分析的方法。因为他们宣称销售正变得更加高效且符合伦理，所以他们提升了销售的地位。对于某些商人而言，这是学术界做出的最重要的贡献。

心理学家最初面临（并且也是经常遇到）的一个挑战是，如何把自己与伪科学的"性格分析师"区分开来，后者出版的销售图书颇受大众喜爱。他们借助骨相学和相面术传授销售原理，其中最早的一本书是戈达德的《销售的艺术：如何识人、销售法则及其他》（1889 年）。[46]在 20 世纪的前 20 年，这些作品出人意料地受到欢迎，也给应用心理学的兴起蒙上了阴影。诺克斯销售学院的教师埃德温·莫雷尔在他的著作《判断人的科学》（1917 年）中运用了相面术，其中包括了伍德罗·威尔逊、简·亚当斯、威廉·詹宁斯·布莱恩和约翰·洛克菲勒等名人的照片，旁边会配上文字说明，你应该如何向这些人销售，例如，洛克菲勒"头部的周长超过 23 英寸[⊖]"，因此最好用"大量的统计数据、事实和利润价值以及自信的表达和冷静的头脑"来说服他。[47]更令心理学家困扰的是 1923 年出版的《福特汽车产品及销售》，该手册共有六卷，其中包含指导销售员如何根据潜在客户

⊖ 1 英寸 = 0.025 4 米 = 2.54 厘米。

的额头的尺寸和形状向他们销售汽车。该手册称，"额头高的人擅于高端思维。因此我们会发现，额头高的人相对理想主义，在向他们推销时要记住这一点"。相反，额头低的潜在客户"更注重实感，因此要用眼见为实、更接地气的方式吸引他们"。[48]

心理学家对这类技巧并不赞同，因为他们检验的不是人的外在特征，而是内在能力。他们不是根据人的外貌特征进行分类，而是根据他们的本能、需求、驱动因素和智力进行分类，并试图理解人们如何做出购买决策。和商学院的学者们罗列出的销售员在经济领域中的职能相类似，心理学家们也罗列出了人类的需求，并对需求的形成方式进行了猜想。他们创建了消费者和销售员的分类：有哪些类型的消费者？针对不同类型的消费者应该如何"销售"？什么样的销售个性最有效？

德国科学家威廉·冯特的成果对销售和广告的研究产生了影响，他于1879 年在莱比锡创立了一家心理实验室。在 19 世纪末之前，心理学一直是与内省、形而上学和道德哲学联系在一起的。[49]一些心理学家推动了心理学与科学方法、量化测量和实验的结合，冯特就是其中之一。他进行过有关感觉和感知的测试，能够以秒为单位衡量各种心理活动的反应时间。[50]

另一位具有影响力的重要人物是心理学家和哲学家威廉·詹姆斯，他将科学实验引入到心理学研究中，并在哈佛设立了一个研究实验室。詹姆斯与冯特一样，也有医学背景。他的著作《心理学原理》(1890 年）包含了有关习惯、注意力、记忆、想象、感觉、感知和其他大脑功能的章节。詹姆斯还写过《信仰的意志》(1897 年）和《实用主义》(1908 年），被视为美国最杰出的哲学家。

詹姆斯对心理学在商业领域的应用并不关心，但他的作品却常被新兴的商业杂志和图书转载。他的《心理学原理》中关于"习惯"的章节经常被销售杂志引用，并被 1905 年的《销售术》杂志评为"有史以来最激励人心的话"。[51]詹姆斯在这段话里提到，个人可以通过反复的行动和思考养成有益的习惯。他在书中写道，"教育中最重要的事情就是让我们的神经系统成为我们的盟友，而不是我们的敌人"。他认为这件事最好在年轻时就完成，因为一个人一旦到了 30 岁，习惯就很难改了。詹姆斯建议读者："每一件你决心去做的事，都要尽早做，每一个你渴望养成的习惯，都要尽早体验它的情感刺激。"销售经理从中学到的是，年轻的新员工可以通过努力工作或重复执行成功的策略，养成销售的好习惯。[52]

尽管冯特和詹姆斯都不是商业领域的分析师，但他们的许多学生和追随者在工业心理学的发展中发挥了重要作用。早期对商业研究感兴趣的心理学家有恩斯特·蒂舍尔、斯坦利·霍尔、詹姆斯·麦基恩·卡特尔和雨果·闵斯特伯格。[53]

闵斯特伯格（1863—1916）常常被称为工业心理学的奠基人。他和这个领域的其他几位同事一样，都师从于冯特，并于 1885 年获得了博士学位，之后他在弗赖堡建立了一个实验室。1892 年，詹姆斯邀请他来负责哈佛大学的心理学实验室。闵斯特伯格在那儿工作了三年，然后回德国待了两年，于 1897 年重返哈佛并一直工作到最后（1916 年，他在拉德克利夫做演讲时倒下去世）。他的职业生涯得到众人的称赞，在美国他是最富有声望的心理学家之一，也是安德鲁·卡内基、西奥多·罗斯福、伯特兰·阿瑟·威廉·罗素等名流的座上宾。不过，晚年时的他由于在第一次世界大战初期坚定不移地支持德国，因此遭到了排挤。

按照闵斯特伯格的设想，心理学家可以在助力有关犯罪、教育和商业的研究中起到实际作用。他尤其相信心理学家可以提升职场的效率，改善人员的选拔。在《心理学与工业效率》（1913 年）一书中，闵斯特伯格表达了他的这一强烈愿望，认为职业指导的改进，有助于工作关系的和谐与工作效率的提升；心理学家还可以对工人进行分类，并把他们派到最适合他们技能的工作岗位上去。[54] 正如闵斯特伯格的传记作者所指出的那样，这是一个有机社会的理想化状态，每个人都找到了自己的位置，并且渴望执行他的上司为他挑选的职能。[55] 闵斯特伯格为波士顿高架铁路公司开发了一个挑选有轨电车司机的程序，后来又利用法国实验心理学家阿尔弗雷德·比奈开发的心理测试，帮助美国烟草公司创建了一个挑选销售员的系统。[56]

其他心理学家也与商业相结合，开始研究销售和广告。哈里·霍林沃思（1880—1956）在哥伦比亚大学学习心理学，师从教育测试的领军人物詹姆斯·麦基恩·卡特尔。他作为巴纳德学院的教授，与纽约市的商界建立了长期的关系。1911 年，可口可乐公司聘请他研究咖啡因对人类心智和身体的影响，作为软饮料法律辩护的部分依据；霍林沃思的研究表明，咖啡因是一种温和的兴奋剂，不会对人体产生持续伤害。后来他还接受了其他公司的聘用，包括比纳食品公司曾赞助他研究身心放松与嚼口香糖之间的关系。[57] 霍林沃思写过几本关于销售的书，包括《广告与销售：吸引和反应的原理》和《销售与广告的心理学》（1923 年）。他捍卫心理学，反对骨相学——曾在 1916 年的世界销售员大会上，就人才选拔的话题与一位骨相学家进行辩论。[58]

约翰·华生（1878—1958）是另一位研究销售和广告的心理学家，但主要是研究广告。华生在芝加哥大学就读时曾是约翰·杜威的学生，也是行为主义心理学的创始人。他很早就对职业指导感兴趣，认为自己对动物的研究有助于理解学习过程和习惯养成。华生在学术上取得巨大成功后，加入了智威汤逊公司（JWT），一开始公司安排他去当巡回销售员，后来又在梅西百货担任过零售店员，由此他掌握了销售员的一手经验和基础知识。此后他在 JWT 担任过副总裁和业务经理，并把蒙眼测试的理念引入该公司。[59]

不过要说对销售研究感兴趣最久的心理学家，还得是沃尔特·迪尔·斯科特。斯科特是下一章的主角。他早在 1901 年就做过有关广告和销售话题的演讲，并通过实验衡量过不同销售和广告方法的有效性。他推动了这样一种理念：人的经济行为通常是基于情感或情绪做出的，而不是基于理性或逻辑做出的。他还致力于提升心理学的地位以及它在商业问题中的应用。[60] 他领导过卡内基理工学院的销售研究局，该机构在销售心理学的应用领域堪称全美一流。

第 七 章

Birth of a Salesman

本能与情感

沃尔特·迪尔·斯科特和销售研究局

　　和前面提到的桑德斯·诺维尔、阿萨·坎德勒、约翰·帕特森一样，沃尔特·迪尔·斯科特在现代销售的发展中也扮演了重要的角色。斯科特的经历与销售专业化密切相关：乐于收集和分析大量样本数据，有知名商学院的执教经历，笃信科学的洞察和决策，借助商业期刊发表自己的观点。他的这些做法对于促进商界理解并接受心理学意义重大。

　　和商学院的经济学家不同的是，斯科特关注的不是产品的流通和消费，而是男性和女性的个性、动机和能力。他研究人的思维方式，并将研究成果应用于销售吸引力的改进、潜力销售员的挑选以及积极心态的培养。他把科学销售的前沿阵地拓展到了工业心理学领域，并且参与了早期的主题辩论：什么创造和激励了人类的需求？是本能使然还是环境使然？我们能不能通过销售和广告，改变人类的需求？销售员从事工作和谋求成功的动机是什么？

心理学在销售和广告领域的应用

1869年，斯科特出生在芝加哥西南伊利诺伊州的库克斯维尔。年轻时的他一边在家务农、一边上学，后来获得了西北大学的奖学金。他在西北大学师从心理学家乔治·A.科伊，其间科伊向他介绍了威廉·詹姆斯撰写的人类思维和催眠原理。斯科特参加了一系列课外活动：他在大学里打橄榄球，加入了大学定居委员会，在西北定居所讲授融入美国的课程。

沃尔特·迪尔·斯科特，摄于1895年前后，也是斯科特大致从西北大学毕业的时间。几年后，他前往德国学习心理学，师从威廉·冯特

资料来源：Northwestern University Archives, Evanston, Ill.

后来斯科特将兴趣转到了蓬勃发展的心理学领域。他去了德国的莱比锡，师从威廉·冯特学习心理学，并写了一篇论文，题目为《冲动心理学：历史沿革及其批判》，文章对人类驱动力、本能和欲望的性质进行了分析。1900年，斯科特返回美国，他来到康奈尔大学，跟随爱德华·布雷福德·铁钦纳学习实验研究技术，铁钦纳是美国著名的体验心理学先驱，也是冯特的学生。1900年秋天，斯科特成为西北大学心理学和教育学的一名讲师。

斯科特对商业的研究始于1901年，当时芝加哥的一位企业主邀请他到玛瑙俱乐部去给一群广告行业的管理者做讲座。此前，另外两位心理学家E.L.桑代克和雨果·闵斯特伯格婉拒了这次邀请，因为这两位心理学家不愿过早给销售和广告行业站台。斯科特本来也有类似的担心，但他最终还是接受了邀请。他的演讲主题是"无意识关注的心理学及广告应用"，其中谈到了当代心理学对注意力、感知和感觉特质的研究成果，包括习惯法则（新进入脑海的想法会受习惯的影响，并和当下脑海的想法产生关联）和时近效应（如果有两件事情最近在脑海中发生了连接，那么当我们想到其中任何一件事情的时候，另一件事情也会被唤醒）。[1]

斯科特认为，广告商要想打动消费者，应该在情感上下功夫，而不是在逻辑上。他强调商家要想影响潜在顾客，关键在于运用"暗示"，而非理性说服。所谓暗示，是指无须运用推销行话，就能"唤醒"他人想法的行为，它是通过一种微妙的方式来打动对方的情感。比如在一张广告图片上，顾客能看到妇女正在兴高采烈地用Jap-a-Lac把家具修饰一新，或者某位男士神采奕奕地戴着雪白的箭牌领夹，这种以间接方式"暗示"读者的做法，要比那种明示"为什么要买"的广告文案好得多。斯科特认为，广告主不应该试图"说服"顾客，因为如果暗示得当，消费者的采购就会变成一种膝跳反射⊖：商家可以借助广告对某种想法进行暗示，而人性的冲动又会将暗示的想法转化为行动，这样在消费者没有察觉时，商家就能实现自己的意愿。[2]

斯科特在此次大会上还讲述了人脑的记忆功能，并且罗列了让广告记忆持久的三个关键因素：重复、辨识度和产生联系。企业主需要采用同样的图片和标语，重复打广告。广告内容要有戏剧化的效果，能抓人眼球。最后，广告还得和采购者的生活联系起来。广告商可以借助共鸣来和顾客建立联系。他觉得，公众演讲课的广告会让有怯场心理的人产生共鸣。[3]

⊖ 一种最为简单的反射类型。——译者注

斯科特此前担心没有观众，但他多虑了，因为他的讲话得到了商业出版行业的强烈反响。芝加哥广告人约翰·李·马辛表示，只要斯科特能定期供稿，他就创办一本月刊。斯科特对此表示同意，并先后在马辛的杂志上发表了 26 篇文章，其中有几篇收录在了他的《广告的理论和实践》（1903年）以及《广告心理学》（1905 年）当中。[4] 此外，阿奇·肖也在《系统》杂志上刊登了斯科特的 11 篇系列文章。阿奇·肖认为，"这些文章为斯科特提供了机会，可以帮助企业主将心理学原理应用到管理实践当中去"。[5]

斯科特的研究成果在得到企业主和出版商的认可后，也开始为学界的其他心理学家所认可，包括一些最初批评斯科特参与商业活动的人。[6] 1905年，斯科特成为西北大学心理学实验室的主任；1909 年，他担任西北大学心理学系的主任；1912 年，他成为西北大学商学院的广告学教授——这一职位在美国是首次出现。

斯科特之所以理解销售流程，关键在于他洞察了人性需求的本质和成因。斯科特早期受到了威廉·麦独孤学派的影响。麦独孤的职业生涯早期是在牛津大学渡过的，后来加入了哈佛大学。这一学派认为：人的感知、情感和行为主要来自天性，或者说本能。"本能"心理学声称，人脑的运作是基于某种天性或天生的感觉，而这种感觉是"所有思想和行动的源泉"。[7] 男性和女性都拥有某些特定本能，而每种本能又会伴随特定的感受。比如，逃跑的本能会伴随恐惧，打斗的本能则会伴随愤怒。

斯科特在《广告心理学》一书中写道，"本能通常被定义为导致某种后果的行为能力，而人们对行为的表现事先并不知晓，对行为的后果也无从预见"。[8] 斯科特罗列了人类的诸多本能，包括囤积物资、获取食物、穿衣服、储藏物件、狩猎。男性和女性还有建构的本能，这是天性。他在书中写道："众所周知，蜜蜂和海狸也是如此。"斯科特认为，这些本能具有实际意义。比如，广告商和销售员可以借助人们的建构本能，描述一下某种产品是如何制成的，例如纺线是如何编织成一件毛线衣的。[9]

对麦独孤的理论感兴趣的人并非只有斯科特，销售和广告行业的出版商也对麦独孤的理论很感兴趣，认为他所讲的"需求"实用通透，便于进行分类研究。麦独孤的《社会心理学导论》（1908 年）多年再版，最终销量超过 10 万册。[10]

本能心理学对销售行业的影响显而易见。哈佛商学院的教授哈利·托斯达在《个人销售的原则》（1925 年）一书中大量引用麦独孤的观点，并且对人类的 14 种本能及其情感特质进行了罗列，包括：

- 逃跑的本能（伴随恐惧）。
- 战斗的本能（伴随愤怒）。
- 好奇（伴随神秘、陌生、未知、诧异）。
- 屈服（伴随顺从）。
- 自信（伴随高兴）。

托斯达认为，销售员在制定销售说辞时应该学会调动本能和情绪。[11] 这样的说辞清单在 20 世纪 10 年代和 20 年代的书里非常普遍。

斯科特和其他心理学家还进行过测试，试图发现哪些视觉和语言诉求最有利于销售。比如斯科特研究发现，在图文广告中，消费者会认为长方形比圆形更吸引人。他的测试还表明，增加顾客的担心和焦虑会让产品好卖（比如前面提到的避雷针的销售），但斯科特对这种做法并不认可，并用测试结果表明，调动顾客的积极情绪同样有效。[12]

心理学家并不觉得人是纯理性的，而是认为，尽管消费者的采购选择通常是非理性的，但消费习惯可以通过理性的实验进行分析。心理学家已经运用多种方法证明，销售经理实践的方法是有效的。比如，一些销售话术反映出销售经理们已经意识到，顾客在采购决策的过程中会受到多种冲动因素的影响。书商们也知道，销售"预期"远比销售实物重要；当顾客购买贵重商品的时候，通常会考虑规避风险，他们尤其担心会上当受骗。好的销售员需要对顾客的这些消费倾向有所体察。

《打印机墨水》杂志的编辑说，斯科特遵循的是广告商的实践路径。[13] 文中称，"斯科特教授提出的所有基本法则，广告商都通过实践转化为了'常识'。他提出的原理都是基于科学事实的，也都可以从广告案例中找到"。事实上，斯科特所主张的行业变革——广告的功能应该从阐述信息转向情感诉求，在他刚开始写书的时候就已经发生了。从 19 世纪 80 年代末到 20 世纪初，大多数广告商把广告视为知会大众产品名称及其用途的一种方式。但是在 20 世纪初以后，越来越多的广告文案开始兼顾读者的理性诉求和情感诉求，运用起了图片和插画。[14]

斯科特承认，他并不是广告策略的创造者。尽管他的主张没有改变广告商的做法，但至少佐证了现有策略的合理性。斯科特和工业心理学家的著作为企业主提供了探讨广告和销售的新词汇。对于那些希望保持领先的企业主而言，他们可以宣传自己的销售活动是按照"科学"路线进行的。惠特利麦片生产商弗兰克林·米尔斯公司称，它们成功地运用了斯科特在其文章《用直接指令来说服》中阐述的方法。《描画者》的出版商则宣称，他们制作的广告牌"来本《描画者》吧！"[15] 非常受欢迎，就是受了斯科特的启发。

斯科特的著作还为销售伦理学的发展提供了"证据"。在斯科特看来，销售和广告的要义不在操控，而在激励。在《影响商界的人》（1913 年）这本书里，斯科特驳斥了一些畅销书中提到的说法，即侵略性的广告宣传和销售行话能对个体顾客产生催眠效应。在他看来，这些做法笃信的是迷信、魔术、巫术和星相学。他还特别提到了这一派的代表人物——奥地利的科学家兼表演大师弗朗兹·安东·麦斯麦。麦斯麦的作品深受神秘学的影响，他认为，一个人可以通过操控体内的"磁流"，来对他人施加控制。[16] 斯科特在书中写到，这些理论已经过时了，因为人们无法对毫无意愿的头脑进行操控。对于广告来说也是这样。"持批判怀疑态度的受众不会被广告暗示所左右，"斯科特写道并补充（内容和梅尔维尔 60 年前的观点类似，但说法更积极），"广告主必须首先取得顾客的信任。"[17] 要想说服顾客，广告主和销售员就必须了解顾客需要什么，而不是强加自己的意愿。"必须知道顾客的思考习惯，因为你要想让顾客按照新路径去思考问题，那实在太难了。"[18]

尽管斯科特一直试图将自己的研究方法与市面流行的骨相学、"心理疗愈"以及林林总总的性格分析区分开来，但事实上从 20 世纪 10 年代和 20 年代开始，这些玄奥的学问越来越得到市场的青睐。这也表明，当时的经理和销售员希望找到解决问题的捷径，尤其是披上了科学外衣的捷径——即便这意味着他们要因此相信神秘学，相信金字塔、骨相和灵异现象，就像帕特森当初那样。

神秘科学的兴起同时反映出，当时的商人倾向于从种族视角来看待商业。[19] 这和时代背景有关，当时麦迪逊·格兰特出了一本畅销书，叫《伟大种族的消逝》（1918 年）；而移民限制法案也刚刚出台。骨相学中最重要的人物当属凯瑟琳·布莱克福特，她在书中分析了北欧金发种族和南欧褐发种族的区别。[20] 她宣称针对白种人和北欧人，要用聪明的对话作为卖点；针对肤色深的人，要通过产品的感观和体验来销售。心理学家 B·冯·哈勒·吉尔默是斯科特的同事，他回忆起在西屋公司做咨询顾问时，该公司的管理层就曾用过布莱克福特的性格分析系统。吉尔默写道："要想说服他们这玩意儿是一派胡言真不容易，当你发现他们的副总裁也相信这个系统时，如果你没点儿技巧，就只能采取迂回策略。"[21]

性格分析师的成功也表明，斯科特和性格分析师的作品界限很模糊；而当性格分析的畅销作家也开始大量使用科学术语的时候，这种界限就更不清晰了。在《销售事宜》（1916 年）这本书中，畅销书作者奥里森·斯韦特·马登在"暗示"这一章中特别提到，销售员应该谨慎使用心理学教的那些方法，因为如果发力过猛，有可能"过犹不及"。[22]

这些言论让斯科特忧心忡忡，他疾呼："人们对'暗示'的理解近乎荒诞，它的真正价值被一群对心理学一知半解的人掩盖了，他们还把'暗示'视为商业成功的敲门砖。"[23]

操纵和激励的问题让斯科特感到困惑，因为它让"销售在经济和社会中扮演什么角色"这个问题浮出水面了。斯科特曾经当过橄榄球队员，他认为销售员和体育教练一样，要鼓励人们购买他们想要的东西，还要鼓励他们克服购买新品时的惰性甚至是恐惧感。销售员和商人基本上一样，都会向前看："商人一般都是乐观主义者。对于他而言，未来充满过去从未实现的可能性。"[24] 销售员会自觉鼓励消费者采取行动，而消费者的购买决策也得是自觉自愿的。[25]

销售研究局

斯科特的职业生涯是从揭示说服的秘密开始的，后来他开始研究说服者（销售员）的心理。他对成功销售员的心智和个人特征非常感兴趣。1914年，斯科特走访多家公司，调研了销售员的挑选流程，这些公司包括NCR、通用电气和纽约联合燃气爱迪生公司。第二年，斯科特开始为美国烟草提供有关销售员选拔方法的顾问工作（和前面提到的闵斯特伯格干的是类似事情）。斯科特邀请6位销售经理和36位销售员的申请者来到西北大学，然后观察这些经理如何面试，以及如何给候选人排名。在看到销售经理的做法千差万别之后，斯科特相信，有必要制定一套更加系统、客观的销售员选拔方法。于是他开始设计操作步骤，包括体检、面试和测试销售员的数学与语言能力。他的创举不仅在于会给每位候选人单独打分，而且会把打分结果进行相互对比，更重要的是会和业已成功的销售员的分值进行对比。斯科特还要求销售经理找出，哪些候选人的特质与顶尖销售员的特质相似。此后，斯科特又在其他一些公司实践了这一模型，包括康涅狄格州的切尼兄弟丝绸公司和俄亥俄州的布艺商店公司。[26]

1916年，斯科特成为卡内基理工学院（现在的卡内基梅隆大学）销售研究局的主任，他从事的一项大型研究是要拆解出成功销售员的性格特质。研究局的成立得益于当时美国寿险承销商联合会的总裁爱德华·伍兹。伍兹在寿险行业有巨大的影响力。他在匹兹堡设立的公平人寿保险协会办事处是公平保险公司在全球最大的代理商。[27] 他本人对于寿险行业的改革以及提升寿险企业的销售形象非常感兴趣。因为当时的人寿保险业深受十年前阿姆斯特朗调查案的负面影响，那次调查揭露了大型保险公司的很多不当做法。[28]

伍兹先联系了卡内基理工学院的心理学家沃尔特·宾厄姆，说自己

"想创办销售研究局，研究所有的销售分支问题，包括广告与发行"。研究局的第一项任务是收集数据，涉及销售竞赛、广告计划、销售会议、培训方法、销售表格，尤为重要的则是销售员的个性特质。伍兹希望这项研究能够产出一个"不同的、更好的销售员画像"。[29] 早期的信息提供者主要来自保险公司，包括约翰·汉考克、大都会寿险、保德信，还有一些产品生产技术较为复杂的制造企业，包括巴勒斯、福特汽车、西屋公司。亨利·海因茨和福特汽车的销售经理诺瓦尔·霍金斯都协助承担了该机构的经费。[30]

1916 年，宾厄姆聘请斯科特担任销售研究局主任。这时候的斯科特除了广告著作以外，还写了另一本书，叫《提升商业人效：献给商业心理学》（1911 年），并因此在管理界小有名气。斯科特在书中写道，经理人通过消除员工"浅薄的思想"，可以提高工作效率，这就要求经理人在挑选员工的时候，要注意岗位要求与员工心智模式的匹配，并且培养他们高效工作的习惯。实际上，斯科特将弗雷德里克·温斯洛·泰勒的简化劳动理念与威廉·詹姆斯的习惯养成原理合二为一了，后者认为，一个人要想养成好习惯，就需要对支配习惯的思想和行动进行反复训练。[31]

如果说早期的斯科特研究的是如何"激励"消费者进行采购，那么这一时期的他则在研究如何"激励"员工有效工作。他将高效工作比作体育运动："有的运动员常常觉得自己在运动场上有劲儿使不出来。这些运动员必须要全力以赴才行。教练员也要积极调动运动员，刺激他们发挥出最大潜力。"[32] 斯科特还写道，好心态对于员工的高绩效至关重要，无论是体力工作还是白领工作都是如此。许多人吃了点苦头就容易放弃，而事实上，他们还可以做很多事情。适当的激励和鼓励可以让普通人的效率提升 50%。销售员的自尊建立在他们的销售能力上，需要通过恰当的方式给予激励。

斯科特还制定了销售研究局的五项研究目标：研究选拔和培训销售员的"系统"方法；借助于实验心理学和统计心理学的研究方法，研究成功销售员的心智特征；对销售员的选拔培训和激励进行实验；将研究成果以图书和学术期刊的方式进行发表；最后，利用研究成果，为销售经理提供培训课程。[33]

斯科特的第一项工作是将人员的筛选方法系统化。为此他召集了一个由研究生组成的 7 人团队，其中包括赫伯特·肯内基、梅里尔·杰伊·里姆、亨利·C.林克。斯科特开发了一系列人才选拔的测试方法供企业使用。[34]

人才的选拔对于销售来说尤其重要。在之前提到的富勒刷具公司，干满一年的推销员就被视为经验丰富的人了。一家保险巨头估计，1915 年美国拥有执照的保险代理商的人数有 15 万，而该年年底前的离职率大约为 50%。帕卡德汽车公司在 1920～1921 年日子很不好过，在此期间公司的离职率竟然高达 112%，即便是在 1916 年，该公司的员工离职率也是 45%。销售研究局的研究样本包括 30 家公司，斯科特发现这些公司每年招聘的新销售员总计达 3 万名，提供的销售岗位总计 48 000 个。[35]

经理们倾向于将高离职率归咎于销售员，而不是自己的管理方法。达特内尔公司对离职率的一项调查显示，经理人在罗列销售员"失败"或离职的原因时说，37% 的人是因为不够勤奋；37% 的人是由于气馁；12% 的人没有按照公司的指导行事；8% 的人对产品的了解不够；4% 的人因为欺骗行为而被解雇；还有 2% 的人因为健康状况不佳而离职。由此销售经理认为，大约 3/4 的销售员离职是因为自身的努力程度不够或者气馁。[36] 按照这样的思路，销售经理认为他们要做的是找到更好的销售员。

斯科特的"挑选销售员的辅助工具"包含 4 个基本部分。第（1）部分，申请人的基本信息——姓名、出生日期、婚姻状况、语言水平、家庭人口、缴纳的保险、宗教信仰、加入的社团组织以及工作经历。此外，申请者还需要用一段话（至少 50 个字）来说明，"为什么你能在本公司成为一名成功的销售员？"。第（2）部分，给前任雇主的一封信，请前任雇主从"很好"到"很差"几个等级给申请人评分，包括申请人的勤奋程度、个人习惯和行为表现以及销售工作的胜任力。第（3）部分和第（4）部分是面试官的评分表，涉及申请者的仪表（身材、表情、衣着、声音、乐观、自信程度、礼节）、说服能力、勤奋程度、品格（忠诚、诚实、真实、节制——是否酗酒或赌博、节俭），以及对公司的价值。斯科特的测试方法和当时流行的测试手段最大的不同在于：它依赖经营者的个人印象和观察，而不局限于对申请人心智能力的评估。也就是说，斯科特相信，一群经验丰富的经理做出的判断能和他的数据分析互为补充。[37]

申请人还需要进行 5 项心理测试，包括"机敏性"（比如要求申请人指出某个单词的同义词和反义词，进行简单的加减运算，说明某个成语的含义）、"预见性"（比如要求申请人对一些假设性问题做出回答）等。这些测试旨在评估申请人的创造力："如果天气从一年前开始变了，你住的地方从早上 6 点到晚上 6 点老是下雨，住在那儿的人该怎么办？""如果我们每个人都可以开一架小飞机，想去哪儿就去哪儿，你觉得对我们每个人的生活会产生什么影响？"最后，斯科特还设计了一些常识问题，让销售员判断哪些说法是正确的，哪些是错误的，比如"所有的网球冠军都会蛙泳"。

这样的心理群体测试在商业领域尚属首次，此后心理学的商业应用日渐普及。这些测试能对销售员的多项心智能力做出判断。预见性和机敏性的问题可以判断销售员能否快速思考、急中生智。常识问题对本土出生、成长于中产阶级家庭的候选人更有利，因为和初来乍到的移民或受教育程度低的人相比，他们对美国历史和文化的了解更细致。虽说很长一段时间以来，许多街边小贩都是外来移民，但斯科特和他的学生仍然认为，销售部门的销售员有必要掌握一定的文化知识。

在对某位候选人进行完所有测试后，斯科特会把各项测试成绩和面试评级汇总，来对这名候选人的销售潜力进行打分（1～10 分）。该成绩还会和其他候选人的成绩进行比较，以确定最佳候选人。[38]

斯科特通过多种方式推广他的"挑选销售员的辅助工具"：他参加会议演说，并在伍兹的帮助下，对数以千计的寿险代理人和其他销售员进行了测试，以检查系统选出的"成功者"和"失败者"是否与这些人的实际业绩相符。斯科特还在世界销售员大会上进行过现场测试。1916 年 7 月，他和 20 位销售经理在底特律的斯塔特勒酒店会面，让每位经理对一群具备销售能力的候选人进行面试。经理们被分配到了不同的房间，候选人收到通知后进入某个房间，向经理"推销产品"。经理面试完候选人后，要对他们的表现做出评价。与此同时，斯科特会对每位候选人进行心理测试。四天以后，斯科特向一大批观众公布了结果，并宣告测试成功。他甚至识别出了那些派来愚弄他的"冒牌货"。

不过在实践中，斯科特的心理测试并非总是一帆风顺的。在一次大会上，一位尝试过测试的经理就公开谴责斯科特："我们进行过一次针对销售员的测试，它是由销售研究局设计的……我们对测试者的业绩心知肚明……发现测试表现和实际情况几乎相反……业绩最好的测试分数最低……业绩最差的测试分数最高。"对此斯科特回应，或许是因为测试方法使用不当导致的，因为整套测试和各部分的评估都较为复杂，不容易掌握。[39]

此后，一些资深的心理学专家也发现，该测试工具在实践中效果不好。而销售研究局的两位心理学家——赫伯特·肯内基和 C. S. 约克姆最终也承认，"心理测试"的价值不大，它顶多能告诉雇主的是，那些聪明的销售员更倾向于放弃"低级别"的销售工作——比如挨户敲门拜访。肯内基和约克姆写道："智力水平在中等以上的销售员不适合做低级别的推销工作。因为这些工作的复杂程度不高，无法让他们产生兴趣，如果这些工作升迁机会有限，他们就更容易离职。"因此，心理测试最理想的应用场景是筛选掉那些太过聪明的人。[40]

尽管斯科特的标准测试工具存在这些问题，但这并不妨碍它的普及。这些工具引导劳动力市场开始关注销售员的个性、教育背景和谈吐能力，而非某种培训或某项技能。斯科特这套针对成功销售员的测试（包括对销售特质的甄别），后来（尤其是在军队中进行了大量实践后）也用于对白领工作和管理岗位进行评估。

需求经济

第一次世界大战对于斯科特和其他心理学家来说是一种福音，心理学家由于在军事上有了用武之地而赢得了信任。[41]哈佛大学的罗伯特·耶基斯教授在军医处的支持下，设计了一套"陆军阿尔法方案"，对175万名美军进行了测试，由此声名鹊起。不过，他在归纳不同种族和民族群体的数据后，给出的结论有歧视之嫌，因此人们对他的非议颇多。[42]

斯科特为军方提供的则是另一套测试方案，测试结果用于军官的选拔和排名。他与美国陆军部合作，将自己设计的销售员测试方案进行了修改，然后帮助美军选拔上尉。销售员的"个人记录"变成了"士兵资质卡"；"面试官评级"变成了"军方评级"。[43] 按照斯科特的计划，数以千计的美国士兵都要接受测评，测评维度包括"仪表、经验、影响力、服从性、精力、稳定性、判断力以及对军团的整体价值"。[44] 和销售测评的做法一样，斯科特仍然把对士兵品质的评价量化成某个数字。斯科特后来还因为这一成就获得了"杰出服务勋章"。

在斯科特服务军方的同时，卡内基理工学院的应用心理学研究也在继续。1917年，百货商店巨头埃德加·A.考夫曼说服了6位企业家，在卡内基梅隆大学和他一起联合成立零售培训研究局。这家新成立的研究局旨在为零售机构设计和开发培训课程、商品手册、人员招聘测试等管理工具。[45] 几年之后，销售研究局的名称和服务内容都有所扩展，最终更名为人事研究局。卡耐基还专门成立了寿险销售教育学院和寿险销售研究局。[46]

斯科特在销售研究局任职期间，一直致力于发现销售员的差异性。研究局有一位心理学家基于成功销售员的特点，绘制了理想销售员的画像。梅里尔·杰伊·里姆曾在斯科特手下工作，他说理想的销售员性格外向，对葬礼、唯灵论等病态嗜好不感兴趣。他们不善于批判性思维，也不喜欢凡事哲学化。和失败的销售员相比，他们更关注细节，并且"擅于根据情况的变化灵活应对"。他们"并不在乎读书"，"保守、稳健"并且"忠于某种既定规则"。他们做事不偏激、信奉宗教，喜欢跟"牧师、银行家等保守人士"结交，不喜欢"赌徒和败家子"。他们大多已婚并且反对轻易离婚，他们信奉"个人节俭并且能对自己和家人承担责任"。理想的销售员最好是高中毕业，或者有一两年大学经历即可，而不是大学本科毕业或拥有更高学位的人。[47] 这幅画像反映出，成功的销售员和早期的小商小贩相比，特质上发生了变化——至少里姆是这样认为的。如今的销售员是已婚的保守派，是银行家和其他成功人士的盟友，并且大多是本地的白人男性。虽然销售研究局声称自己的挑选流程符合客观原则，但它也反映甚至影响了企业选拔销售员的潮流。

1919 年，斯科特在费城成立了一家产业咨询公司，取名为斯科特公司。他的客户包括斯佩里陀螺仪公司、标准石油公司、西屋公司、斯特劳布里奇、克洛西尔等。斯科特通过自己的公司推广人力测评系统。[48] 其他的知名心理学家也纷纷成立咨询公司：1921 年，罗伯特·耶基斯、詹姆斯·麦基恩·卡特尔、约翰·华生、沃尔特·宾厄姆在纽约成立了美国心理公司。斯科特公司和美国心理公司都通过测评来帮助经理人选拔员工，同时会运用心理学原理，来提升职场的工作效率和员工的积极性。

一战以后，斯科特的事业蓬勃发展：1919 年，美国心理学协会选举他担任主席；1920 年，他成为西北大学的校长（一直担任到 1939 年）。斯科特于 1923 年解散了自己的公司，但仍然在西北大学从事心理学研究工作。20 世纪 20 年代，斯科特和其他心理学家开始转移注意力，不再强调本能。此前，这些心理学家很难就本能的种类和构成达成一致。[49] 他们也越来越认识到：人的需求是动态变化的，而不是固定的。激励不仅与人的内在本能有关（或者根本无关），而且很大程度上要通过人与环境的互动来实现。

A. J. 斯诺的《个人销售心理学》（1925 年）一书是在西北大学完成的，据说这是第一本"不涉及本能原理的个人销售心理学"图书。斯诺的这本书有着很深的生理学基础，其中有一章谈到了"客户的思维"。他把大脑描述成一个"具有无限可能的互联有机体，人的习惯、想象、记忆、推理都由此而生"；斯诺认为，这种"互联有机体"会受广告和销售的影响，创造出新需求。"[50]

心理学家由此鼓励人们将经济视为未被发现、有待成型的"需求"；销售的工作就是要激发消费者，并克服消费者不愿购买的困难。哈佛商学院的教授阿奇·肖曾说，国家就是消费者的集合体，他们的需要和需求复杂、可塑且易变。"如今，那些更有进取心的商人会挖掘消费者的无意识需求，生产能满足这些需求的产品，并吸引消费者的注意力。当消费者做出反应后，他们会将产品送到消费者手里。"[51]经济学家韦斯利·克莱尔·米切尔则对古典政治经济学的"重要假设"提出质疑，称古典政治经济学认为人是理性的，能明智地谋求自身利益，也就是说，人的"所有活动会因自身利益的指引而开悟"。但心理学家的研究证明，"人的理性充其量只有那么一点点，很多时候他们会以非常不理性的方式盲目行事"。[52]

营销学教授和经济学家将他们在20世纪初和20世纪10年代开创的研究主题汇集成册，其中包括斯科特和其他心理学家针对消费者行为和人才挑选的研讨。这些话题在保罗·T.彻林顿的《营销的要素》（1920年）、梅尔文·T.科普兰的《推销的原则》（1924年）、哈里·托斯达的《销售管理中的问题》（1921年）和《个人销售原理》（1925年）中都有提及。[53]更重要的是，20世纪20年代的企业——像宝洁和通用汽车公司，也沿用学者和心理学家的做法，开启了对消费者及其行为习惯的研究。

第 八 章
Birth of a Salesman

为她买辆车吧

20 世纪 20 年代的消费品推销

到了 20 世纪 20 年代，美国企业已经意识到："销售"是现代战略中的关键要素。1917 年，美国排名前 200 家的工业企业里，接近 1/4 的首席执行官曾经做过或者一直都在做销售，这也表明销售在企业中的重要性日渐显露。[1]阿瑟·维宁·戴维斯由于找到多种把铝制品（铝壶、铝盘）卖给消费者的办法，后来成为美国铝业的董事长。爱德华·普赖泽把真空石油公司的国内和国外销售队伍捏合到了一起，由此声名鹊起，并于 1918 年成为该公司的总裁。克拉伦斯·莫特·伍利在 1902～1924 年担任美国散热器公司的总裁，他也因销售而闻名。一份流行杂志曾说，伍利"本质上是个销售员"，因为他太会推销他的散热器和水管设备了。该杂志的编辑在 1935 年时曾断言，"当你打开暖气，或者接水，或者冲厕所的时候，你有一半的概率是在使用伍利先生的设备"。[2]

　　非凡的销售事迹（无论是历史上的还是当代的）往往是以娱乐的方式展现给大众。学者描述销售时喜欢用枯燥的定量术语，而《星期六晚邮报》和《科利尔》笔下的销售员则充满了戏剧色彩。比如箭牌口香糖的创始人小威廉·瑞格利是如何派出一队人马，到中国售卖口香糖的；可口可乐是如何在南美展开推销活动的。[3]"销售术"成为进取、扩张、"高度美式经营风格"的简称，这似乎也是当时经济发展的根本原因。一位历史学家曾说，在 20 世纪初，流行杂志甚至会用"销售口吻"来写作，采编风格和以前相比显得更为坦率和直接。《星期六晚邮报》曾撰文，"美国历史其实是销售术的传奇史"。那些"打破大西洋海岸原先安定生活的先驱都是卓越的旅行推销员。他们跨越了阿勒格尼山脉、密西西比河和洛基山脉，打开了西部乡村通往世界的大门；这块大陆没用多久就进入了文明时代，这在以前可是未曾实现的任务"。[4]

　　销售员的形象很快就出现在了流行书刊中。其中辛克莱·刘易斯笔下的地产推销员乔治·福兰斯比·巴比特堪称典范，让人拍案叫绝。当巴比特戴上那副"材质上乘"、有着"纤细的金色镜脚"的眼镜时，他就有了现代商人的范儿："有时给店员下命令，有时开车出去转转，有时去打高尔夫球，对销售术非常在行。"[5]他"信奉"商业的价值，也会经常感慨，"找到一位有信心成交的销售员太难了"。[6]他说起话来既积极又强硬，常说"振作点""搞定他"和"嘿，伙计"。

　　巴比特与几十年前梅尔维尔和马克·吐温在作品中描绘的小商贩很不同。在 19 世纪的小说中，小商贩和旅行推销员通常是诡计多端、愚弄百姓的小人物，而巴比特在美国的社会和文化中则处于核心地位。他是好公民联盟、麋鹿会和共和党的成员。巴比特属于新消费者一族：乘坐汽车、出入高楼、使用剃须刀和闹钟。他对商业和利润很着迷，甚至可以说，商业和利润就是他的符号。他觉得商业逻辑是崇高而神圣的。他了解最新的商业术语，避免称自己为"地产销售员"，而喜欢说自己是听上去更专业的"地产经纪人"（事实上，全美地产协会在 1913 年颁布的行业行为规范中，也倡导使用该名称）。[7]

刘易斯研究过巴比特这样的人物，他阅读销售图书，乘坐列车的贵宾席，也走访了一些中西部城市。销售在日常生活中变得无所不在，这让刘易斯感到不满；对于学术界提出"销售是有效用的"这一观点，他也表示怀疑。这种"销售"的意图或目的很难说：像巴比特这样的商人，都带着"非常强烈的销售意图——不求卖哪种商品、卖给谁，或为了帮助谁，他们的意图就是纯销售"。[8]持批判态度的不止刘易斯一个，经济学家凡勃伦称，销售是"不劳而获地分一杯羹的艺术"而非科学。[9]不过，由于刘易斯对商业语言和行为把握得惟妙惟肖，因此许多商人读了他的书后并不反感。相反，他们对巴比特的说法很认同。明尼阿波利斯、密尔沃基、德卢斯、辛辛那提和堪萨斯城的报纸称，它们的家乡城市已经成为工商业者的天堂。[10]

贩卖消费品

第一次世界大战以后，销售员在消费品的流通中扮演了越来越重要的角色，这使得学术界和畅销书作家对推销的兴趣陡增。美国经济在经历1921～1922年的衰退以后，重新走向繁荣。在20世纪20年代，美国国民的人均收入由1919年的7 495美元增长到1929年的8 939美元。[11]制造业产量增长了60%。[12]一些先前为企业提供服务的大公司，比如通用电气和西屋公司，如今把眼光转向了消费市场。[13]19世纪末的时候，美国家庭所拥有的耐用商品数量很少——有的是家具、马车、钢琴；但到了20世纪20年代，美国家庭采购的耐用品的种类增加了，包括汽车、家用电器（比如真空吸尘器、电熨斗、烤炉、洗衣机），而这些产品的销售都是由销售员来完成的。[14]

在贩卖消费品的过程中，有两类销售员扮演了极其重要的角色：一类是汽车经销商，另一类是上门推销家用产品、家用电器的销售员。这一时期的汽车行业出现了许多伟大的销售员，比如威廉·杜兰特、诺瓦尔·霍金斯和理查德·H.格兰特。杜兰特是通用汽车的创始人，据说他是美国

"最炙手可热"的销售员——他"卖过四轮马车、汽车、股票，并且具有让人对他坚信不疑的本领"。[15]霍金斯在1908～1917年曾掌管福特汽车的销售部，一位底特律律师曾说，"他或许是全世界最伟大的销售员……想法出奇、演说有力、充满能量，并且执行力比谁都强"。[16]格兰特于1924年加入雪佛兰，他被誉为汽车行业的"西塞罗"⊖。有一次他面对35 000名销售员进行演讲，他的讲话让人时而潸然泪下、时而开怀大笑、时而群情激昂，以致销售员在开拓轿车和卡车市场时经常处于亢奋状态。[17]

汽车行业的销售风格源自NCR的创始人约翰·帕特森，因为很多企业家和销售经理都曾在NCR工作过。像查尔默斯汽车公司的创始人休·查尔默斯，帕卡德汽车公司的总裁阿尔文·麦考利（他后来离开了巴勒斯公司），曾先后在麦克斯韦尔和克莱斯勒任职的销售经理约瑟夫·A.菲尔兹，以及理查德·H.格兰特。[18]格兰特最早在NCR担任销售工作，后来他先后去过（通用汽车集团下属的）AC德科和富及第冰箱公司，后来到了雪佛兰。他擅于通过培训和激励手段，把新员工培养成超级销售员。[19]他把帕特森培养销售员的办法归纳为7条法则：[20]

- 销售的产品要对路。
- 要了解每个市场区域的潜力。
- 销售员要经常学习产品知识，经常聆听演说话术，还要用心学习如何与客户进行谈话。
- 要经常激励你的销售团队，并且要在他们当中开展竞争和对标。
- 所有的商务演示都要力求简单。
- 运用各种手段做广告宣传（帕特森提出过104种方法）。
- 要经常检查销售员的业绩，检查时要有理有据，同时不要做出无法兑现的承诺。

尽管格兰特从这7条法则中吸取了一些经验，但他知道销售汽车和销售收银机还不是一回事。汽车所面对的顾客和市场范围更广泛、更多样化，

⊖ 古罗马的雄辩家。——译者注

因此汽车行业的销售经理必须擅于探索新路径。在通用汽车尤其如此，通用汽车的销售当时包含一些新元素，包括如何利用官方的统计数据和一线市场上反馈来的信息、通过精心设计的预测模型把生产排期和销售预测协同起来。通用汽车当时还开创了年度车型的销售和大规模的推广活动。这些做法使得通用汽车的销售职能"回流"到了生产过程中，通用汽车关注如何才能让产品的风格、色彩和设计特性打动消费者——换句话说，通用汽车对销售流程的思考在新车型的初始设计阶段就开始了。通用汽车还有一种做法也为众人所知，就是围绕各个品牌成立了不同的事业部，这也提升了销售职能在各事业部乃至公司中的地位。每个事业部——凯迪拉克、别克、奥克兰（后来的庞蒂亚克）和雪佛兰[21]，面对的是不同的销售市场，每个事业部都有独立的经销商组织和销售计划。

在 20 世纪 20 年代，上门推销的销售员也随处可见，因为越来越多的公司开始直接把商品卖给大众了，像珍珠茶、胡佛吸尘器、富勒刷具和加州香芬公司（也就是后来的雅芳）的销售员都为人熟知。直销销售员因具有坚持不懈的精神而闻名。《星期六晚邮报》的一幅卡通漫画当时是这样描述的：一名富勒刷具的代理商挂在树枝上，地面上有一只凶狠的狗正在冲他狂吠。这名代理商一边用一个长把儿的刷子挡住狗，一边冲着狗的主人大声说道，"您看用它给狗刷刷背多好啊"。[22]

这些上门推销的销售员在很多方面和 19 世纪的图书商贩很相似。图书商贩是把励志类和历史类图书卖给农民，而上门推销的销售员则是把大量生产的家用电器和小件家用商品卖给郊区的家庭主妇。他们采取的销售策略也差不多。销售员都是预先准备好一套说辞，希望能够一次兜售成功。上门推销的销售员和早期的小商贩一样，都具有性别文化。加州香芬公司和少数几家雇用女代理商的公司属于特例，多数上门推销的公司雇用的销售员都是男性。销售员会针对男性客户和女性客户准备不同的说辞，并非常懂得掌握好分寸。富勒刷具的创始人艾尔弗雷德·富勒甚至认为，销售就是一种求爱方式。

但上门推销的销售员和 19 世纪的商贩也有重要的差别。上门推销的公司在管理上远比行商组织要系统得多，它们拥有大量的生产设施，既销售昂贵的家用电器，也销售廉价的消费品。上门推销的公司会给代理商指定销售区域，销售经理会给代理商分配指标，并且要求销售队伍准确上报信息。

消费品的推广对这一时期经济的发展有着重要影响。从 1919 年到 1929 年，拥有洗衣机的家庭占比从 8% 上升到 29%，拥有真空吸尘器的家庭占比从 4% 增长到 20%，拥有收音机的家庭占比从 1% 增长到 40%，拥有轿车的家庭占比从 26% 增长到 60%。[23]

广告对消费品的销售影响很大。一位历史学家曾这样说，20 世纪 20 年代的广告代理商就是"现代商业的信使"，他们"一方面向消费者介绍最新款的产品，另一方面告知生产商，最新流行的消费趋势是什么"。[24] 全美广告收入从 1919 年的 14.09 亿美元增长到 1929 年的 29.87 亿美元。[25] 广告商利用了多种广告形式。根据联合广告俱乐部的报告，1920 年的全部广告的投入载体可以大致分为报纸（6 亿美元）、直邮（3 亿美元）、杂志（1.5 亿美元），其余一小部分则是商务文件、小饰物、电子标志、橱窗陈列等。[26] 这一时期的新媒体广告也蓬勃发展，特别是 1920 年匹兹堡建成 KDKA 广播电台后，商业广播有了快速发展。在广告业务大幅增加的同时，广告的形式也有所变化，因为这一时期的心理学家倡导：广告应该少一些告知，多一些暗示。[27]

销售员在扩大新消费品需求的过程中同样起到了重要作用，只是他们发挥的作用和广告不同而已。销售员要挨户拜访——即便在汽车行业也不例外，他们还要做产品展示，和"潜在客户"交流。这些"成群结队的销售员"推动了像汽车、收音机、吸尘器等专用产品市场的形成，这和 19 世纪末的销售员推动了可口可乐和象牙牌香皂的品牌发展是一个道理。[28]

尤其值得一提的是，销售员对两种消费文化的形成起到了至关重要的作用：计划报废和分期购买。[29] 汽车销售员常常会鼓励顾客"更换"车型；他们也会告知顾客，自己的产品和竞争对手的品牌之间存在哪些差异——这些细节都无法通过广告来传递。此外，家用电器和刷子的推销商在上门展示产品时还会强调居家购物的便利性。

更为重要的是，销售员可以给顾客安排分期付款。分期付款的做法，在钟表和缝纫机的交易中早已存在，但它的蓬勃发展则是在 20 世纪 20 年代，在汽车行业成为消费主流。截至 1930 年，60%～70% 的汽车销售是通过分期付款完成的；家具销售的分期付款占比是 80%～90%，洗衣机的占比是 75%，真空吸尘器的占比是 65%，收音机的占比是 75%，留声机的占比是 80%。[30]

销售员还促成了 20 世纪 20 年代的"耐用消费品革命"。消费者开始采购更多的"大件"耐用品（通常都是由销售员卖出的），比如汽车和家用电器。与此同时，他们花在"小件"耐用品上的钱相对减少，比如瓷器、家具、图书、首饰。[31]

汽车企业和上门推销的制造企业代表了两种截然不同的零售方式。汽车企业的经营需要依托非凡的经济实力和高度的分析统筹；上门推销的制造企业经济规模通常较小，并且反对官僚文化。前者的目的是让人人都成为自己的顾客（并且通过每年推出的新车型，让他们成为回头客）；后者的目的则是雇用销售大军，让人人都成为销售员。此外，汽车经销商和上门推销的销售员采取的策略也不同。汽车企业的销售员会向客户介绍不同的车型，并且能够提供分期付款等服务；为了让消费者选择某个产品而放弃其他选择，他们还要做说服工作。例如，在福特汽车和雪佛兰汽车的竞争过程中，销售员起到了至关重要的作用。雪佛兰的经销商就是将已驾驶多年福特汽车的客户作为目标，劝说他们更换品牌。而上门推销的企业里，销售员会展示产品，并根据家庭主妇或某个家庭的具体需求来调整话术。这类企业往往不与其他品牌竞争，它们的竞争对手是零售商，也就是说，要用一种分销方式取代另一种。

上门推销家用电器和刷子

企业上门推销的活动围绕城市展开，而城郊地区由于发展很快，更是成为主战场。有些企业在海外市场也有销售队伍，比如富勒刷具。它们销售的产品种类繁多，很多产品的目标客户是家庭主妇。天普大学曾对费城及其郊区的直销状况做过一份调查，发现在 1930 年有上门采购记录的家庭当中，45% 买过至少一次刷子，23% 买过真空吸尘器，10% 买过袜子，8% 买过家用电器，6% 买过铝制用品，3% 买过衣服，1% 买过书刊，另有 1% 买过洗衣机。[32] 其他上门销售和服务的业务包括出售冰块、收集保单、运送牛奶、磨刀。

很多上门推销的企业建立了数千人的销售大军，销售员们每天拜访客户。和汽车公司不同的是，上门推销的企业的经销商数量不受限。通常来说，企业中最好的销售员不是在销售实际商品，而是在招募新代理。而新代理的招募又和经济状况有关，对此《哈佛商业评论》的研究员维克多·比尔曾说："在经济向好、就业充分的年景，上门推销的企业招募代理的成本要比平时高得多。"[33]

在小企业里，厂商与销售员之间的沟通很有限；有些企业对外招募时会在杂志的封底发布广告，平时则是通过邮件与销售员联系。[34]《机会》杂志为小企业刊登招聘广告。该杂志在 1923 年 6 月的首刊中，"大师级销售员"H.L. 福格尔曼称："每个正常人都是销售员。美国总统也是销售员（他销售的是他的时间、才华和能力），从而说服这个国家的人以他的思考方式来思考，按照他的想法去做事。"[35]《机会》杂志在某些方面和擅于捕风捉影的《真实故事》杂志很像，很多句子都以感叹号结尾。这本杂志用了大开本，并且封面亮丽。例如，1928 年 1 月刊的封面是一个新生婴儿从钱包里跳出，悬挂的标语上写着"赚钱新途径"和"想赚多少就赚多少"。《机会》杂志每月都会刊登招聘代理商和销售员的分类广告：[36]

> 加利福尼亚香珠火热发售中。代理商赚钱的好机会。利润丰厚。免费获取产品目录。Mission Factory N, 2328W.Pico，洛杉矶，加利福尼亚。

> 这是有史以来上门推销的最大赚钱机会。用 N.R.G. 肥皂洗衣，10 分钟解决问题，无须搓揉。免费领取样品。N.R.G. 公司，F232W.Superior，芝加哥。

> SUPERKEEN！拥有新专利、不可思议的磁力刀片磨具！见证神奇，让剃须刀片秒变锋利，强大的电磁力做保障！全新！绝对与众不同！绝妙展现！疯狂热销！写信获取袖珍样品！Superkeen, Dept. B-35，索尔兹伯里，北卡罗来纳。

赚钱新途径

机 会

销售员指南

1 月

降价
只需 10 美分

想赚多少就赚多少

详见第 22 页

　　《机会》杂志也称《销售员的机会》，是由励志类畅销书作家奥里森·斯韦特·马登创办的。1928 年，也就是经济大萧条开始的前一年，该杂志向读者保证，只要他们掌握了推销的原理，就能"想赚多少就赚多少"

资料来源：*Opportunity* (Jan.1928), New York Public Library.

《机会》杂志还会每月推荐几款新产品，通常是些外观不起眼的小物件。其中一件是小坚果钳，它的外表镀着铜或镍，形状像松鼠，当按下长长的尾巴时，放在松鼠嘴里的坚果壳就会被敲破。还有一件是"带刀片的叉子"——它是一把普通的叉子，但左边的叉齿变成了锯齿状的薄刀片，所以送到嘴里的时候要小心。

有些上门推销的公司体系化较强，它们通过发展办事处来对销售员进行招募和培训。办事处的经理有些是公司的授薪职员，有些则基于办事处的销售总额提取佣金。[37]

对于上门推销的公司来说，掌握准确的会计信息非常重要，因为尽管这些公司已经将许多成本花销转移到了销售员身上，但还有很多成本类目不可忽略，包括新销售代理的招募广告。它们还要向销售代理商支付不菲的佣金。多数公司还要负责商品的运输（有时是数以千计的小件物品），维持各地区货仓的库存。[38] 它们还要跟踪上千名消费者的分期付款记录，这些工作的复杂性要远远超过从事工业品销售的企业（后者最多只需管理几百家零售商或批发商）。[39]

"直销"对帮助生产商推介新产品、新品牌，抵御来自百货商店的冲击起到了重要作用。[40] 随着 20 世纪 20 年代上门推销模式的兴起，美国经历了一次科学管家运动，家庭主妇纷纷开始采购节省劳力的新设备。[41] 电熨斗是在 19 世纪 90 年代推出的，但直到 20 世纪 20 年代才真正大卖。一份市场调查显示，1926 年在俄亥俄州的一个城镇里，82% 的家庭拥有电熨斗。[42] 胡佛吸尘器虽然是在商店里销售，却雇用了大量销售员挨户拜访，上门展示产品。[43] 伊莱克斯是世界上首台桶式真空吸尘器的制造商，它在 20 世纪 20 年代也是采用了上门推销的模式。[44] 电动洗衣机于 20 世纪 10 年代进入家庭，到了 20 世纪 20 年代末，在配备电力的非农家庭中，洗衣机的拥有率超过 25%。[45]

有些企业上门推销时只向顾客推介产品，销售是在零售商店里进行的。比如阿里斯特电气公司，它在 1923 年用了一年时间，通过销售员登门拜访的方式推销真空吸尘器。等它觉得公众对产品逐渐熟悉后，就全面转向零售和报刊广告。[46]

　　雇用代理商向顾客推销还有其他一些好处。当经济衰退时，上门推销的企业往往可以维持销量。因为尽管消费者口袋里的钱变少了，可是会有更多的销售员愿意想办法把产品卖出去。[47]

　　在 20 世纪初成立的一些公司后来成为知名品牌，包括加州香芬公司（1939 年更名为雅芳公司）、珍珠茶公司、富勒刷具公司。[48]与此同时，上门推销也为很多难以跻身大型官僚企业的人提供了机会。比如，尽管 19 世纪时曾有女性做过图书代理商和小商贩，但在 20 世纪 10 年代和 20 年代，多数官僚销售企业都不愿雇用女性销售员（零售门店除外，20 世纪初它们大约 1/4 的销售岗位会雇用女性）。[49]

　　非裔美国人 C. J. 沃克为发量少的女性提供了一套治疗方法，包括头发拉直等配套产品。1905 年，她从丹佛开始沿街贩卖。她走遍全国，招募并培训代理商。到了 1910 年，她在印第安纳波利斯建起了生产厂。此时沃克的销售代理商已经数以千计，她们穿着黑色的长裙和整洁的白衬衫，很是显眼。与 19 世纪末的小商贩不同的是，这些女性因为勤奋成为受人尊重的楷模。[50]

　　要说聘用女性上门推销的耳熟能详的老品牌，还得是加州香芬公司。它的创始人大卫·麦可尼早先卖书，1886 年在纽约布鲁克林的一间小屋子里创建了这家公司。之所以使用"加州"作为公司名，是因为这个名字使消费者更容易联想到草本植物。麦可尼在纽约的西沙芬建立了一家生产厂后，就集中精力开设办事处。1898 年，麦可尼先在旧金山设立了西岸办事处，接着又在密苏里的堪萨斯城设立了中西部办事处。1914 年，他在加拿大的蒙特利尔开设了办事处。1917 年，加州香芬公司的产品在旧金山举办的巴拿马太平洋国际博览会上荣获金奖。这成为公司营销的大好机会；此后的香水瓶一直在宣传这个金牌形象。[51] 1920 年，公司的年销售额达到100 万美元（相当于现在的 900 万美元），1929 年，这一数字升至 250 万美元（相当于现在的 2 600 万美元）。在此期间，销售员的人数从 16 000 人增长到 25 000 人。[52]

不过，女性销售员占据主体的直销企业仍然寥寥。[53] 虽然很多公司（比如富勒刷具）的客户是家庭主妇，但它们也很少雇用女性销售员。艾尔弗雷德·富勒曾在 1922 年表示，他只有在必要时才会雇用女性销售员。"在战争时期，我们不得不招聘大量女性销售员，但相比之下，男性卖我们这个产品会更好。"[54] 很多小商贩的互助会都是由斗志昂扬的男性销售员组成的，大制造商的销售员也会在世界销售员大会等场合鼓吹男子汉气概，并拿"超级销售员西奥多·罗斯福"来说事。

　　这一时期最成功的直销公司之一就是富勒刷具，尽管该公司的产品很简单，但它的销量和推广方法的表现都很不错。在 20 世纪 20 年代早期，富勒刷具公司无论是从销量还是体系化建设方面，都要远强于加州香芬公司。创始人艾尔弗雷德·富勒生于加拿大的新斯科舍省，1906 年他在康涅狄克州的首府哈特福德创立了该公司。[55] 富勒早年在马萨诸塞州的萨默维尔市做过刷子的推销，后来决定自己干。他搬到哈特福德后，找了一个人来帮助他生产刷子，自己则每天上午去推销。富勒在哈特福德独立开拓业务数年。此后，他开始在报刊上刊登广告、招募代理商，帮助他拓展纽约和宾夕法尼亚的业务。到了 1910 年，他雇用了大约 25 名销售员、6 名生产工人。该年年初，富勒在全国发行的《人人》杂志上刊登了销售员的招聘广告，这成为他迈向成功的开始。在一个月的时间里，富勒收到了大约 100 人的申请，他也几乎给所有人提供了销售机会。富勒把自己的销售员称为"经销商"，这些经销商需要向公司支付 6 美元来购买样品箱、刷子和货品清单；公司则会给经销商提供排他性的销售片区。截至 1910 年 3 月，富勒签约了 260 位经销商。1913 年，该公司开始为大学生提供暑期工作机会——这一做法此后延续了多年。[56]

　　富勒刷具生产的系列产品包括拖把、扫帚、毛刷、牙刷、浴室刷子和梳子。这些产品有些具有专业用途，比如清理百叶窗或暖气片；有些则针对企业销售，比如吸尘器里的内刷。这些刷子的产地都是哈特福德，质量普遍较好，价格也较高。后来富勒刷具公司的销售品种扩展到了上光剂、肥皂、蜡和软膏。[57]

1925 年，富勒公司的销售员多达 4 200 名。他们每天要完成 15 次产品展示，而不仅仅是拜访。公司的统计数据显示，产品展示的销售转化率比较高，估计接近 50%。[58] 当销售目标达成后，富勒公司的销售员可以获得大约 40% 的佣金。[59]

到了 20 世纪 20 年代中期，富勒公司已经建立了较为完善的销售组织，可以为销售队伍提供支持、监督和激励。该公司把美国划分为五个事业部；把加拿大设为单独的一个事业部。每个事业部分为五个片区，每个片区包含 7～10 个分公司。每个分公司管辖的区域又包含若干街区（通常每个分公司配有 20～40 名销售员），每名销售员在指定的街区工作。[60]

分公司的经理扮演着重要的角色。他负责雇用、培训和监管销售员；要给销售员分配销售区域，每周要发布办公室公告。他要召开销售会议，跟每名销售员会谈并激励他们，还要负责推广公司品牌。艾尔弗雷德·富勒还在公司内部建立了一种朴素文化——他把自己称为"富勒老爹"，于是公司上下都这么叫他。事实上，公司鼓励各分公司的经理也给自己起名叫富勒。当时的公司副总裁弗兰克·S.贝弗里奇曾这样写道："我们想让分公司的经理们都能在各自的区域里建立好名声，因此不妨让顾客称他们为富勒先生""有些经理为此感到很自豪（我们的销售员也有同感）"。富勒分公司的经理和汽车行业一线经理的薪酬结构不同，后者领取的通常是薪资，而富勒公司给分公司经理发放的是佣金，佣金水平取决于该分公司的总销售额。公司还会支付分公司的办公室租金，并且承担部分广告费用。[61]

为了扩大营业规模，富勒公司派销售代理专攻百货商店或连锁店服务不到位的小市场。比如在 1922 年，富勒公司雇用了一批非裔美国人，专攻"有色人种"市场。为了招募销售代理商，俄克拉何马州塔尔萨分公司的经理找到当地种族隔离高中的校长，面向学校老师展开暑期招募。公司当时的一位经理反映："实践效果很成功，在非裔佣人群体中更是如此，她们为能和自己的女主人购买同样的商品而感到自豪。6～7 月期间，4 名销售员总共卖出了 2 083 美元。"[62]

最大的挑战还是如何敲开客户的家门。在这方面富勒公司和其他直销公司的做法类似，给客户提供赠品，比如一把"好用的小刷子"。如果潜在客户（通常是家庭主妇）说只想要赠品，不想听产品推介，那么销售员会说，赠品在样品箱里面，需要进屋才方便把它取出来。然后销售员会利用这段时间推介产品。

富勒公司给销售员们提供了说辞，因此他们在推介过程中总能提出"能引发客户正向回应"的问题。销售员会说："在我看来，富勒刷具唯一的问题就是使用寿命太长，不过对于您或其他客户来说，这不是个缺点，而是个优点，我说得对吗？"为了戏剧化地凸显产品功效，富勒公司还告诉销售员，介绍身体刷的优点时，不妨在自己身上刷给客户看。销售说辞还配有类似舞台演出里的动作指导，比如"用刷子在手上轻快地刷两下，并展现出热情"。接下来销售员可以做一些"自己仿佛在洗澡的动作"。

和专利药销售员、避雷针销售员以及保险代理商一样，富勒公司的销售员也擅于制造恐慌，比如夸大脏刷子的危害性。"布朗太太，如果您看到旧浴刷的背面里藏了多少脏东西，就不会再要它了。"销售说辞里提到，"尽可能随身携带一个破旧的、背面是木头材质的浴刷，一定是特别难看的那种。"然后，销售员要把刷子里的细菌画得很逼真，让家庭主妇赶紧把自己的旧刷子扔掉。浴缸也被描述得同样危险："这把（淋浴）刷子还会让您明白，那种接一缸水泡澡的老观念有多不靠谱，因为五分钟水就脏了。您必须承认，您泡上没多一会儿水就不干净了。很多现代家庭干脆连浴缸都不用了。"[63]

销售并不容易，富勒公司必须应对人员的高流失率和来自其他销售组织的激烈竞争。[64]富勒公司在20世纪20年代初的时候发展势头良好，公司的销售额从1910年的区区3万美元增长到1923年的1 500万美元（相当于今天的1.6亿美元）。但到了20年代中期，公司的销售额开始下滑，1925年的销售额为1 350万美元，1929年的销售额跌倒1 030万美元（约合今天的1.08亿美元）。而美国经济在20世纪20年代的繁荣也导致新代理商的招募越发困难。与此同时，市场上出现了越来越多的上门推销公司，它们也瞄准了家庭主妇的钱袋子。直到 20 世纪 30 年代中期，艾尔弗雷德·富勒才借助改变佣金比例和调整价格政策的做法，扭转了公司的颓势。[65]

富勒公司非常看重激励。艾尔弗雷德·富勒在和销售员沟通时，总会想法子给他们注入使命感。他在回忆自己早期的销售生涯时写道："我对自己的冒险之旅感到兴奋，我把自己视为一名改革者，我渴望处理城市的污垢，同时减轻家务人员的负担。"[66] 这种关于销售过程的看法给富勒带来了勇气。"太多的销售员害怕敲门，总担心家庭主妇在给婴儿喂食、打扫房间、准备穿衣出门、打盹休息，或者在为丈夫准备晚餐。我从不担心自己会打扰谁，因为我相信我的使命就是要减轻她们的家务负担。"[67]

富勒还称自己从书中汲取了力量，这得益于早年的一次销售经历。有一次，他在宾夕法尼亚州的斯克兰顿开拓市场时生病了。在房间里，有位妇女递给他一本《科学与健康》，并让他读其中做了标注的一段话。尽管富勒没有读懂这段话的意思，但他感觉身体好些了。于是富勒开始为销售杂志撰写励志类文章，还在 1922 年出版了一本名为《摆脱平庸》的书。[68]

富勒的经历表明，销售经理的挑战不仅来自制定新客户开发的最佳策略，还要在发展称职的销售队伍上花费大量精力。基于"正向思维"的励志手段融入了富勒刷具公司的日常管理中。阿尔伯特·蒂塞尔堪称励志销售的典范。蒂塞尔从富勒公司纽约州波基普西的一名销售员开始做起，之后升任纽约市的地区经理。他 1923 年加入富勒公司，一直工作到 1945 年。按照富勒的说法，"蒂塞尔当时是全公司最知名的人物"。有一张现存的蒂塞尔本人的照片，照片上的他打着醒目的领结，手上带着钻戒，还拿着一只粗雪茄。蒂塞尔是一名一往无前的销售员，他甚至会在梅西百货感恩节的游行庆典上贩卖富勒刷具。他还在富勒公司成立了一个"棒极了"俱乐部。俱乐部的成员在回答每一个"你怎么样"的问题时，都必须说"棒极了"。俱乐部成员遍布他管辖的所有纽约街区。蒂塞尔曾洋洋自得地说："我们在酒店、餐馆、俱乐部、有轨电车和银行都挂上了'棒极了'的标志……用尽一切手段来宣扬这种伟大精神。"[69] 俱乐部有"棒极了"的臂章、帽子、徽章和五级别针（普通级、红宝石级、绿宝石级、蓝宝石级、钻石级）。[70] 蒂塞尔说："像'棒极了'或'我很好，你呢？'这些话能打动听众，能让听众觉得，说话这人既热情又阳光。"尽管这个口号听上去容易让人感到刺耳，但至少富勒刷具公司的副总裁弗兰克·贝弗里奇对1925年的一次经历记忆犹新：[71]

> 我们有位分公司经理曾制定过一条规则：谁要跟他说话，必须先说"棒极了"才行。有一次，一位同事出门时汽车抛锚了，结果货送得很不顺利，因此回到办公室时情绪不太好，进门时语气生硬地和分公司经理说话，经理不理他。于是他有点生气了，但经理仍然没有答话。最后，经理问他感觉怎样时，这个人不得不说："棒极了。"这时候他的情绪转好了，许多问题也消失了，这时再和他沟通，帮助他解决问题就容易多了。

蒂塞尔称，"棒极了"俱乐部的灵感来自斯坦利·勒菲弗·克雷布斯的一次演讲。克雷布斯写过《暗示的法则》（1906年出版，1957年以《催眠术的基本原理》为书名再版）。[72]

书中宣扬的主题与富勒公司的销售和管理战略如出一辙。该公司既不认为销售是一套完全依靠逻辑或理性的流程，也没有将推销员视为纯粹的信息提供者。推销员的任务不是站在门口为客户朗读产品说明，而是激发潜在客户的热情，并影响他们的购买行为。

这并不意味着公司认为销售员是无所不能的，毕竟销售是一份有挑战的工作，销售员也会经常遇到挫折。富勒公司和其他很多公司一样，会花很多时间和金钱来改进产品，以让销售工作变得更容易。但公司需要倚仗销售员说服客户选择本公司的产品，特别是当竞争对手的产品和自己的产品大致相似的时候。销售员要能制造差异，通过强化产品的优势（比如某种性能）来弥补相对的弱点（比如某种风格）。如果一家公司的销售队伍比另一家的更强大，那么即便它的产品和别的公司同质化，甚至相比之下还略显不足，该公司也能打败竞争对手。一旦客户被说服，购买了某家公司的产品（或者像富勒公司的客户那样，养成在家而不是去商店购买刷子的习惯），那么他们就很有可能继续买下去，不再更换了。

阿尔伯特·蒂塞尔，"棒极了"俱乐部创始人。艾尔弗雷德·富勒说，巅峰时的他是"公司早期（20 世纪 20 年代）最知名的人物"

资料来源：Alfred C. Fuller, *A Foot in the Door: The Life Appraisal of the Original Fuller Brush Man* (New York: McGraw-Hill, 1960), between pp. 120 and 121.

汽车销售术

和上门推销的企业相比，汽车企业的业务规模要大得多，但它们也会利用销售员来激发客户需求，反馈市场信息，应对行业竞争，并为消费者提供汽车的分期付款服务。如果说上门推销的公司把时间花在了招聘和激励销售员上，那么汽车公司的策略则是通过每年推出新车型，激发新老顾客的购买热情。

当亨利·福特在 1908 年推出 T 型车的时候，汽车市场正处于群雄割据的时代。当时与福特竞争的企业家有很多，其中包括威廉·杜兰特、兰塞姆·奥兹、阿兰森·布拉什。但福特公司凭借高产量、低价格的策略迅速统治了汽车市场。由于有高效的大量生产的方式做保障，福特 T 型车的价格从 1909 年的 950 美元（约合今天的 18 700 美元）降到了 1916 年的 360 美元（约合今天的 6 000 美元）。[73] 在 20 世纪初，福特汽车在汽车产业界可谓独领风骚，该公司 1921 年的市场份额占到 56%。[74]

福特公司并不把汽车直接卖给消费者，1916 年福特公司曾在底特律开过一家零售汽车商店，但很快就关门了。福特公司依靠的是一批半自主经营的经销商，这一点和其他汽车企业一样。从这方面来讲，福特公司在 1903～1907 年的分销系统与 19 世纪末麦考密克收割机公司的分销系统有些相似（这一时期的汽车和收割机相似，基本属于季节性商品。因为在冬天汽车性能不太稳定，销量也会大幅下降）。[75]

福特公司分销系统的特征，是由一家大型生产商和数千家小型半自主经营的经销商之间的关系决定的，这种组织形式成为美国轿车销售的核心。正如通用汽车的前总裁艾尔弗雷德·斯隆所说，一开始，汽车公司想的是在销售方面给予经销商足够的自由度。"早期汽车行业的主流意见是……生产商应该关注产品、价格、广告和促销，剩下的事交给经销商去干。"[76] 但随着时间的推移，生产商对经销商的管控逐渐加强，特别是在广告和销售策略的制定上。

由于亨利·福特对营销和销售并不特别感兴趣（他笃信的经营之道是低价和市场规模），于是他就把发展有效的销售和分销组织的任务交给了其他人。[77] 诺瓦尔·霍金斯曾在 1907～1918 年担任福特公司的销售经理，他是福特公司分销体系的主要设计者，包括制定汽车销售的规程、经销商的监督机制，并借助内部通讯和召集大会的方式打造一种共同的企业文化。

诺瓦尔·霍金斯出生在密歇根州的伊普西兰蒂，先后上过当地的高中和商业专科学校。霍金斯早年干过会计，31 岁的时候与人合伙成立了霍金斯－吉斯会计公司。他为初创时期的福特汽车做了第一次审计，由于他工作认真、个性强，因此被福特看中，请他指导公司的销售运营。

霍金斯在很多方面都有才能。借助于专业会计师的背景，他把标准化的成本核算方法引入公司，同时密切关注整车及零部件的价格走势。他还制定了汽车分销的规程，帮助福特公司节省了不少钱。比如霍金斯曾提出，轿车在运到地区办事处之前先不要组装，等运到以后再组装，这样就可以节省运输成本。[78]

然而霍金斯不是一名古板的"数字"先生。他还有着非凡的销售才能，并且打造了福特公司的经销商网络。在霍金斯的领导下，福特公司的经销商从 1908 年的 215 家猛增到了 1917 年的 6 167 家。[79]

霍金斯的销售部门负责处理所有经销商的合约。福特汽车要求经销商能熟练掌握汽车的技术参数，能向客户演示汽车的使用和维修。经销商还要保持零部件的供应，并且聘请一名机械师负责维修。[80]经销商以折扣价从福特公司进货，在 20 世纪 20 年代，经销商的进货价约为轿车零售价格的 1/4。经销商的收入来自推销新车、零部件、配件及服务；同时承担相应的成本（包括新车成本、零部件成本和服务成本），还要支付销售员的佣金和薪水，并承担汽车的运费、广告宣传费、保险费、租金以及管理人员和雇员的工资。[81]

霍金斯试图在福特汽车的经销网络中打造一种共同文化。1908 年，他出版了《福特时代》期刊，里面刊登了经销商的励志文章、成功故事、风趣轶事，以及销售员的行为规范（哪些能做、哪些不能做）。在 1908 年的一篇文章中，霍金斯提醒经销商在首次卖出汽车后，仍要与顾客保持联系——因为他们终究会为零部件的替换和服务再花钱。"当你把一辆轿车卖给顾客的时候，你对客户的了解以及你们之间的商业关系才刚刚开始——而不是结束。这一点怎么强调都不过分。"[82]

为了对经销商进行监督，霍金斯建立了一个分层级的销售组织，成员都是福特公司的授薪员工。该组织很快就遍布全国乃至全球。1917年，福特公司的销售组织设有 6 个分公司的负责人，还有 69 名来自分公司的销售经理、助理销售经理（每家分公司 1 人）和维修工（每家分公司 1~8 名）。[83] 维修工要去全国各地出差拜访经销商，检查他们的展厅和车库。[84] 然后，他们要把检查的详细情况汇报给总部，包括当地的整体经济状况。[85]

霍金斯亲自参与经销商的招募工作。1909 年，有一位来自宾夕法尼亚州波茨敦的律师威廉·杨，他给福特公司写信，希望成为一名经销商。福特公司允许他代理自己家乡和周边 4 个城镇的业务，条件是以批发商的价格先购买 3 部轿车，并且同意支付汽车展厅和维修车间的租金，还要兑现未来的销售指标。杨和他的两位朋友一起分担了这些成本，并成为这家经销商组织的合伙人。按照双方第一年的合约，杨要采购 10 辆轿车，同时还要把 150 美元转到费城分公司的账户上。第二年，杨找了一个车库，来专门存放、维修和销售轿车。

杨记得福特公司会给经销商发放许多资料，包括来自总部办公室的通告、分公司的备忘录和《福特时代》期刊。福特公司的维修工也会常来造访。杨和他的儿子一起，参加过费城的一次经销商会议，那次会议的主讲人是霍金斯。杨在文件中写道："霍金斯鼓动我们，一起把轿车的产销量从每年 2 万台提升到 4 万台，再提升到 7.5 万台，直至达到年产销量 50 万台这一难以置信的目标。而唯一限制经销商销量和利润的是我们自己的销售能力；在售价和性能改进方面，我们的轿车和任何经济车型相比都不会逊色。"杨在离开会议时倍感鼓舞，他表示"要把自己的命运跟福特公司绑在一起，要让汽车经销成为我和我儿子的一项事业"。[86]

霍金斯是一名非凡的激励者，他后来写过两本销售畅销书，一本是《销售胜经》（1918 年），另一本是《世界上最成功的销售方法》（1920 年）。他在书中告诉读者，任何人都可以学会伟大销售员的技巧。他还结合自身经历，谈了自己是如何"转型"成功的。霍金斯在 1889~1894 年期间，曾担任底特律标准石油公司的记账员和出纳。1894 年秋天，他因为挪用资金（大约 3 000 美元）而被捕，接受了审判并在监狱里短暂服刑。对于自己的东山再起，霍金斯在书中写道："这说明一个人遭遇挫折不要紧，只要他有头脑和个性，就能取得长久的成功。"[87]

销售需要经受信心和勇气的考验，但这种历练也是生活的奖赏。对此霍金斯写道："对于我们这些以征服销售山峰为乐的人来说，谁还会对其他死气沉沉的职业感到满足呢？"[88] 和失败相比，先天不足不过是一种福祉，因为宝贵的经验都是在艰难历练中获得的。身体上的不适也可以通过培养销售员的正面心态来治愈。霍金斯写道："相貌非常具有可塑性，那些习惯'抱怨'的人总是板着脸，他们眉毛中间的皱纹就是自己挠的。那些让人觉得或被冷眼相看，或趾高气扬的嘴脸也是习惯养成的。"[89]

霍金斯在鼓励经销商挑战高目标的同时，也严格监督他们的销售进展。曾经有一位哥伦布市的经销商业绩没达标，霍金斯在给他的信中写道："你的零售队伍是真正的销售员，还是一群小商小贩？我们根据收集来的信息可以很肯定地说，C. F. 麦考尔和 C. O. 沃克属于后者。这两人的合约交付情况都非常差，我们建议你紧盯他们手上的 10 份未交付订单，这个月必须让他们完成。"[90] 表现不佳的经销商最终会失去专卖权。（亨利·福特本人非常喜欢这样威胁人。和霍金斯不同的是，福特对如何激励和善待经销商不感兴趣。在 1920～1921 年的经济萧条期间，福特仍然逼迫经销商兑现库存指标，而经销商担心丢掉生意也照做了。尽管福特度过了这次危机，但他和身边得力的管理者之间开始出现隔阂，因为大家对福特怪异的领导方式感到不满。）

霍金斯和那些得力的管理者一样，因为与亨利·福特不和，于 1918 年离职。但他搭建的销售网络（包括半自主经营的经销商网络和由公司直管的销售队伍）一直延续到 20 世纪 20 年代。

到了 20 世纪 20 年代，福特公司越来越感受到来自通用汽车的挑战（1925 年之后，克莱斯勒也加入竞争者行列）。福特公司制定出详细的汽车销售指引手册，比如 1923 年的《福特产品和销售手册》以及 1925 年的《福特 T 型车专家手册》。[91]《福特产品和销售手册》具有里程碑意义，该手册分为六大部分、大约 750 页。其中包括汽车行业概览、福特汽车的历史、销售员的责任清单、销售方法指引以及产品（轿车、卡车和拖拉机）规格。

手册中有一节是"销售的 40 点注意事项"，其中包括销售员要在头天晚上制订好第二天的工作计划、要研究竞争对手和潜在客户、要注意个人着装、在销售会谈中要消除"难为情的想法"。[92]

手册中还揭示了零售销售和企业级销售的差异。福特公司的汽车销售员应该设法成为销区里的知名人物——他要拜访经销商店，与经销商和顾客攀谈，让大伙儿都认识他。他要时刻警觉哪里有新的商机出现：浏览报纸，看看当地哪些企业出现了管理层变动；打听一下公寓租售的流动率（退租的人可能需要买一辆车来打包家当，新搬进来的人可能需要买一辆车去上班）；和从经销商那里买过二手车的人保持联系；查询当地的人口出生、婚姻和死亡状况——这里面都蕴含着商机。手册还建议销售员要挨户拜访，并且要意识到向女性推销的重要性。"女性不仅涉及 85% 的零售采购，而且在汽车采购中，她们或许也有超过 51% 的话语权。"[93]

亨利·福特在他的自传中提到，汽车市场的机会分布范围很广："经销商或销售员应该掌握销区里每一个潜在商家的名字，包括那些此前从未考虑过买车的人。然后如果可能，他应该给名单上的每个人写信，提出拜访请求。"[94]

福特公司要求销售员会见潜在客户时（无论是在展厅、停车场，还是登门推销的时候）都要提前对顾客典型的反对意见准备好预案。如果客户抱怨，福特汽车和竞争对手的时髦车型相比太普通了，销售员该如何回答呢？"如果销售员观察到，潜在客户在查看汽车仪表盘的时候皱起了眉头，或者如果销售员认为，潜在客户对我们仪表盘的朴实外观有负面想法，他应该迅速打消客户的这种念头。他可以敲打一下仪表盘然后告诉客户：你看我们的仪表盘多简单！简单、朴素、整洁。不像那些复杂的仪表盘，故弄玄虚、不值一看。"[95] 像这样针对反对场景的预案，手册中总共有 53 种，还包括"我要到开春的时候才能决定""我现在就要提车""我买不起""我太太不想让我买"等反对场景。

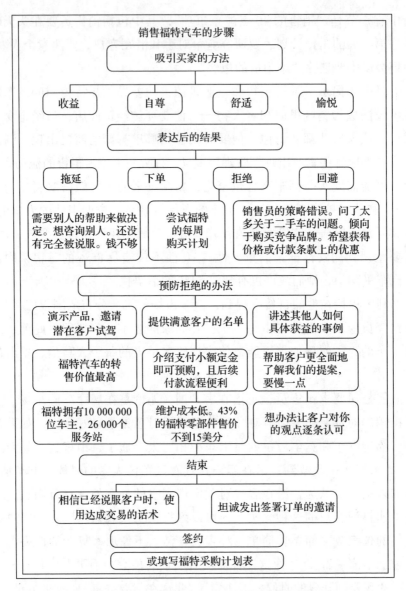

销售福特汽车的步骤

吸引买家的方法

收益　自尊　舒适　愉悦

表达后的结果

拖延　下单　拒绝　回避

需要别人的帮助来做决定。想咨询别人。还没有完全被说服。钱不够

尝试福特的每周购买计划

销售员的策略错误。问了太多关于二手车的问题。倾向于购买竞争品牌。希望获得价格或付款条款上的优惠

预防拒绝的办法

演示产品，邀请潜在客户试驾

提供满意客户的名单

讲述其他人如何具体获益的事例

福特汽车的转售价值最高

介绍支付小额定金即可预购，且后续付款流程便利

帮助客户更全面地了解我们的提案，要慢一点

福特拥有10 000 000位车主，26 000个服务站

维护成本低。43%的福特零部件售价不到15美分

想办法让客户对你的观点逐条认可

结束

相信已经说服客户时，使用达成交易的话术

坦诚发出签署订单的邀请

签约

或填写福特采购计划表

　　20世纪20年代，福特为经销商出版了《福特T型车专家手册》（1925年），进一步推动了销售标准化。手册对福特汽车的销售步骤进行了概述

资料来源：Fordex, *Model T Specialist* (Detroit, 1925), p. 43, New York Public Library.

	拜访	电话	外出			是否讨论了福特的每周购买计划	具体拜访时间或跟进拜访日期	
编号	对应部分打钩			拜访对象	说明：车型是否售出，或者没有售出的原因		日期	时间
1	✓			*Prospect*	*Secured Enrollment*	✓		
2		✓	✓					
3	✓			*Wife*	*Arranges Demonstration*		*March 7*	*4 pm*
4	✓			*Prospect*	*Wants Car Appraised*		*Mpr. 10*	
5				"	*Appointment*		*Mpr. 8*	*8 pm*
6	✓			"	*Sold Coupe*			
7	✓			*Daughter*	*Will visit Salesroom*			
8								
9								
10								
11								
12								
13								
14								

潜在客户拜访每日报告

获得的新潜在客户

姓名	地址	非车主	车主
Dr. R. Donald	*8081 Grand Blvd*	✓	
M. B. Mott	*24 Allegheny*		✓
D. A. Boone	*857 Hancock*		✓

主动联系的潜在客户数	非车主数	成功招募的客户数	获得的新潜在客户数	说明
10	*1*	*1*	*3*	

FX 1000 表格（版权所有），密歇根州底特律福特销售设备公司

《福特 T 型车专家手册》（1925 年）中的一页内容，示范销售员如何填写"潜在客户卡片"

资料来源：Fordex, *Model T Specialist* (Detroit, 1925), p.179, New York Public Library.

对于这些反面意见，手册里都做了详细回答，回答方式也有章可循。销售员首先要对潜在客户的反面意见表达认可，然后要想办法化解紧张情绪，接下来要把谈话引导到"正向反应"的提问上，让潜在客户表达同意。手册中列举的第一个例子是，当客户说"车价还会降，我想再等等"时，销售员可以先表达认可："×先生，的确是这样，福特公司的策略就是尽可能地为顾客提供低价产品。只是这款车什么时候降价，甚至是不是要降价，没有人能保证。说实话，我们的工厂也未必知道什么时候会降价，因为生产线都忙不过来，现在已经年产100万辆了。"然后销售员可以补充说："不过我得说，福特汽车的价格已经非常低了，即使再降价也没有太多空间了。"[96] 客户反面意见的处理是一个非常微妙的过程，尽管福特公司并不要求销售员记住所有的答案，但通过熟读手册中的这些场景事例，销售员可以掌握应对顾客抱怨的方法，并且不会显得太过强势。销售员有点像棒球里防守地面球的游击手，接住地面球并消化冲击力后，再把它投到一垒。

20世纪20年代，尽管福特公司的经销商网络已经遍布全球，但汽车销量开始停滞不前，这很大程度上是因为亨利·福特固执地认为，公司只管生产T型车就够了。而通用汽车在艾尔弗雷德·斯隆的领导下，此时已经开启了汽车销售的深远变革。通用汽车对销售的定义要比福特公司更广。销售不是在轿车生产出来之后才发生的事情，而是渗透到企业工作的方方面面——从最初的车型设计到最终的销售环节。此外，通用汽车还提供了不同颜色、款式和价格的产品。

和福特相比，斯隆对经销商网络健康状况的关心程度要高得多。20世纪20年代初期，斯隆拜访各地的经销商，这和帕特森在1893年的经济萧条时期，四处拜访国内代理商的做法一样。斯隆搭乘私人专列，一天拜访5~10家经销商。他向经销商寻求商业建议，了解他们的顾虑，征求他们对消费趋势和市场预期的看法。"我们的意图自然是要尽可能有效地渗透市场。既然最终的开拓工作是由我们的经销商来承担，我们就必须确保经销商的数量、销区规模和地理位置合理。"斯隆曾这样写道。[97]

斯隆给经销商提供的支持也比亨利·福特要多，在分期付款的安排上尤其明显。他于 1919 年成立了通用汽车金融公司（GMAC），使得经销商和消费者可以通过分期付款购买汽车。与之相反，福特直到 1928 年才组建这样的融资机构。GMAC 极大地激发了顾客采购汽车的欲望，在此之前，他们的贷款途径只限于银行或融资机构。[98]

通用汽车在统计数据的收集上也比福特公司做得多，收集的数据包括人口分布、收入、每个经销商的业绩表现。总部的库存委员会定期收集来自事业部经销商的销售预估，这些预估又会成为各事业部财务规划的依据。采购和生产排期离不开这些预估。经销商在信息提供方面也扮演着重要角色。他们会向公司报告售出的轿车数量、新订单数量、累计订单数量、新车客户数和二手车客户数。这些实际数据再和之前的预估进行比较，以确定预估高了还是低了。如果预估过高，生产计划就要下调。从 1923 年开始，斯隆要求经销商每隔 10 天就提交一次销售预估，他还从新车登记机构 R. L. 波尔克公司那里采购新车注册数据，以评估通用汽车各事业部的市场份额及动态。[99]

此外，通用汽车从 20 世纪 20 年代就开始对消费者进行调查。通用汽车的客户研究专家亨利（巴克）·韦弗把调查结果汇编成信息数据，内容包括顾客常读的杂志清单、车主持有轿车的时长、车主的品牌忠诚度以及他们对通用汽车经销商的看法。[100]

斯隆比福特更能洞察到市场的变化。1924 年，市场上新车销售（当年的总销量约为 360 万辆）的增长趋于平稳。当时，大多数想买车的美国人都已经买了，所以市场出现了饱和。[101] 尤其令经销商头疼的是，二手车市场开始出现快速增长，这迫使销售员必须对二手车的估值，包括维修和转售费用做现场判断。这也成为 20 世纪初汽车产业的一个主要问题。事实上在 1916 年，戈登写过一篇题为《汽车行业的二手车问题》的文章，该文获得了哈佛商学院当年的最佳论文奖，获奖的原因之一就是他把这个问题及时提出来了。[102] 到了 1927 年，二手车的交易量已经超过了新车。[103]

面对这种情况，福特汽车和通用汽车采取了不同的策略。在 20 世纪 20 年代中期，福特汽车坚持采用经销商从二手车的销售中提取利润（20%）

的做法，每家经销商还必须提供二手车处理的相关记录。而通用汽车则持相反观点，它认为经销商最好能把精力集中到新车销售上，毕竟二手车"处理"起来利润较低，甚至可能让经销商得不偿失。但通用汽车鼓励经销商与二手车的购买者保持联系，以寻求未来的商业机会。[104]

更重要的是，通用汽车在 20 世纪 20 年代引入了年度车型的概念，进而刺激了新车的销售。每年通用汽车都会围绕新车型庆典，举办销售推广、揭幕仪式和销售展会，展会上有奢华的鱼子酱、香槟和铜管演奏。与此同时，斯隆还告诉经销商，要想办法让车主更换更昂贵的车型，鼓励他们买第二辆车。通用汽车还给新车打上"为她打造"这样的标语，以吸引家庭主妇的关注。这些营销举措使得通用汽车在 20 年代末的时候一举超越福特。1931 年，通用汽车的市场份额达到 41.3%，而福特汽车的市场份额为 24.9%。[105]

通用汽车的雪佛兰汽车对福特汽车的挑战尤其大。诺瓦尔·霍金斯离开福特公司后，在通用汽车找到了用武之地。对此《打印机墨水》杂志写道，汽车商人们都想看看"霍金斯先生将会如何对自己的旧主子福特先生发起全面进攻"。[106]事实上，霍金斯在通用汽车的工作经历很短暂，而且他只在通用汽车的行政委员会里任职，参与过销售和广告策略的讨论。雪佛兰汽车的业务增长很大程度上要归功于理查德·H.格兰特。他对福特公司直接发起了挑战，并最终建成了全球最大的汽车经销商网络。[107]格兰特给经销商的折扣力度比福特公司大。1925 年，雪佛兰给经销商的折扣提高到了 24%，而福特汽车给经销商的折扣是 17.5%。[108]雪佛兰的经销商数量在 1925 年达到了 6 700 家，到了 1929 年为 10 600 家。[109]

格兰特通过建立销售组织来对经销商进行培训和监管，这和霍金斯在福特公司的做法是一样的。他还给经销商编写了手册，指导经销商如何销售。不同之处在于，在雪佛兰汽车 1926 年的培训手册《销售常识：雪佛兰零售业务手册》里，配有图画、表格和卡通图案，从而让销售流程一目了然。手册中包含了销售的七点方案，涉及公司的各个层级，包括销售员、经销商、区域经理和公司自身。

这本手册对雪佛兰汽车销售员的理想画像进行了描述：一位眼神中充满了渴望的男士，穿着一件双排扣夹克，头上戴着一顶帽子。他的上排夹克口袋里装有一支铅笔，腋下夹着一份名为《驾驶雪佛兰》的展示手册；在他的下排夹克口袋里，整洁地摆放着订货单、潜在客户七点拜访卡、便笺和名片。在他的另一个下排夹克口袋里，则装有销售记录本和年利率为6%的购车凭证样本。[110]

所有装备的设计，都是为了让销售员便于携带

雪佛兰的销售手册《销售常识：雪佛兰零售业务手册》(1926 年) 鼓励经销商采取科学的销售方法，包括携带《驾驶雪佛兰》的展示手册 (里面包含不同款雪佛兰车型和配置的图片)、订货单、铅笔、便笺和年利率为 6% 的购车凭证样本。持有该凭证的顾客可以为购买下一辆雪佛兰轿车提前储蓄

资料来源：*Selling Chevrolets* (1926), p. 31. GM Media Archives, General Motors Corp., used with permission.

格兰特的手册尤其注重如何针对女性客户进行销售，不过他并没有因此雇用女性销售员。当女性看上了一款轿车，但是又因为没有询问丈夫的意见而感到犹豫不决时，手册建议销售员应该主动给这些女性提供有关轿车机械性能的信息，以减少她们的顾虑。

> 销售员："每位女士在购买汽车这么重要的物件时，免不了都想跟丈夫商量一下。或许他比您更喜欢这款车呢！尤其是它的机械性能……您看这干式盘形离合器，换挡多容易；轿车启动的时候多稳当，完全封闭并且没有内部调节的装置……您丈夫肯定会喜欢这种单位传动装置，操控起来很顺手……告诉您丈夫，雪佛兰这款车用的是班卓式后桥，他肯定会对您的选择感到满意。您现在签下这份合同，明天我给您提车的时候，会亲自向他介绍这款车的功能。"[111]

雪佛兰的销售员和其他耐用品销售员的角色一样：他们需要向客户介绍产品、处理客户的反对意见、做产品展示以及处理分期付款。他们的工作就是影响顾客，让顾客选择雪佛兰而不是其他车，比如福特。这中间销售员的作用至关重要，因为他们能告诉顾客，那些看似差不多的产品究竟有哪些差异被忽略了。这一点很重要，因为一旦顾客选定了一个品牌，可能就会长期追随它。经济学家把这种趋势叫作"路径依赖"，营销专家则称为"品牌忠诚度"，它反映出20世纪的厂商在消费品市场上的竞争方式。

雪佛兰销售员的目标就是建立客户忠诚度。这一点在手册里写得很明白——比如，当（或者假定）顾客完成分期付款后，销售员接下来要与顾客互动以建立忠诚度。当客户结清所有款项后，销售员要到客户的家中拜访，把作废的合同返还给客户。

> 销售员："我来把GMAC的合同还给您。您几天前已经把车款都付清了，现在这份合同也作废了，交给您吧。"（然后把作废合同递到客户手里。）
> 潜在客户："嗯，我很高兴把车款都付清了，从现在起，我每个月再也不用付款了。"

销售员：“现在我们的汽车又增加了好多新功能，此外还做了一些技术改进，您要不要考虑再买一辆新车呢？”

潜在客户：“我暂时不考虑买新车了，我刚把这辆车的贷款还清了。”

销售员：“您试驾过我们的新款雪佛兰吗？”

在上述对话中，雪佛兰的销售员其实是想让"潜在客户先生"购买年利率为 6% 的购车凭证，该凭证可用来预付下一辆通用汽车的车款。这样一来，顾客在结清第一辆车的分期付款后，可以继续支付与分期付款金额相同的款项作为预付，每年还能赚取年利率 6% 的回报。这些预付款都会计入下一款通用车型的费用中。

20 世纪 20 年代通用汽车的销售策略表明，消费品的销售已经变得更为精妙与复杂：要针对不同品位、不同收入的消费者提供一系列的产品，要调研消费者的偏好，要借助细致的预测来协调生产与销售，还要推动分期付款的购买举措。

在这段时期，由于市场行情一片看涨，因此人们对销售术的兴趣不断增加（在汽车企业、上门推销的企业等诸多公司中均有反映）。但是当股市崩盘、经济萧条的时候，又会发生什么呢？大厂商要调整销售策略吗？销售员在经济大萧条时期，还能一如既往地保持乐观吗？

第 九 章
Birth of a Salesman

销售推销术

公共关系和大萧条

"现在我们有了一部巨大的商业机器，可以满足人们的需求。"这是查尔斯·W.米尔斯在《销售新纪元》（1929 年）里的一句话，描述的是美国工商企业当时的整体情况。他提到自 19 世纪末、20 世纪初以来，美国的工商企业形成了一个巨大、相互连接的组织结构，把数以千计来自不同行业的从业者聚集到了一起：制造商、包装设计师、百货商店企业主、广告文案设计者、铁路工程师、卡车司机，产品得以从工厂车间走向最终消费者。现代销售员则是这一新型商业机器中的关键一环。销售员不仅是制造商的"先遣部队"，同时也是"商业繁荣大使"，是"为人们享受生活指明方向的顾问"。[1]

米尔斯等作家都指出，过去几十年里美国经济的性质发生了变化，它已经从一个物质相对稀缺的社会走向了物质繁荣。似乎人类第一次可以通过工业化，创造出足够多的财富和商品，满足每个人的需求。经济学家西蒙·派顿在他 1922 年去世前出版的几本书里都谈到，美国人需要摒弃节省和拒绝消费的习惯，要学会花钱并享受休闲之乐。[2]

统计数据描绘了美国生产和流通能力的增长轨迹。1929 年股市崩盘以前，美国的零售商店种类繁多，大大小小有 150 万家：其中 2 000 多家零售店的年销售额超过 100 万美元；还有大约 3/4 的零售店营业规模较小，年销售额不足 3 万美元。美国人花钱的方式有很多种。全美零售商店的销售总额约为 490 亿美元。连锁商店组织有 7 061 家，它们总共经营 159 638 家店铺，销售总额为 110 亿美元。这一时期的商品目录销售总额为 5.15 亿美元，还有 1 661 家上门推销的公司，年销售额约为 1 亿美元——不过我们几乎可以肯定，这一数据被低估了。[3]

自从 19 世纪 70 年代，五金商贩桑德斯·诺维尔和他的团队开启旅行销售之路以来，从事分销的人数有了巨大增长。1930 年，从事"商品交易"的人数大约为 600 万，其中包括零售店主、拍卖人员、报童、批发商和销售员。当时美国记录在案的有 223 700 名旅行推销员、286 200 名保险代理商和经理、63 800 名行商和 1 988 300 名销售员——其中大部分人是柜台销售员。此外还有 49 000 名广告代理商——他们负责撰写文案或设计广告方案。把这些数字加在一起，分销领域的从业人数增长速度相对生产领域要快得多：如果说 1870 年制造从业者有 100 人，到了 1930 年这一数字就变成了 271 人（约为原来的 3 倍），而分销从业者的增长速度要快得多，如果说 1870 年的时候有 100 人，到了 1930 年就达到了 877 人（约为原来的 9 倍）。[4]

1930 年，尽管在销售相关的工作领域里，女性的占比相较于其他职业更高，但分销从业者的主体仍是男性。在"代理商"类别中（包括房地产经纪人和保险代理人），女性的占比不到 10%；在"旅行推销员"和"小商小贩"类别中，女性的占比不到 5%。零售行业的女性占比最高，她们在百货公司和其他店铺的占比达到了 27%。[5]

商业作家拉尔夫·布索迪将 20 世纪 20 年代末期称为"分销时代"，他指出，许多大企业实施了"推销方法变革"，变化之大令人瞠目结舌。"在麦金莱之前的时代，推销术意味着乐观开朗、无忧无虑；现在则被围绕潜在购买者的心理进行科学分析的方法所替代。"[6]

销售员把半成品卖给行业，把办公和机械设备卖给企业，把真空吸尘器、刷子、化妆品和电器直接卖给消费者。他们推广展示，发放免费样品，说明自己的产品线与竞争者的区别。推销员要努力达成销售指标，耐着性子参加培训会议，聆听励志演讲，还要在大会上唱公司歌曲。[7]富勒公司的歌曲是这样的："昨天在销售 / 前天在销售 / 今天还要从零开始销售 / 因为当我销售时 / 感到无比快乐 / 因为我是富勒家族的一员。"[8]

销售经理在总部或分公司工作，他们的任务是绘制销区地图、查看财富和人口统计数据、预估销售前景。他们还要负责调整薪酬方案，目的是控制成本的同时给予销售员适当激励。他们还要把销售数据等信息分享给从事生产的同事。

大萧条

诚然，美国当时的商业规模和影响力，用米尔斯所说的"巨大的商业机器"来描述并不为过，只是随着 1929 年 10 月股票市场的崩盘，20 世纪 30 年代初的美国经济很快就不再像一台平稳运转的机器了。经济信心并没有因股市的崩盘而一夜之间丧失殆尽，甚至在头几个月里，经济还短暂上扬，似乎预示着市场在复苏。但是到了 1933 年，国民生产总值与 1929 年的高峰期相比下降了 31%，失业率达到了惊人的 25%。[9]

各地企业的销售额也下滑了。危机迫近的信号之一发生在 1929 年 10 月初，艾尔弗雷德·斯隆称，通用汽车公司的销售额下降了，并宣布"停止扩张"时期的到来。[10]各行各业受到的影响不尽相同。工业产品制造商经受的挑战比消费品制造商的严重。在经济大萧条的头四年里，消费量下降了 20%，投资则猛跌了将近 90%。人们纷纷推迟购买房子或轿车，但仍会把钱花在食品和娱乐上，去看看《鸭羹》(1933 年)、《叛舰喋血记》(1935

年）和《摩登时代》（1936 年）等电影。[11]

对于通用汽车等大型制造企业的管理者来说，20 世纪 30 年代不仅带来了销售额暴跌的梦魇，还有社会对大企业新一轮的批评和质疑。著名作家弗雷德里克·刘易斯·艾伦曾表示，"大萧条严重降低了商人的信誉，其中尤以银行家和经纪人为最"，但"即便你是企业管理者，你在公众心目中的形象也一落千丈，需要很长时间才能恢复；哪怕你有良知、有公德，也会和那些掠食成性的商人一样遭受白眼"。[12]

在 20 世纪 20 年代的小说里，销售员曾被嘲讽为巴比特，如今关于销售员负面形象的描述又卷土重来了。对于大萧条时期的公众而言，销售员似乎不是经济运转的发电机，而是臃肿的分销系统中的零部件。小说里的销售员形象往往是脆弱、悲情的人物。在桑顿·怀尔德的作品《天堂是我的目的地》（1934 年）里，图书销售员乔治·布拉什是一名受挫者，他的自我改善计划一次又一次的流产。正如他的一位同伴所说，他生活在"朦胧、虚幻、麻木的梦中"。[13]尤多拉·韦尔蒂的小说《旅行推销员之死》（1941年）引发了很多主题创作，阿瑟·米勒后来写过相似名称的戏剧。韦尔蒂的小说讲述了一位年迈的鞋子销售员，误打误撞地把车开到一个陌生的乡村峡谷。由于迷了路并且头脑一片混乱，他向一对农场夫妇请求留宿过夜。第二天早上，他在取车的路上突发心脏病。弥留之际他想到的仍是那句挂在嘴边，虽然平凡但是难忘的商务承诺——想尽办法做好鞋子。[14]事实上，这句销售口头禅融入了这位销售员的个性，占据了他工作内外的时间，并导致他在面对那些复杂的、没有口头禅答案的生活时束手无策。

和这些小说相比，有份报告对销售员商业形象的打击更为沉重，它是由一家名为"20 世纪基金会"的进步组织发布的。这份报告名为《分销成本过高了吗？》（1939 年），内容围绕销售和广告成本的剖析展开，并在标题里提出了当时的中心话题。人们对分销造成的浪费早在数十年前就有抱怨。斯图尔特·蔡斯是该报告的作者之一，他是一名受过专业训练的会计师，同时也是制度经济学鼻祖托斯丹·凡勃伦的追随者，自 20 世纪 20 年代以来，他曾发表过多篇文章，里面揭示了那些销售和广告战役是如何欺骗和误导消费者的。

经济大萧条也让社会对分销的担忧浮出水面。在《分销成本过高了吗?》这份报告中,蔡斯等作者认为,竞争性销售和广告战役本身就是浪费。报告通过翔实的统计数据,揭示出销售、广告、包装和运输成本在逐年上升。这些分析和 19 世纪的促销和销售著作不同。像哈林顿·贝茨的《大揭秘:游商的把戏和欺骗公众的广告》(1879 年)抨击的是个体商贩,称他们是从劳动者的口袋里偷钱。而《分销成本过高了吗?》的作者们并非主张缩衣节食,而是想捍卫消费者的权益。他们并非批判一切形式的促销,有时运用广告和销售来宣讲新产品还是必要的。但报告的作者认为,"并非所有的昂贵广告和推广都能以'有必要对消费者进行教育'作为借口,很多标准化的商品无须教育消费者,比如香烟、牙膏、罐头、汽油"。[15] 所以说,销售员和广告理应对消费者进行知会,但如果把销售员和广告当作说服消费者的工具(这也是多数销售说辞和销售策略的核心),那根本就是浪费。报告认为,消费者获得准确的信息就行了,市场会有效运作,消费者也能做出正确的选择。

虽然《分销成本过高了吗?》的作者们认为,销售和广告中采用的说服、吸引对经济效率产生了不利影响,但这份报告揭示出经济思想的一个重要新趋势:高水平的消费对经济的健康至关重要,并且事实上,确保社会繁荣的关键路径是消费水平的提升,而非生产活动的增加。传统经济学家认为,大萧条是由生产活动的减少导致的。从 20 世纪 30 年代以来,越来越多的人开始看到,造成经济困难的原因不是生产投入的减少,而是因为消费不足。经济恢复的关键是激发购买力:如果人们有更多的钱可以花,那么商店就能清除库存,工厂也就能生产出更多产品。这种经济思想的转变堪称重大。尽管人们此前也认为消费很重要,但把它视为比生产更重要的经济复苏因素,还是头一次。[16]

人们之所以对消费更加重视,部分原因在于此时的经济增速放缓了,而 20 世纪 20 年代的时候,国民收入的大幅提高促使消费者的购买力大大增加。这也反映了约翰·梅纳德·凯恩斯的影响力。凯恩斯的著作在大萧条后期得到了广泛关注，他认为经济正在遭受消费不足之痛。凯恩斯在《就业、利息和货币通论》（1936 年）一书中提出，人们不会为了确保经济繁荣而主动购买足够多的商品。[17]凯恩斯认识，在经济衰退时期，政府应该通过财政手段来刺激消费。尽管凯恩斯认识到了刺激消费的必要性，但他并未预见到，私营企业具有增加消费进而帮助经济摆脱困境的能力。[18]以凯恩斯为代表的经济学主张最终得到了罗斯福及其支持者的认可，在 20 世纪 30 年代末和 40 年代初，他们普遍认为，私营企业的推动作用有限，政府有必要通过干预手段来刺激消费、提振信心和促进经济活动的增长。这一思想在当时以及之后的数十年都成为主流。

在 20 世纪 30 年代的大萧条时期，推销术站在了一个十字路口。销售驱动型公司所处的环境发生了巨大改变：公众不再相信和信任大企业的领导力。经济学家和政策制定者们认识到消费对经济健康的重要性；但他们不认为私营经济能重振社会的总体需求。他们也不承认说服在经济活动中的重要作用，或者说即便有作用，也不过是一种有害的浪费：在他们眼中，推销术不过是经济活动中的一种"跟风"或者"噪声"。而经济、文化和知识的发展使得一些商业作家和企业管理者开始以新的方式思考销售。他们希望解决的问题不只是"如何"销售，还有"为什么"要销售。也就是说，他们不仅关注管理和战略，还想对销售的社会角色和经济角色进行证明和诠释。经济大萧条迫使企业管理者们要"销售"推销术了。

销售的拉力

商界领袖和财经作家对如何应对大萧条的意见不一。许多人，或许是大多数人，认为这一问题源于制造商对商业前景感到不确定，进而减少了投资。其他人则对工商企业提出了批评，认为他们在刺激需求上显得缺乏创造性且信心不足。拉塞尔·林奇和罗伊·约翰逊是《现代销售之父约翰·帕特森的销售策略》（1932 年）的作者，他们借助帕特森的生平事迹指出，销售是抵御经济衰退的潜在武器。企业要想在艰难时世中生存下来，就需要借鉴帕特森的经验：当销量萎缩的时候，帕特森四处奔波，拜访代理商，精心组织销售大会。他们相信，"如果各位商业人士，尤其是销售员，能从帕特森先生的成功经历中领会他的销售策略，就能渡过当下的难关。帕特森先生本人就成功度过了 1893 年、1907 年和 1921 年三次经济危机"。[19]

诺瓦尔·霍金斯于 1923 年从通用汽车离职后，成为一名讲师，主讲推销术和商业效率。他也认为企业有必要让销售重新焕发活力。1931 年 5 月，他在俄亥俄州的美国销售管理者协会举办的会议上发表演讲，提出了振兴国家的 12 步方案。"步骤"的要点是：每家企业必须降低生产成本，研究分销方法，把更多精力花在销售职能上，包括销售员的选拔和薪酬计划的改善。振兴的关键在于提升个人的主观能动性和销售的想象力："美国之所以购买力强、生活奢侈、花钱大手大脚（能够成为积极活跃、欣欣向荣的消费大国），关键在于想象力。"[20] 不过霍金斯本人和许多商业管理者一样，由于股市的崩盘遭受了巨大损失，没能活着看到自己的计划实现。1936 年，破产后的他去世了。[21]

戴尔·卡耐基在 1937 年写过一本书，叫作《人性的弱点》，书中表达了他对于推销术的审慎信心。这本书吸引了众多希望通过掌握推销术来渡过大萧条难关的读者，也是历史上最畅销的图书之一。卡耐基先后在帕卡德汽车和阿穆尔公司做过销售员，他遵循 20 世纪 20 年代销售畅销书的做法，讲述了许多美国伟人的励志故事。比如本杰明·富兰克林如何从贫困中崛起；西奥多·罗斯福原本是一个弱不禁风的孩子；威廉·詹姆斯如何通过"意志"摆脱了情感上的抑郁。卡耐基列举了赢得影响力的 12 个步骤，其实也是销售步骤。卡耐基告诉读者，要避免争论，要让对方说"是"，还要把自己的想法戏剧化地表现出来。卡耐基在给一线的代理商传授经验时这样写道，"今天数以千计的销售员感到疲惫、沮丧、挣不到钱，为什么？因为他们想的都是自己要什么……销售员首先要能激发对方热切的愿望。谁能做到这一点，谁就拥有了整个世界。谁如果做不到这一点，注定就要走一段孤独的旅程"。[22] 卡耐基的书向人们指出，人的"自我价值"和"产品价值"一样，都是由市场决定的。而个体（包括客户、销售员、经理人）之间，则是以不断变化、精心计算的策略为纽带。[23]

在 20 世纪 30 年代，要说谁对推销术的辩护最为深刻，恐怕还得提一下查尔斯·贝内特和他的《科学销售术》（1933 年）。贝内特的这本书源自他研究销售历史的一篇博士论文。20 世纪 20 年代末贝内特开始动笔写这本书，1933 年由美国效率局出版发行。贝内特的销售故事从英国《大宪章》开始讲起，因为他认为，"《大宪章》给了商人自由贸易的特权，从此商人们可以四处走动，不用再受行会制度不公正的惩戒与束缚"。而当时碎石路的建设也促进了旅游业的繁荣，并推动了临街店铺和中世纪背包销售员（他们背着包到邻近的城镇里兜售，包里面装的是手工艺商人的样品）的蓬勃发展。接着贝内特又讲述了小商贩的兴起，他们卖的是大头针、缝衣针、图书、梳子、小五金、棉制品、饰带。然后是零售销售员的兴起、专用产品销售员的兴起，最后才是向经理人汇报工作的"职业销售员"的兴起。[24]

贝内特希望改变公众对销售职业的看法。他认为销售员的角色被人轻视了："人们对销售员具体做什么工作，以及他们在交易过程中承担怎样的职能都缺乏理解，这就导致一些营销作家对销售价值的认识模糊不清。"贝内特认为，尽管多数人都认为销售行业低俗且无效，但事实上，销售员能在顾客的心智中创造商品的"主观价值"。他们之所以能做到这一点，不仅在于要向顾客介绍产品的用途，还要激发出顾客的购买"热情"，贝内特把这种"热情"称为"增值的经济力量"。贝内特在书中写道，"销售的科学在于拓展物品的含义，从而在正当的商业交易中创造出效用"。[25] 好销售能够改变顾客的消费体验，提升他们对产品的认可度，进而刺激顾客消费。贝内特呼吁企业完善销售培训，加强对消费者行为的研究，并把心理学应用于销售中。

贝内特认为，社会要想重振经济不能仅靠降低存款率（将社会总需求恢复到大萧条之前的水平），积极的销售举措能够拉动制造业的大生产，提高产业效率，进而提升经济的整体表现。他在书中的开头部分引用了经济学家罗杰·巴布森的一段话："尽管我们的国家已经失去了开拓的原动力，但我们可以用新的拉力来取代原有的推力，这就是销售的拉动力。"销售方法的改进不仅能提高某家公司的市场占有率，还能让整个产业的市场规模变大。[26]

贝内特的"拓展物品的含义"的销售理论并没有得到太多人的关注，他的长篇著作《科学销售术》似乎更像是科学销售运动的一座墓碑。从某种意义上来说，也的确如此。20 世纪 20 年代的时候，很多书会冠以"科学的"或者"科学"的名称，其中包括威尔逊·M.泰勒的《销售的科学方法：指导和雇用男士和女士》（1920 年），乔治·埃德温·罗宾逊的《科学销售教程》（1923 年）和赫伯特·格伦·肯内基的《销售员的选拔与培训：发展销售组织的科学方法》（1925 年）。而到了 20 世纪 30 年代，有关销售的新书的书名里很少再有"科学"的字样了。企业不再热衷于宣扬他们的销售方法是科学——是基于统计数据和顾客心理的应用。虽然他们乐于强调生产效率，但对于销售活动的有效性并不愿多说。

尽管销售的术语发生了变化，但在大萧条时期，销售经理并没有放弃"科学销售"——只是这个词较少提及了。系统化的销售管理方法已经成为现代企业的共识。这些方法在 20 世纪 30 年代有了进一步发展，因为经理人试图设计出有效的激励制度来抵御经济危机。他们调整了薪酬方案，提高了竞赛奖励。还有些人对销售队伍进行了重组。为了应对大萧条，有些销售经理对产品营销的政策进行了调整，平衡了广告与销售的投入，扩大了可供给的产品范围，调整了产品价格。这些举措是在现有管理工具上的战略校准，而非根本变革。

经理们对销售宣传语进行了修补，这表明他们坚信，要影响消费者就要有正确的方法做保障。一份调研显示，销售员增加了视觉工具的使用，包括图片、产品微缩模型和产品性能图示。[27] 更为重要的是，经理人摒弃了纯薪金制，转而采用完全提成的方式给销售员支付薪水，更常见的则是底薪加提成。[28] 根据达特内尔公司针对 100 家不同销售类型企业的调查，86% 的企业在经济大萧条时期采取了降薪，这其中有 77% 的企业给销售员的提成维持不变，有 17% 的企业给销售员增加了提成。这表明企业的管理者在试图降低固定成本的同时，也想推动销售员更努力地工作。[29] 有些经理调整了宣传推广的组合——把更多的资源投入到广告上，同时减少了销售队伍的支出；还有些经理的做法正好相反（尤其是办公机器行业），他们增加销售投入的同时，降低了广告支出。还有一些行业（比如汽车行业）的制造商，通过增加现有产品选项的方式来刺激销售，而罐头食品、预制食品的厂商则通过引入全新的产品来刺激销售。

有些行业的制造商通过增加广告投入的方式来提升品牌知名度，包括在全国的杂志或电台做广告。1930 年，美国全国广播公司（NBC）的广告收入为 2 000 万美元，第二年则达到 2 600 万美元。同一时期，哥伦比亚广播公司（CBS）的广告收入从 800 万美元增长到了 1 200 万美元。电台广告在推广过程中身先士卒，首次对产品价格进行了宣传报道。[30] 很多投放过杂志广告的企业也一改宣传风格，推出了很多夺人眼球的形象和文案。[31]

与此同时，企业仍聘请心理学家来协助选拔员工和洞察消费趋势。亨利·C.林克毕业于耶鲁大学，他曾在销售研究局师从沃尔特·迪尔·斯科特，也接受过温彻斯特公司、美国橡胶、金贝尔百货和罗德与泰勒的邀请，担任招聘心理学家。1931 年，他成为咨询机构美国心理公司的财务主管。林克发明了一个名为"心理晴雨表"的工具（俗称林克量表），这是一个半年一次的调查表，用于了解公众对产品、品牌和制造商的看法。林克收集信息的方式是向全国各地派遣访谈团队，拜访个体家庭。接下来，他对数据进行整理，然后把成果汇报给客户，包括通用汽车、杜邦、福特、通用电气、美国钢铁、美国铝业、伊士曼柯达、AT&T。[32] 林克认为，自己的量表可以为营销策略的有效性提供验证。他曾在《销售与广告的新心理学》（1932 年）一书中谈到，广告效果的提升能够刺激消费，终结经济大萧条。[33]

因实证调研而闻名的还有社会学家及心理学家保罗·拉扎斯菲尔德（1901—1976）。保罗先后在维也纳大学和哥伦比亚大学提出过有关消费动机和消费观点的分析方法，令人感到既惊讶又深刻。其中一份调研涉及苏黎世的大约 900 名购鞋者，对他们的购买体验进行访谈，包括询问在公众场合脱鞋的感受，以及如何吸引销售员的注意。[34] 这项研究成果对乔治·卡托纳（"密歇根大学消费者信心指数"的提出者，依托密歇根大学创办了一家大型市场研究机构）和 20 世纪后来的杰出咨询师都产生了重要影响。

总的来说，从 20 世纪 20 年代末到大萧条结束，销售和广告的产业投资模式一直没变。原材料和半成品制造商每销售 1 美元，推销和广告的费用相对低（占比不到 5%）。品牌生产商（比如食品、香烟和谷物）每销售 1 美元，推销和广告的费用中等偏上（占比 5%～20%）。办公机器和缝纫机制造商每销售 1 美元的推销费用最高（占比 25%～35%）。[35]

品牌制造商如何应对大萧条

那些面向零售店推销食品、洗涤剂等品牌商品的销售员围绕货架空间展开了争夺。他们敦促零售商展示自家的推广物料，比如闹钟或者印有品牌标识的宣传海报。以可口可乐为例，该公司在 20 世纪 30 年代加大了销售和营销力度。早在 20 世纪 20 年代中期，可口可乐公司就已在全美布好了分销网络。接下来，可口可乐希望提升单个客户的消费水平。20 世纪 30 年代初期，可口可乐在 16 万个户外广告牌和 500 万个汽水瓶上宣传过自己的品牌名；每年在超过 4 亿页的报刊上刊登广告。可口可乐还配发了其他一些物料，比如火柴盒、记事本、台历、铅笔、盘子、扇子、金属标牌。[36] 广告支出在 1930～1932 年期间曾达到 500 万美元，1933 年则削减到 440 万美元，等到 1939 年又增加到了 800 万美元。[37] 可口可乐的销售额一度从 1930 年的 4 130 万美元下降到 1933 年的 3 230 万美元，但此后开始逐年回升。到 20 世纪 30 年代末，可口可乐有 230 位"服务工"，服务对象是全美的 10 万台冷饮柜。服务工的职责不是上门签单，而是负责把宣传物料发放出去，同时告诉冷饮柜的操作员如何配制饮料。当服务工到访一家药店或冷饮店的时候，往往会买一瓶可乐，然后测一下温度，看是否超过 40 华氏度⊖。[38]

⊖ 约等于 4 摄氏度。——译者注

随着消费者收入的下降，市场对便宜、有营养的加工食品的需求增加了，特别是罐头食品，1931年到1940年期间的产量几乎翻番。举例来说，20世纪30年代，瓶装腌菜、盒装冰激凌、盒装早餐燕麦和人造黄油的产量都有所增加。消费者可以在新兴的"大型超市"里买到这些产品，超市的产品种类繁多、价格低廉；这类超市的数量也从1935年的300家，增长到1939年的1 200家。[39]对便宜、有营养的食品的市场需求帮助亨氏公司度过了大萧条的危机。霍华德·海因茨是创始人的儿子，他引入了盒装婴儿食品和速食营养汤等新产品。他还扩大了公司的销售队伍，通过削减生产成本的方式维持产品的低价。尽管销售额严重下降，但亨氏公司仍能盈利。[40]

NCR 和 IBM

那些把制成品卖给企业的销售员，比如办公机器的销售员，越来越注重如何让顾客对整套办公"系统"感兴趣，而不是销售某个单一独立的产品——这样就能摆脱一次性销售的局面。自20世纪30年代，在约翰·帕特森的儿子弗雷德里克·帕特森担任NCR公司总裁期间，爱德华·A.迪兹和斯坦利·阿林担任NCR的高管，领导着公司的发展。NCR向银行和其他金融机构销售大型过账机。这种机器有若干现金抽屉，可用于收取存款，并能在内部的大型账本和个人存折账户上记录利息盈余、提款信息等数据。[41]NCR还在20世纪30年代中期创办了一所新的销售培训学校。公司在1937年的年报中提到了培训需求："销售员向潜在客户展示公司的产品价值时，越来越需要彰显智慧了。这就要求我们的销售代表经过仔细甄选，接受过销售相关的知识技能培训，还能帮助客户基于自身的需求来选择和使用机器，无论这种需求是推销、记账，还是其他，或者是我们产品能够满足的多功能需求。"[42]NCR在约翰·帕特森去世三年后于1925年上市。此后，该公司的销售额由1929年的5 760万美元暴跌到1932年的1 650万美元。1933年，NCR公司推出了新的强化培训方案和"研究生"

课程。截至 30 年代末，公司的销售队伍超过了 3 000 人，1939 年的销售额也回升到 3 700 万美元。

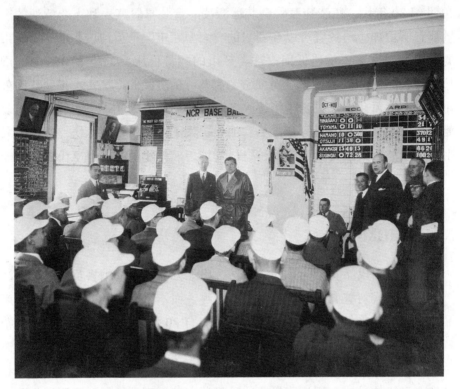

1934 年，纽约洋基队的贝比·鲁斯来到 NCR 的日本办公室鼓舞销售团队的斗志。所有的销售员都头戴棒球帽，墙上展示着 "NCR 棒球" 销售竞赛的结果

资料来源：NCR Archive, Montgomery County Historical Society, Dayton, Ohio.

拉塞尔·林奇和罗伊·约翰逊 1932 年为约翰·H. 帕特森写了一部传记，这也是此后若干年有关帕特森的最后一部作品了。就在他星光黯淡之际，另一颗新星冉冉升起。托马斯·约翰·沃森曾是 NCR 公司纽约州布法罗市的一名销售员，他用了 15 年的时间成为代顿总部的销售经理，辅佐帕特森。1912 年，沃森和帕特森以及公司其他高管一起，因《谢尔曼反托拉斯法》遭到了起诉，不过案件最终被驳回。[43] 尽管沃森在公司任职多年，但最终受到了帕特森的冷落。1914 年，他加入计算制表记录公司担任总经理；第二年他成为这家公司的总裁。该公司于 1924 年更名为国际商业机器公司（IBM）。IBM 当时销售多种机器设备，包括刻度尺和时钟。但它最出名的产品当属穿孔卡片制表系统，该系统可以对数据进行整理和计算，并且自 1890 年以来就用于美国人口统计的编制。

面对大萧条的严峻考验，沃森在 IBM 公司推行了公司历史上最严格的销售举措。对此，沃森的传记作家威廉·罗杰斯曾说，沃森觉得"没有什么过错……是更好的推销术和直截了当的思考不能弥补的"。[44] 当美国总统罗斯福通过了 1935 年的《社会保障法》和新政立法后，联邦政府对 IBM 产品的需求大增。因为政府有大量的数据都需要进行处理。在第二次世界大战期间，美国军方也开始依赖 IBM 的穿孔卡片机。IBM 销售计划中尤其重要的一点是，它的机器是以租赁的方式销售的，这就使得销售员拜访客户、每年续约租赁合同变得容易了。IBM 的销售收入也从 1939 年的 4 000 万美元增长到了 1945 年的 1.38 亿美元。沃森的儿子小托马斯·沃森于 1940 年加入了 IBM 公司的销售团队，这也彰显出老沃森对销售的重视。[45]

在 IBM，沃森打造了与 NCR 相似的公司氛围。他效仿帕特森的做法，教导员工要衣装整洁，喊出的口号要激励人心；他还为员工组织训练课、讲座和娱乐活动。IBM 在纽约州恩迪科特的工厂有 4 000 名员工，公司要求所有人都要身穿白衬衫、注重仪表。员工每年只需花 1 美元就能成为公司乡村俱乐部的会员。销售员的"百分俱乐部"则要通过竞争的方式加入。"百分俱乐部"的成员可以在公司大会上，集体向沃森唱一曲"你是我们的好领袖"。在一次销售宴会上，沃森给大家分发小卡片，称"我们要想做到最好就必须拥有 5C"，即观念、一致性、合作、勇气和信心。[46] 1930 年的《华尔街日报》报道称，在 IBM 公司的 1 200 名销售员中，有 400 人参加了"百分俱乐部"在纽约人酒店的庆典，托马斯·约翰·沃森是会议的主讲人。[47]

作家托马斯·沃尔夫曾在小说《你不能再回家了》（1934 年）中，描述了沃森这类进取心十足的老板形象：主人公联邦称重计算公司的保罗·S. 阿普尔顿三世站在销售团队面前，他的身后是一幅巨大的美国地图。保罗

挥舞着双臂说道："这就是你们的市场！快去！把产品卖给他们吧！"沃尔夫写道：[48]

> 还有什么能比这更加简单和美妙呢？还有什么能比这更加彰显想象（现代企业的编年史中称之为"愿景"）的巨大威力呢？纵观人类历史的每个纪元，都有伟大的领导者说出既充满遐想又简单明了的字眼。拿破仑在征服埃及时曾对他的军队说："士兵们，那边就是金字塔之巅了，40个世纪的传奇正在俯瞰着你们。"佩里船长⊖说的是："我们遇到敌人了，他们归我们了。"杜威在马尼拉湾⊜说的是："格利德里，你准备好了就可以开火。"格兰特将军在史波特斯凡尼亚郡府之役⊜说的是："我准备斗争到底，哪怕付出整个夏天。"

身着蓝色西服、遍访全球各地的IBM销售员，于是成为美式销售的化身。

但除了十足的进取心，沃森还有自己的销售理念。他总爱说"一切始于销售"。一位IBM的高管曾回忆："我早上9:00去公司时，都能听到'不断前进'的歌声在恩迪科特的山谷里回荡。新来的销售员都要唱这首歌，而他们的声音如此嘹亮，以至于工厂里的人都能听得到。我仍然记得那种氛围有多么鼓舞人心。"[49]IBM的销售团队赢得了客户的极大信任，很多销售员后来也成为公司的高管，而"顾客为上"的原则也一直奉行下来。

推销的艰难时世

大萧条对上门推销的企业产生了复杂影响。20世纪30年代初，上门

⊖ 美国著名海军将领，因率领黑船打开锁国时期的日本国门而闻名于世。——译者注
⊜ 马尼拉湾战役发生在1898年5月1日美西战争期间，是美西战争的第一次重大交战。——译者注
⊜ 又名史波特斯凡尼亚之役，爆发于1864年5月8日至21日，是格兰特将军上任东部战场的总司令后发动的陆路战场的第二场战役，参与的兵士达150 000人，死伤者约30 000人。——译者注

推销的业务员面临着诸多挑战。因为"潜在客户"口袋里的钱变少了，而各地商店的老板对于直销员侵蚀自己地盘的行为越发厌恶，情形堪比 19 世纪 80 年代对鼎盛时期的书商的抵制。1932 年，怀俄明州通过了旨在保护当地零售商的"绿河法案"，禁止销售员未经业主允许就私自上门推销。该法令和其他地区的类似条款使得"巡回"销售员和"固定"销售员之间的争斗继续。一些公司，比如大英百科全书公司，应对的办法是，让销售员只拜访那些看到杂志广告后，要求获取更多免费信息的读者。令直销企业头疼的还有罗斯福的新政法案，它要求企业主必须给销售员支付最低工资。但面对离职率高、一些员工兼职工作以及销售员之间业绩差异大的现状，最低工资标准的实施让企业主感到负担沉重。1935 年，直销公司将销售代理商重新定义为"独立签约人"（这样他们就成了自主经营者），以规避最低工资的法案要求。[50]

但总的来说，上门推销企业的销量在 20 世纪 30 年代基本翻了一倍。[51] 其中一个原因是，那些年招募销售员变得容易了。对许多找不到其他事情做的工人来说，销售和务农一样，都是一份备选的工作。[52] 一份当代的研究报告这样写道："当工人们由于诸多原因（比如不能胜任岗位要求、年纪偏大、被机器替代）被迫从高度工业化的组织离开后，往往会从事挨户的推销工作，或者去运营一个路边摊、加油站；境遇更差的会去分发广告传单，或者身上挂着广告牌四处游走。"[53] 这一观察也适用于在艰难时世中，致力于从事直销工作的人们。

这一时期的电冰箱、洗衣机、真空吸尘器在厂商和电气设备公司的大力推广下，销量相对较好。[54] 截至 20 世纪 30 年代末，56% 的美国家庭都有了电冰箱。收音机的销量也大幅增长，截至 1940 年，80% 的美国家庭都拥有了收音机。[55]

加州香芬公司（CPC）的销售团队大多由兼职人员构成，组织结构灵活，该公司在经济危机期间表现尚好。1930 年，创始人的儿子小麦可尼从普林斯顿大学毕业后，成为该公司的副总裁。大萧条期间公司每年的员工流动率惊人（400%），但招募销售人才的机会也更多。整个 20 世纪 30 年代，该公司的销售额与利润实现了双增长。CPC 采取多项措施应对经济危机。它开设了永久性的区域销售代表处，1937 年达到 11 家，次年又新开设了 23 家。许多代表处都分布在密西西比河以西的小城市（对于加州香芬公司来说，那些没有大型百货公司和新品展示商场的城镇，市场机会更大）。新代表处的设立促进了从公司到分销商的信息流动，使得公司能够为女销售员提供更好的建议与指导。而 CPC 直销网络非正规的性质也彰显出了优势。大多数女销售员仍是兼职，并用挣来的钱补贴家用。1929 年，CPC 的销售额是 250 万美元，到 1936 年增长至 360 万美元。1939 年，该公司正式更名为雅芳公司。[56]

和雅芳公司相比，富勒刷具的处境可谓艰难：公司的年销售额从 1927 年的 1 380 万美元下降到了 1933 年的 480 万美元。[57]直销行业带来的竞争压力与日俱增，那些想多挣些钱维持家用的全职销售员感到气馁、纷纷离职。公司年报当时是这样记录的："尽管社会上有许多人失业，但过去两年来，我们的销售团队发展得并不顺利。因为在当前的经济情况下，我们需要更优秀的推销术，销售员必须付出更多的努力才能获得可观的收入。"[58]1932 年 7 月，公司短暂尝试了通过区域性零售门店分销产品，来作为直销业务的补充。[59]

直到 20 世纪 30 年代中期，艾尔弗雷德·富勒通过调整销售员的薪酬方案，才扭转了经营的颓势。他当时的做法可谓别出心裁：将销售员的提成比例从 40% 大幅降低到 25%～30%（具体比例根据产品而定），与此同时，他将产品的定价下调了 25%～33%；这样一来，随着产品销量的扩大，销售员的收入也会增加。[60]

富勒刷具还改变了公司的销售理念，逐渐摒弃了阿尔伯特·蒂塞尔提出的"棒极了"的压力销售法。当时公司有一位来自旧金山的区域经理叫 C.A. 彼得森，他认为公司应该采用薄利多销的政策。他告诉经销商，针对每个家庭的销售时长不应超过 10 分钟。"客户拜访要简单直接，每笔交易 3 美元即可，这要远比压力销售法挣得多。"他认为，那些"棒极了俱乐部"的销售员在"避免顾客说'不'的做法上"浪费了大把时间。[61]在 20 世纪

30年代中期，富勒公司要求销售员每天做20次产品展示，每次展示平均应带来1.25美元的销售额。销售员要按照如下日程来安排工作：

上午6～7点：刮胡子，学习。

上午7～8点：早餐，赴约会面。

上午8～12点：销售。送出10把便利刷子。

中午12点到下午1点：午餐。

下午1～5点：销售。送出10把便利刷子。

下午5～6点：递名片，约定第二天的会面。

晚上6～7点：晚餐。

晚上7～10点：打电话，娱乐，收拾样品，学习。

富勒刷具公司还加大了报刊宣传力度，同时开设了一个每周半小时的富勒刷具的广播节目。[62]

在大萧条期间，有一种新的"直销模式"诞生了。1932年，富勒刷具的前副总裁弗兰克·贝弗里奇创办了一家名为史丹利家庭用品的竞品直销公司。他发现手下的一位销售精英邀请朋友到自己家里参加派对，在派对中销售公司的产品。于是贝弗里奇在公司创建了"派对销售计划"。这种方法如今已被直销公司广泛采纳。[63]

汽车销售员

在大萧条时期，尽管各家汽车厂商的表现千差万别，但就整体而言，汽车行业还是蒙受了巨大损失。全年轿车销量从1929年的460万辆暴跌至1933年的160万辆。消费者此时也不大愿意从事二手车交易，知道还能再开上几年；轿车的使用寿命延长了，部分原因是这一时期的汽车工艺、交通路况和轮胎质量都有所提升。[64]

汽车厂商不愿降价，而是尝试采用新方法来刺激销量。他们摒弃了低成本、基本款的造车理念，开发出了马力更大、更加舒适的新车型。这一时期的车型配有自动变速器、转向动力装置、收音机和加热器。[65]

1929～1933 年，通用汽车的年销量下降了 42%；福特汽车下降了66%。[66] 和其他行业的经历一样，大萧条让汽车从业者也认识到强大的营销和销售网络有多么重要。

1933 年，三大汽车公司（通用汽车、福特汽车和克莱斯勒）统治了汽车行业，三家公司的产量之和约为美国全年汽车产量的 90%。[67] 通用汽车的市场份额由 1929 年的 34% 增长到了 1932 年的 38%。1927 年到 1937 年期间，通用汽车每年都处于盈利状态，累计净利润接近 20 亿美元。而同一时期的福特汽车则累计亏损近 1 亿美元。[68] 1938 年，尽管福特汽车推出了新一代的 V-8 发动机，但由于缺少通用汽车那样的营销设计而没能取得成功。[69] 上一章提到过福特汽车早期的经销商威廉·杨，他在 1910 年取得福特的经销权，却于 1931 年被迫退出。他指责福特汽车的其他经销商抢走了自己的业务，因为彼此的销售区域靠得太近。[70]

对于通用汽车而言，公司的总体特质并没有因为大萧条的到来而改变，但公司上下还是采取了紧缩措施。艾尔弗雷德·斯隆对此曾经写道："我们实施了有计划、有步骤的全方位缩减，包括降薪。"[71] 通用汽车还修订了1921 年制定的多事业部政策，当时公司下设了 5 个品牌事业部：雪佛兰、庞蒂亚克、奥兹莫比尔、别克和凯迪拉克。1932 年 3 月，公司将别克、奥兹莫比尔和庞蒂亚克三家原本独立的经销网络整合到了一起，成立了一家新的销售公司 BOP[⊖]。这样一来，经销商就可以卖不止一种车型了。对此斯隆写道："从管理角度来说，通用汽车用一年半的时间将汽车事业部从五个缩减到了三个。"[72]

通用汽车仍然将最重要的销售决定掌控在生产端，而不是交给经销商，这一点与福特汽车和克莱斯勒的做法一样。总部的决策包括：汽车的款式、大致价格、服务条款、经销商的销售指标、经销商的销售区域、全国广告计划、经销商的数量。[73] 总部还会主导好莱坞式的大型车展和铜管演奏活

⊖ 三家公司英文首字母的缩写。——译者注

动，来推介每年的新车型。[74] 在 20 世纪 20 年代末——也就是经济危机爆发的前夕，斯隆看到通用汽车的雪佛兰事业部取得了巨大成功后，就将雪佛兰事业部的负责人理查德·H.格兰特提升为公司副总裁，掌管公司的销售。雪佛兰的销售员在入职时会接受为期 5 天的培训，由来自底特律的团队负责，培训内容包括雪佛兰的基本销售策略、励志演说、培训短片和其他激励人心的手段。[75]

公共关系中的"人文"科学

大萧条被美国知名作家埃德蒙·威尔逊形容为"美国地震"，销售员和商人的形象也随之受损，于是许多大型制造企业开始采用新的公关举措。而企业从"销售科学"中汲取的经验之一就是要避免"过于科学和系统化"，也就是说，不宜过于精打细算或唯机械论——应鼓励公司展现出"人性"的一面。

在大萧条时期，企业的公共关系变得越发复杂。具有讽刺意味的是，那些掌握了产品推销的大企业，现在必须要掌握推销自己的艺术了。企业开始维护自身形象，以求经营环境的改善。因此企业不仅要提高产品的名声（通过品牌广告和其他推广手段），按照一位历史学家的说法，还要打造"企业的灵魂"。这和小商贩克服农民的拒绝不是一回事，企业希望改变的是社会对商业的看法，告诉社会大众商业并非像他们想象的那样冷漠无情。[76]

公共关系并非新创意。帕特森、海因茨和其他 19 世纪末的企业家都曾宣扬过他们创建的企业福利制度。帕特森在代顿建成了一个面向公众开放的漂亮工厂，一本小册子曾形容这家工厂是"钢铁和玻璃的道场"。海因茨则在厂区里修建了创始人的童年故居、博物馆和公共花园。但 20 世纪 30 年代的公关活动影响面更广，因为它不仅要应对来自美国总统罗斯福及其新政支持者的批评，还要让员工和经理人对公司的善举感到宽心。1937 年的前九个月里，有 400 家公司推出了员工内刊，其中很多内容都是关乎员工、企业和社会的共同利益。[77]

这一时期的其他公关举措包括：福特汽车公司聘请报社记者威廉·卡梅隆定期出现在一档音乐电台节目中，围绕美国的个人主义做简评；富勒公司推广的是亲切的"富勒人"形象，在增加报刊广告投入的同时，还创办了一个每周半小时的广播节目；宝洁公司邀请上百位妇女一起烘焙、洗衣服，然后让她们给出反馈，该公司为了提升品牌知名度，还从1933年开始主办了"肥皂剧场"的电台节目。[78]

布鲁斯·巴顿曾帮助通用汽车公司起草了公共关系战略。他说，"企业对自己说，现代生活的舒适和满足大多是由我们创造的——但它并没有把这句话用一种能够让人理解的方式说给1.3亿受众。"艾尔弗雷德·斯隆也认为，企业忘了，公众需要随时了解系统的工作情况。[79]

20世纪30年代早期，通用汽车公司开办了一档名为"巡游美国"的电台节目，其中包含管弦乐演奏以及每星期对某个州的特写。公司还通过消费者调查来增加与公众的直接接触。通用汽车的客户研究员将调研问卷寄给全国各地的居民，邀请他们针对汽车的样式、价格和性能发表意见。问卷读来很轻松，文字中还有些看似不经意、实际上经过深思熟虑的小错误。渐渐地，问卷的公关价值超过了收集消费偏好的信息价值。[80]

第二次世界大战以后，公关活动成为大公司的经营日常。正如一位历史学家所说，各公司都希望向公众展示自己是负责任的"好邻居"，代表了美国公民的一部分。[81]与此同时，一些学者和商业作家也在为销售与广告做解读和辩护，试图让同僚和公众了解其经济和社会价值。

二战后销售员的救赎

在经济大萧条末期和第二次世界大战结束后的十年里，知识分子对广告和销售的批评达到了顶峰。社会学家赖特·米尔斯在1951年的著作《白领：美国的中产阶级》中抱怨，整个美国经济已经堕落为一个"销售展厅"，置身其中的市场研究员、人事经理、销售员盘算的是"如何让顾客上套"。[82]经济学家约翰·肯尼思·加尔布雷思在其代表作《富裕社会》（1958

年）中指出，美国经济源于一种非理性的战略。企业每年的广告花费高达
1 100亿美元，目的是让人们对生产出来的产品产生"需求"。"生产方不仅
可以被动地借助人们的效仿心理，还可以主动地通过投放广告等活动，来
创造它想满足的需求。"[83] 新闻记者和社会评论家万斯·帕卡德在《隐形说
客》（1957年）一书中，抨击广告里掺杂了太多的心理招数，有暗中操控他
人之嫌。"在全美最大一家广告机构任职的心理学家们正在对人群进行抽样
调查，试图找到高度焦虑、身体敏感、有敌意、被动人群的识别方法，并
传播信息给他们。"[84]

　　这些作品反映出销售体系化的诸多特质：市场调研的增加，生产与分
销计划之间的连接更加紧密，利用心理学家给销售战役出谋划策，运用多
种手段吸引消费者购买产品——包括销售员推销、广告、品牌传播和免费
馈赠。这些作品中的社会，广告和推销的形式多样、无处不在，并且操控
力强。

　　这样的批判也反映到了流行小说中销售员的身上，其中以阿瑟·米勒
的《销售员之死》（1949年）最为典型。米勒的戏剧如今家喻户晓，主人公
威利·洛曼是某个产品的推销员。他在一家公司工作了30多年，现在已经
步入晚年。威利在年轻时邂逅了一位德高望重的旅行推销员，于是他也选
择成为销售员。年轻时的威利曾想："等我84岁的时候，还可以到二三十
个不同的城市去转转，拿起电话和不同的人聊聊天，让他们记得我、喜欢
我，并且还愿意帮助我，还有什么事情能比这更让人满意呢？"[85] 而如今的
威利已经步入暮年，他有点儿卖不动了，甚至一次出差时发现自己连开车
的力气也没有了。工作受阻，家庭生活也矛盾重重。于是威利在神情恍惚
之际选择了自杀，为的是让死后的保险赔偿给家人带来福利。这部戏剧从
销售法则的视角出发，揭露了资本主义制度的残酷性。销售员被视为商品，
一旦无效立马就会被替换掉。剧本中解雇威利的是一名年轻人，而他小时
候还曾坐在威利的腿上玩耍。威利说："你不能吃完橘子后就乱扔果皮。何
况人也不是橘子！"[86]

　　这些质疑让毕生研究销售或为国内杂志撰写文章的商业作家和商学院

学者如坐针毡。社会学家兼《财富》杂志的编辑威廉·怀特曾说："威利·洛曼的遭遇让社会陷入一种反常的自责中，如今销售员的地位或许已经陷入谷底——无论是从销售员的数量、薪酬待遇还是社会地位方面来看，都是如此。"[87] 哈利·托斯达教授在哈佛商学院研究销售管理超过 30 年（截至 20 世纪中期），他对米勒刻画的销售员形象深感不安，他写道："社会上有很多人都把威利·洛曼……视为销售员和销售工作的化身，却忽略了这个人身上的怯懦，威利只是碰巧找到了一份销售的工作，并且他也没能在环境发生变化的情况下让自己变得更成熟。"与米勒相比，托斯达从狭义的视角出发，承认并非所有人都能胜任销售工作，甚至有些销售员还会欺骗他人。但这部戏剧完全忽略了故事的另一面：好的销售员没得到应有的待遇。人们将美国的高效生产视为奇迹，却对销售的繁荣加以指责——没有看到生产与销售其实是紧密相连的。托斯达认为，所有践行"正派、体面"销售行为的人，都应得到公众的高度评价。[88]

　　为了拯救销售员的公众形象，托斯达于 1957 年写了一本书，名为《经济中的销售：销售与广告的经济与社会分析》。托斯达在很多方面与质疑销售的批评家（特别是加尔布雷思）进行了交流。他想驳斥的是经济学中的"传统观念"，认为它忽视了销售与广告在经济发展中所起的作用。托斯达说，古典自由主义经济学家将销售员视为经济发展中不相干的因素。亚当·斯密认为，"消费既是生产的唯一目的，也是它的唯一成果，但缺少进一步的思考"。约翰·穆勒在他的著作中"几乎就没谈过消费"这个概念。[89]经济学家们迷信消费者是理性的，却忽略了心理学家对人类行为的洞察。即便是约翰·梅纳德·凯恩斯也忽略了个人销售在经济发展中所发挥的重要作用。他忽略了这样一种情况，即销售是可以影响社会整体需求的。[90]托斯达写道，"凯恩斯和其他经济学家完全忽略了这样一个事实：消费统计数据中包含了销售费用，并且它对社会需求有着动态影响"。在托斯达看来，经济学家疏忽了个人销售的因素〔也就是销售员（而非广告）对经济发展的贡献〕这一点非常明显，因为根据他的测算，销售员的整体成本在美国国民生产总值中的占比没有 10%，也肯定超过了 5%。[91]

托斯达在哈佛商学院的多年执教经历，使得他对推销术的理解和许多批评家不一样。他认为，只有部分行业采用了激进的销售与广告方式，其中多数发生在企业级销售。大多数销售员的工作是重复拜访相同的客户，而不是四处寻找新客户。他们不大会做个自我介绍，然后完成一笔一次性的买卖。"一家计算器生产商最近发表声明，它们40%的记账机的销售来自老客户。即便是重型机械（比如燃气和电力行业的起重机、铲车）的制造商，它们1/3的订单也来自老客户。"[92]IBM大型计算机系统的租赁业务就是一个典型的例子。托斯达写道，持续销售的做法比直销或交易型销售更有效率。他认为，重复销售可以让销售员将目标聚焦到如何满足客户需求，而不是卖完一单就跑。

对于批评人士认为销售员是说客的说法（也就是说，他们的推销并非简单地提供信息），托斯达表示认同。但他认为，销售员的说服不是为了操控他人，而是为了帮助顾客克服惰性、打消顾虑、尝试新事物。创造性的销售措施能够激励人们开发新产品、进行消费研究、改进分销流程，乃至开设新网点、成立新公司。"销售是让这一切得以发生的强大动力。"[93]

托斯达在书中总结道，销售是一种"领导力"——这和心理学家沃尔特·迪尔·斯科特在20世纪10年代的观点相似。斯科特认为，销售员就像田径教练一样：需要激励消费者和商人购买产品，需要推动制造商安装新机器，以改进生产工艺或降低生产成本。同样，他们还要说服业主投资新发明，比如电动洗衣机和真空吸尘器。按照托斯达的说法，这样做的结果是提升了产业效率和人们的生活水平。1940年的美国，每百个家庭拥有89台收音机、79辆轿车、68个浴缸和40部电话。[94]

对于托斯达来说，这一切显而易见。但问题是很少有人相信。更糟糕的是，一些商人也不认可销售的重要性，或者理解它对经济的作用。托斯达思考，这或许是因为在我们将销售视为科学的过程中，丢失了一些东西。随着官僚组织的发展，人们已经忘记了销售的原动力。托斯达在书中写道：没有任何事情能够取代"艰苦卓绝的销售"。市场研究等职能只是辅助销售员的工具，它们本身并不是销售。到了1957年，托斯达开始认为，将"销售"等同于"科学"的观点正在束缚销售员的发展。

托斯达并非唯一持有这种观点的人。威廉·怀特在为《财富》杂志名为"人们为何而购买"的系列文章作序时,对托斯达表达了赞同。他认为一味强调管理与程序有悖于销售原则:"'专业主义'为我们刻画了怎样一幅工作图景呢?销售工作变得循规蹈矩,销售员实际上成了技术人员,做的是客户助理的工作。"怀特认为,专业主义和"科学"掩盖了销售的动态特质。这些理念太过规避风险,对销售中势必存在的冲突问题几乎视而不见。[95]

怀特的思想与他的销售经历有关。他从普林斯顿大学毕业后就职于维克化学公司,并在 20 世纪 30 年代末接受了公司的销售培训。怀特观摩了公司的主打产品 VapoRub 的调制过程,并接受了销售指导。他把销售话术背了下来,也学习了应对反对意见的方法。然后公司给了他一份田纳西州若干县城的清单,给他配备了运货卡车、样品、梯子和订货单。怀特早上6 点或 6 点 30 分起床,他的一天从去谷仓或电线杆那里张贴传单开始。到了 8 点,他要拜访商户,并试着说服他们购买一年的维克化学的产品。晚上,他要花上两个小时填写报告表格。怀特记得,维克公司教导销售员要将柜台对面的人视为敌人。培训课程好似"角斗士"学校;销售员要视商场如战场。但怀特当时注意到,"角斗士"的销售理念和精神正在消退,"人际关系"学派(由哈佛商学院的心理学家埃尔顿·梅奥等学者提出)受到社会的关注。心理学家们提倡的是合作而非竞争,他们认为商业不仅要赚钱,还要确保满意。怀特看到,艰苦卓绝的"销售术"在很多方面都跟 20 世纪中期发展起来的官僚科学产生了冲突。

怀特在他的经典作品《组织人》(1956 年)中,阐述了自己对于压抑的官僚作风的看法。他写道,大企业过于迷恋体系和官僚制度了。对于群体决策和规范性也过于理想化。怀特认为,企业需要在官僚机构内部促进竞争,以确保员工,包括销售员,保持敏锐和开创性。人格测试容易导致企业提拔有同类特质的人才;筛选出来的往往具有擅于交往、保守等易被群体接纳的倾向。怀特对"科学主义"嗤之以鼻,他在书的附录中告诉读者如何在人格测试中作弊。他希望能对美国企业的结构进行改革，以促进企业竞争。[96]

托斯达、怀特等学者和商业作家的著作试图说明，销售和广告中的说服力和热情对于经济而言具有建构性。他们没有对销售做过于科学的定义，因为他们感觉这剥夺了销售员的创造力和人性。他们还认为，销售是全方位的努力，从最初的产品研究开始，一直延续到最终售出的完成。怀特和托斯达的著作都强调，经济活动要比传统经济学家所设想的更具有多样性。他们都关注对抗、创新和改变，而非平衡、现状和价格水平的稳定。他们注重个人的心理和动机的变化，包括人的购买动机如何随着产品和时间的变化而变化。他们认为，说服力对于商业的意义，就好比热情对于政治的意义，它定义了美国经济，带来了经济的快速增长和财富积累。在托斯达和怀特看来，销售管理的真正进步在于给销售员提供了可用的工具。对于大众市场的理性解读以及数据的收集让销售员有能力在新的方向上拓展需求。托斯达最后写道，销售本身并非"科学"，但科学（表现为销售数据、管理政策、消费行为洞察等方式）让销售员得到了空前的武装。

第十章

Birth of a Salesman

后威利·洛曼时代

美国销售的今天

自 20 世纪初以来，人们就在预言销售行业将告终结。1916 年 6 月 18
日，《纽约时报》的一位记者问过一个问题："销售员必不可少吗？"他写道，
既然"铁路已经将农场变成了城市"，广告的效率要高得多。[1] E.B. 韦斯在
他的著作《消失的销售员》（1962 年）一书中发表过相似论断，他认为大量
的售前、品牌和广告活动意味着人们不太需要销售员了。见面式的销售方
式必将终结，因为它的成本太高、效率太低。[2]

这种说法也有一定的依据，因为在 20 世纪后期，广告行业增长迅猛，
改变了许多产品的销售方式。伴随着 20 世纪 10 年代全国性报刊、20 年代
广播和二战后电视的先后普及，20 世纪的广告到达率有了空前的提高。20
世纪末，美国广告行业的从业者有 187 000 人。[3]

不仅如此，自20世纪60年代以来，广告手段也变得越来越精细化。广告主基于顾客的生活方式、个性或"心理图谱"的组合进行了市场区隔，把"时髦"作为消费品的卖点，针对年轻心态（而非严格意义上的年纪轻）的人营销。广告主利用年轻这张牌销售汽车、苏打水等各种产品，尽管这些广告的主题仍然是自我蜕变，但宣传形式变了。[4] 有些广告活动还产生了巨大的商业和文化影响。正如历史学家理查德·泰德罗写的那样："因为有了百事可乐的创意，才有了后来的百事一代。"[5]

技术的革新催生了新的广告手段，其中有线电视广告让销售与广告的界限变得更模糊了，因为越来越多的销售员可以走进屏幕进行宣传。朗科发明生产素食和其他厨房产品，并在午夜电视频道售卖，创始人罗恩·波佩尔的亲戚曾于19世纪末在亚特兰大的人行道上贩卖小物件。而波佩尔从某种意义上来说也是销售员，但在20世纪末和21世纪初，他可以通过资讯广告，向数以百万的家庭推销。[6] 和波佩尔一样的人还有：世界前拳王乔治·福尔曼，他销售过烤炉系列；托尼·罗宾斯销售关于"个人力量"的视频、课程和图书；还有些创业者销售蒸汽清洗机、肌肉按摩器、腹部训练器，以及伴随专利药品出现的治疗皮肤干涩、皱纹和精神不振的药物。

放眼20世纪，尽管广告的产量和精细程度在不断增加，但它并没有取代销售员。正如本书所示，销售和广告是不同的。销售员在美国经济中具有独特的作用，无论是在19世纪末还是在21世纪初都是如此。买卖双方面对面的会谈、碰撞、说服和信息交换对资本主义的发展有重要影响。从这些方面来说，今天销售的重要性和1776年时相比（亚当·斯密称为人们有"货运、交换、交易"的倾向）一点也不低。[7]

销售员的任务有很多：向客户解释产品并做好服务，收集信息，化解客户的抵触心理，推动客户购买。销售员的培训中既包含"正式"因素，比如法律约束、交货方式等；也包含"非正式"因素，比如人们的行为规则。销售员需要针对产品及其应用的具体问题进行解答，还要给客户办理贷款、安排交付。很多行业的销售员都与顾客建立了长期关系，对顾客的需要和需求，包括他们的习惯和癖好，有着深刻洞察——从而建立了强大的竞争壁垒。

今天的企业投资建设销售队伍的原因与过去差不多。那些依靠销售员开拓市场的行业（比如保险、汽车、办公机器、品牌食品和医药）仍在沿袭传统，因为它们相信销售员在客户需求的创造和维护过程中贡献了价值。企业会投入大量的时间和精力来培训销售队伍，包括调查产品讲解的最佳方式和话术，企业还要传授销售员如何应对各种类型的反对意见，销售员要学习如何应对人们常用的推诿手段（避免承诺购买某件产品，或者委婉地说"不"）。销售员和销售经理都认为，他们可以对"潜在客户"（无论是消费者还是商人）的选择施加影响，他们并不认为，顾客的选择是基于完全客观的信息评价。销售员不能只会照本宣科，还要知道如何问开放性的问题和处理异议。

但销售员对顾客的影响力不应被夸大。事实证明，销售交易本身（也就是说服顾客购买的行为）很难系统化或合理说明。有些作家夸大了企业塑造消费欲望的能力，还将企业塑造购买模式的能力描绘为拖累社会的操控"设备"。但即使企业使出浑身解数来推广和销售，也绝不会像某些历史学家说的那样，对消费者的购买决策有"支配力"。[8] 不能因为销售难度很大，就说它是操控人、耍阴谋的伎俩。很多时候销售员都做不到他们想做的事。巴勒斯的销售员发现，即便潜在客户真的购买了机器，销售员平均需要拜访六次才能成交。[9] 大部分巴勒斯销售员的努力都是无功而返的。即便客户完成了免费试用，成交率也只有14%。[10]

但销售经理和销售员认为，人们的经济行为是有迹可循的，只要能对这些轨迹有所掌握，就能影响消费者的采购行为。19世纪70年代的避雷针销售员和80年代的收银机销售员都很清楚，和希望获益的心态相比，人们出于担心受损而购买的动机要更强烈一些。因此，约翰·帕特森的销售员发现，NCR收银机最有效的销售话术是"能够防贼"（尽管在公司的官方文件里，NCR明确反对销售员这么说）。销售员还学会了推销预期。书商发现，当他们让农民预览书中的一部分而非全部内容的时候，更能吊起顾客的胃口，成交概率也更高。此外，当人们发现周围的邻居、镇上的名人买了某件商品的时候，自己往往也会去买，不想让人觉得自己落伍了。心理学家的研究也证明，销售员的很多方法都是有效的。还有些销售员找到了演示商品的方法。他们知道，如果销售说辞配上简单、看起来自然的动作（比如在包里找免费样品，或者认为对方允许自己进屋避雨后就脱掉雨鞋），那么潜在客户就不大会打断他们。20 世纪 20 年代和 30 年代的富勒刷具销售员就是这么干的。[11]

企业之所以愿意投资于销售队伍的建设，是因为它们相信，创造客户需求必须要有强大、有雄心的销售队伍做保障。尽管失败对于销售员来说是常事，但他们创造客户需求的方式有两种。第一，他们能说服本来没打算采购产品或服务的顾客改变想法。这就是哈里·托斯达在 20 世纪 50 年代提出的销售"领导力"，和沃尔特·迪尔·斯科特在 20 世纪 10 年代把销售员比作体操教练是一样的。两位学者都认为，销售员的工作不是操控客户，而是帮助其克服惰性。推销轿车、电器这样的大件耐用品需要付出巨大的努力，因为它会影响到美国消费者的需求结构。20 世纪 20 年代，家庭采购的商品类别中，很多物件都是由销售员售出的（通常都是用信用卡支付），这也推动了经济的工业化。[12]

或者，销售员可以说服顾客购买自己公司的产品而不是竞争对手的，比如某位业主，因为听从某位销售员的建议，就购买了伊莱克斯的真空吸尘器，而不是胡佛的。在这方面销售员的作用不小，他得指出产品之间的细微差别。如果两辆轿车或两台冰箱的性能和设计相似，那么销售员就得有影响客户选择品牌的能力。

这可不是小成就。这种对消费者的细微影响能够带来巨大的成果。一旦"潜在客户"购买了某家（而非另一家）公司的产品，他们就会成为该公司的客户以及后续拜访和推广的对象。他们对该公司的产品会熟悉起来，只要这个产品不令他们失望，就会继续采购，因为这比尝试新品的风险小。这就是经济学家所说的"路径依赖"，用营销人员的话说则是"品牌忠诚度"。

如果产品非常好，那么客户自然没得说。但如果产品还有欠缺，销售战役可以让稍有欠缺的产品成为行业标准。企业打赢的每场销售战役，卖的未必都是最好的产品。对于新公司来说，庞大的销售队伍就是新公司的竞争壁垒。20 世纪中期以来，IBM 的机器并非总是技术领先。甚至托马斯·约翰·沃森曾写道，"我们的销售额总是超过那些技术领先的公司，因为我们知道如何在顾客面前讲故事"。[13] 同样，微软公司的产品在 20 世纪末的时候也并非翘楚，但微软公司拥有一支无与伦比的销售队伍。[14]

销售员的今天

今天销售员的数量比以往任何时候都要多。2000 年，美国的销售员人数达到了 1 600 万人，约占整个劳动力市场的 12%。该数据包含了所有的销售工种，比如医药销售员、百货商店的店员等；高于 1920 年的 5% 和 1960 年的 7%。在 2000 年的 1 600 万销售员中，大约有 10% 在本书中有过重点介绍——制造商的销售代表、企业级销售员和个体商贩。今天大约 41% 的销售员就职于零售行业。[15]

现代美国经济中，销售员的种类有很多。"小商贩"群体依然存在，比如摆路边摊的商贩和推车的商贩，还有服务于批发商的"旅行推销员"。这些群体的职业名称已经变了，他们在分销体系中的重要性也有所下降。但经济是灵活多样的，不同渠道的重要性也会随着时间的变化而变化。自 20 世纪初以来，大企业越来越关注销售管理、品牌建设、消费者研究和人员的甄选。[16]

美国销售员的构成也发生了变化。2000 年的统计数据显示，接近一半（49.6%）的销售员是女性。[17] 这也改变了销售的用词。19 世纪末出现的"女销售员"（saleswoman）通常指的是零售销售员。20 世纪 70 年代，随着女性销售员数量的增加，逐渐有了"女性推销"（saleswomanship）这样的精巧表达，但这个词没有流行起来。[18] 到了 20 世纪后几十年，人们越来越不愿用"销售男士"（salesman）这个词，取而代之的是中性词"销售员"（salesperson）。这种用语调整和当时新造的词汇"议长（chairperson）"和

"主持人（anchorperson）"异曲同工。这样的改变应该早点发生。大企业销售队伍的建设始于 19 世纪末，它们不仅倾向于招聘男性销售员，而且把好的推销术与男子气概画等号。曾经，销售经理的部分任务就是让男子汉气概在销售中得以展现——借用一位企业管理者在 1916 年世界销售员大会上的言论，就是展现"销售男士"（salesman）中的"男士"（man）特质。但女性在零售行业举足轻重由来已久了；她们在 19 世纪做过图书商贩，在 20 世纪做过保险代理商。到了 20 世纪末，女性销售员同样涉足了其他形式的销售，尤其是在服务行业，包括投资银行、信用卡公司和其他金融服务机构。随着"家庭聚会"的推广模式逐渐取代了上门推销，女性销售员在直销领域的地位也很高。事实上，好几家大型直销企业都是女性主导，包括全球销售员数量大约 300 万人的雅芳公司和销售员数量大约各有 100 万人的特百惠和玫琳凯。[19]

销售员构成的变化还不只如此。和 20 世纪中期相比，就职于驻美外国公司的销售员数量大增。其中一部分是派驻美国的外籍人士，但还有很多人是为外国公司打工的美国人。以日本的丰田公司为例，它们在 20 世纪 50 年代初效仿美国企业，首先在本国发展经销商网络，派人上门推销。等到丰田公司打败日产汽车等国内竞争对手后，便于 1957 年开始发展北美经销商。[20]2002 年，丰田公司在美国有 1 740 家经销商。[21]此外，丰田的销售员走进了文学作品中，这要得益于约翰·厄普代克的系列小说兔子四部曲（Rabbit 和巴比特（Babbitt）押韵）。在石油紧缺的 20 世纪 70 年代，当经销商主打"燃油经济"这张牌时，兔子卖的是非常省油的丰田轿车。当客户注意到 Celia GT 跑车时，兔子会告诉客户，"你刚选中一辆超级轿车"，然后介绍这辆车的许多标配，比如钢带辐射层轮胎、石英钟和调幅／调频收音机。[22]

尽管销售队伍的性别构成发生了变化，来自海外的竞争不断增加，但美国的推销术在很多方面保持不变。虽然人口、文化、科技状况变了，但现代销售的方法、意图和应用没有变。那些在 20 世纪 50 年代依靠销售员上门拜访的行业，今天仍然需要依靠他们。拥有庞大销售队伍的制造商包括饮料企业，比如百事可乐和可口可乐；制药公司，比如强生、辉瑞、诺华制药、宝洁。计算机行业中的不少企业也拥有庞大的销售队伍，包括微软、IBM、甲骨文、惠普和施乐。这些公司的销售人数都超过了 5 000 人，其中百事可乐和微软公司的销售队伍超过了 3 万人。[23]

销售员对高科技企业的成长起到了重要作用，他们推动了电脑硬件和软件企业的兴起，正如他们当年推动收银机和 IBM 穿孔卡片机的兴起一样。数字设备公司（DEC）和惠普发展队伍销售中档系统，甲骨文和国际联合电脑公司（CA）销售软件。思科系统也建立了一支强大的队伍销售网络硬件。一位商业作家评论，20 世纪末的高科技企业是由"知识先锋"和"先锋销售"构成的完美组合。[24]

金融服务行业的销售队伍也经历了高速增长。这个行业的销售员要长时间地打电话，还要拜访客户，处理复杂的交易。金融服务企业中，美国通用保险公司和花旗集团的销售队伍最为庞大，各自都超过了 10 万人。[25]

销售管理的方法跟过去相似。大多数的销售管理创新发生在 20 世纪初。经理人仍在想方设法将销售员的激励与公司目标挂钩，包括制定激励方案以及调整佣金和薪资水平；给销售员做培训，有时通过线上实施；举办销售大会，和销售员谈话来鼓舞士气；划分销售领域，有时按地域划分，有时像施乐公司那样，根据产品线来划分。

销售员和销售经理对客户信息的需求仍然很大。和 19 世纪末擅于快速利用新兴技术的销售员一样，20 世纪的企业擅于借助新发明，来帮助销售员和销售经理获取客户信息。随着销售终端（POS）扫码技术的应用，零售企业获得的信息大大增加，因为扫描仪能够给零售商提供结账柜台售出商品的即时数据。网上购物可以让零售商和制造商收集个人消费者的信贷信息、购物的品味、尺寸和色彩偏好。有些企业还通过消费者在商场里的购物录像来对消费行为进行分析，进而明确如何陈列商品，控制商场的人流。[26] 这些数据采集和分析手段都是对 20 世纪初战略制定的延展和强化，不是什么新鲜事物。

销售研究的今天

推销术的研究仍在延续 20 世纪以来的发展基调。商学院如今把销售管理纳入了营销学。菲利普·科特勒在他所著的《营销管理》(1980 年首次发行，此后多次再版)一书中，对常见的销售话题做了介绍：销售队伍的策略、销售队伍的规模、薪酬，以及销售代表的招聘、选拔、培养和激励。[27]

由于销售员和顾客之间的关系变得更为复杂了，所以推销术的学术用语也发生了变化。在 20 世纪 90 年代，以哈佛商学院的本森·夏皮罗为代表的商业学者探讨的话题不仅包括交易型销售(比如商贩快速成交的一次性买卖)和系统型销售(像 NCR 那样，构建销售员与顾客之间的长期关系)，还包括战略型销售(买卖双方进一步结盟，联合开发产品和服务)。[28]

商学院仍会讲授销售管理的内容(通常属于营销课程的一部分)，但不会传授销售技能。这方面的内容更适合从传授销售技巧的畅销书或成功销售员的传记中学到，这和 20 世纪 10 年代的情形一样。

经济学家仍然容易忽视销售在经济发展中的作用。不过近年来，越来越多的经济学家开始对新古典主义经济学提出批评，他们对于消费者在选择商品时是否基于逻辑和理性表示怀疑。

以 2001 年的诺贝尔经济学奖得主迈克尔·斯彭斯、约瑟夫·斯蒂格利茨和乔治·阿克尔洛夫为例，他们研究的是非对称信息对买卖双方决策的影响。传统观念认为，买卖双方的唯一任务是价格谈判，而企业可以根据价格信号研判未来的生产计划(高价格意味着卖家可以生产更多商品)，三位学者对此提出了批评。阿克尔洛夫曾在 1970 年的《经济季刊》上发表题为《柠檬市场理论》的文章。[29]他想知道，如果销售员在交易旧车时对买方隐瞒汽车质量的信息，那么二手车市场会怎么样。买方会对车况和价格产生担忧。卖家对车况很清楚，而买方却蒙在鼓里。这就会阻碍价格机制发挥作用。如此一来，那些拥有"好车"的车主自然也不愿意参与交易。这个例子揭示出一个更大的话题：当获取的信息不对称时，新古典主义的经济理论难以适用(在这种情况下，政府有必要采取调整措施，比如制定

"柠檬法")。

2002 年的诺贝尔经济学奖授予了另外一群研究市场缺陷的学者。他们从另一个视角出发，关注交易关系，包括销售员的行为。他们驳斥了主流经济学家的一种观点，即消费者会基于自身的偏好和所掌握的信息，进行系统化的决策。这些行为经济学家并不认为，人们的决策是符合逻辑的；他们发现，顾客的决策有时是为了规避风险，有时会基于利他原则。

丹尼尔·卡尼曼是普林斯顿大学的心理学教授（他和弗农·史密斯一起获得了 2002 年的诺贝尔经济学奖）。他认为，消费者在做采购决策时通常是非理性且无逻辑的。在该领域有建树的经济学家还包括加州大学伯克利分校的教授马修·拉宾。拉宾在他的文章《经济学与心理学》中谈到了经济学家与心理学家合作的重要性。拉宾写道，标准的经济理论认为，"每个个体都有稳定、一贯的偏好，并且她会基于理性，对自己的偏好做出最优选择"。但心理学家通过研究人的判断力和行为告诉我们，"效用函数比标准的经济假设更贴近现实"。[30] 比如，拉宾的心理学研究表明，人们因为财产受损而产生的不悦感往往要大于因为财产增值而产生的喜悦感，人们在权衡选择和评估偏好时，容易犯系统性的错误。

基于常年实践的推销法则、销售话术和销售策略，体现了经济行为理论的有效性。销售员或创业者并非是市场理性或非理性因素的理论构建者，但他们通过自身的实践，提供了很多有关购买行为的故事素材。而经济学家对非理性因素的研究又促进了人们对经济行为的理解，这其中包括销售员与顾客之间的关系。[31]

销售的文化

今天的"销售术"似乎无处不在，并且影响着美国人对商业、资本主义和自我发展的看法。销售已经成为经济发展中不可分割的一部分，以致有些人以为销售没有历史可言，或者说即便有，也不过就是"小商小贩"的发家史——把花言巧语的事迹搬到台面上说说而已。

正如本书中所揭示的那样，销售的人格特征和现代销售术的创建与发展是一个长期、复杂的过程。它离不开特定的经济和政治环境，还因应了某些行业的企业家需求，即销售需要有体系。销售的发展壮大得益于机构、组织和文化。销售学的发展促进了经济的"理性繁荣"，体现为精心设计的产品、发明、改进层出不穷，很多公司还会定期做出"保您满意"的承诺。

销售与广告增长所产生的效果是全方位的。借用经济学家约瑟夫·熊彼特（鲜有经济学家像他那样，在著作中将资本主义的发展归因于企业家精神）的话说，销售与广告在资本主义社会中兼具"创造性"和"毁灭性"。熊彼特认为，资本主义是一个持续变化的发展过程，旧的产品、传统和商业组织都会被取代。熊彼特的一个著名论断是，资本主义的鲜明特征就在于"周而复始的创造性破坏"。[32]

有关现代销售的"创造性"，哈佛商学院教授托斯达和《财富》杂志的编辑威廉·怀特在20世纪50年代的时候都曾描述过：销售队伍的规模化与大量生产的方式的发展以及美国国民生产总值的长期增长密切关联。销售员常常会把新发明介绍给企业和消费者，并鼓励他们"消费升级"。这些推销的商品定义了美国经济，包括：新办公机器、汽车、吸尘器、软饮、谷物早餐和电脑。亨利·福特在1931年曾说，产品的标准化使得消费者享有了极为丰富的购物选择。"机器生产让我们的生活变得更加丰富多彩。消费者在购买商品时发现可选品种多得难以想象——购买方式也丰富了。我们只围绕便利的要素进行标准化。标准化生产让我们的生活变得空前多样化。我对人们此前没有看到这一点感到惊讶。"[33]福特的这番话有些违反直觉，但随着大量生产的方式和大量销售的方式的出现，商品价格更低了，品种、材质、款式、色彩更多了（尽管福特自己偏爱黑色），而销售员在帮助顾客介绍产品、选择产品的过程中发挥了重要作用。

现代销售也具有"破坏性"。产品、创意和企业都会面临被淘汰的风险。处于高度管理状态的销售队伍往往有无情的一面。一些公司（比如联合果品、标准石油、NCR和巴勒斯加法机）的销售员在打击竞争对手的过程中，有时会做出不恰当，甚至是不道德的举动。"推销术"及其蕴含的抗争特质并不招人待见。当销售员打电话约见，或者在停车场遇见，或者敲门来拜访，都会让人感到有些不安。人们讨厌强买强卖，尤其害怕被人蒙骗。因此销售员并不招人喜欢。1940 年针对中产阶级家庭的一份调查显示，年轻孩子的母亲将销售视为最不受欢迎的职业——店主、老师、牙医、银行职员都比做保险代理商、地产经纪人要强。[34] 在 2001 年，盖洛普针对职业诚信做过一次调研，汽车销售员的评分垫底，比它评分略高的是广告撰稿人和保险销售员。

销售的逻辑中有无情的一面，体现在它要把一切事物都变为产品，员工也不例外。当《销售员之死》于 1999 年在百老汇重新上映时，《纽约时报》的一位评论家曾写道：主人公威利·洛曼因为销售不动了而被解雇，这个人物形象"直到今天仍有借鉴意义"。[35] 在美国，招聘与解雇员工都很容易做到。因此，很多工厂、办公室和服务中心既能快速兴建，也能迅速被拆除。《经济学人》杂志在评论《销售员之死》时写道："每个欧洲国家都巴不得效仿美国那样的资本主义——当威利不称职的时候就把他坚决抛弃。威利对竞争极度崇拜，对一些管理套话背得乐此不疲（'重要的不是你卖什么，而是你怎么卖'），他还决心跟他事业成功的兄弟本好好学，这些都是让美国领跑全球经济的因素。"[36] 然而，该杂志同时指出，在销售大潮中落伍的这群人怎么办，这个问题仍有待解决。

美国销售发展史的背后，是这个国家当时的经济增长冠绝全球。现代化的销售方法是美国的生产和服务产业中重要的组成部分。然而正如评论家和小说家过去几十年所说，销售也给经济的高速增长带来了一些负面影响：旧有的商业和科技被淘汰，失业人口和股市的大幅波动造成了诸多问题，产品和食物的过度消费，成堆的废弃商品造成了生态灾难。美国每年引入的新产品数以万计，但大多数还没推向市场就宣告失败。[37] 美国现代化销售的发展，很大程度上得益于本国的生产规模，以及"进步时代"⊖所推崇的理性和体系建设；还得益于过去几十年，美国成为全球市场发展中

⊖　始于 19 世纪 90 年代，一直到 20 世纪 20 年代结束。这一时期的美国经历了广泛社会
　　活动和政治改革。——译者注

不可分割的一部分，包括市场研究、品牌策划、广告宣传和销售职业在全球的普及。

然而大多数人并不理解男销售员和女销售员都在干什么。尽管他们见过很多销售员（比如在商店、在公司、在停车场），但并不知道销售员的角色其实是由背后的制度和管理系统来定义的。比如在流行文化中，销售员的形象常常被刻画为交易型——卖出一单后迅速离开，寻找下一个客户。例如，巴瑞·莱文森的电影《锡人》中，销售员是卖铝制板的；大卫·马麦特的戏剧《拜金一族》中，销售员是房产经纪人。流行文化不知道什么是"科学"销售员；那些懂得运用数据，长期维护大客户，并且善于借助大公司的系统的人物形象缺少戏剧效果。

理解美国现代销售的发展，对于理解美国经济和社会变革的历史至关重要。纵观历史，每个国家都诞生过魅力非凡、说服力强的销售员。美国销售员群体的独特性在于，它是伴随美国大企业销售队伍的发展成长起来的，它拥有"训练有素"的热情、可以复制的销售用语和便利的信贷条件，并能得到成熟组织的支持。在美国工业化、产业创新和产业变革的过程中，销售员占据了重要位置。他们预约拜访，向客户提问，处理客户的异议，与客户建立信任，然后"完成订单"。这些行动加在一起，把美国资本主义的善与恶推向全球的每个角落。

附录：购买福特汽车的常见异议

Birth of a Salesman

- 相信车价还会降，我打算等等。
- 新车型会有改进，我打算等等。
- 我做过保证，购买前还会再看一家经销商。
- 我不想现在就买。等我能支付现金的时候再买吧。
- 我不想付利息。
- 我反对借钱买车。
- 我们行业的处境挺不妙。
- 等生意好起来我再买。
- 这辆车我现在就要。
- 我们要把钱攒出来还得三四个月。
- 我还没准备好呢。
- 我得等到春季再看。
- 我打算再等等。
- 我喜欢这辆车，但我不想现在就要。

- 我想要一辆大点儿的车。
- 我买不起车。
- 太贵了，我买不起。
- 不着急，你还会来。
- 我想就算没轿车（或卡车），我也能过。
- 我不想有车。
- 我对机械不了解，也不想自找麻烦买辆车。
- 我老婆不想让我买车。
- 我想再考虑考虑。
- 我想我会买 _____。
- 我现在还不想买。
- 我没兴趣买。
- 买车没啥用，我早就知道，我不想花时间在这上面。
- 庄稼收成太不好，现在买车不是时候。
- 我们已经决定，先买房后买车。
- 买什么车都行，福特汽车除外。
- 我恐怕付不起，手头的钱不够。
- 我不想承担债务。
- 我不想把钱花在买车上。
- 我计划把钱花在别的事情上。
- 我支付不起。
- 又来一个福特汽车的销售员！
- 我想等到节后再说。
- 我现在不感兴趣。你应该以后再来。
- 我今天不能决定。
- 我认识的一个人买了福特汽车，可没说它好。
- 我需要钱。
- 我现在太忙了，没时间跟你聊这个。

- 我对我现在的车很满意。

- 你在我这儿是浪费时间。

- 我不想动我的银行存款。

- 我这辆大车还能用。

- 我们有很多大卡车。

- 你真是个灵光的销售员。

- 给我们写份建议书吧。

- 你们的要求可真多。

- 你的工作是向我推销，因此你肯定想卖给我点儿啥。

- 对于这一点，我想我不能同意。

- 福特汽车的维修保养太贵了。

资料来源：唐·C.普伦蒂斯，《福特汽车的产品和销售》(底特律：富兰克林出版社，1923年)，
　　　　第443～494页。

本书注释的具体内容请从以下网址查看或下载：https://g.cmpreading. com/k0XBu。

致 谢
Birth of a Salesman

当我还在哥伦比亚大学读研究生时，便萌生了写这本书的想法。那时的历史课上，《巴比特》是学习20世纪早期商业文化的教材。我希望通过展现20世纪20年代销售员的"真实生活"，包括20年代前后发生的故事，奉献一部非小说类的商业文化作品。哥伦比亚大学真是一个做研究的好地方，不仅因为巴特勒图书馆的藏书堪称一绝，而且这里距离纽约公共图书馆非常近。更重要的是学校的老师们，他们向我介绍的历史上的宏大主题（比如进步主义、专业主义和消费主义）融入本书的内容中。我从伊丽莎白·布莱克默、艾伦·布林克利、大卫·康纳汀、安德鲁·德尔班科和詹姆斯·P.申顿的慷慨建言中受益良多。我要特别感谢我的指导老师肯尼斯·T.杰克逊教授和他领导的毕业论文讨论组，他们对本书原稿的章节做过审议。我还有幸结识了一群哥伦比亚大学的研究生。他们对这个项目以及相关历史提供了诸多建议。我要感谢塔米·弗里德曼、迈克尔·格林、凯文·肯尼、乔·H.金、彼得·马奎尔、爱德华·T.奥唐纳和弗农·竹下。

离开哥伦比亚大学后，我成为哈佛商学院的博士后，此后一直在哈佛工作。我要感谢曾对本书全稿做过编辑的托马斯·K.麦克劳。我对他的感激无以言表：感谢他对我的鼓励和为我提供的机会，包括编辑《商业史评论》以及让我教授现代资本主义的入门课。我的这项研究和其他许多历史学家的一样，在他每年秋季举办的商业史研讨会上获得了很不错的反响。我还要感谢南希·F.柯恩，感谢她的支持，感谢她让我觉得自己是哈佛历史学家群体中的一员，感谢她提醒我历史背后的人性。哈佛商学院是一所非常讲求合议的学府，我从同事的建言中获得了很多收益：金·贝彻、劳拉·布雷斯、小艾尔弗雷德·D.钱德勒、拉菲尔·迪·特拉、杰夫·费尔、查尔斯·"基普"·金、约瑟夫·拉西特、劳拉·利纳德、戴维·A.莫斯、达斯·纳拉扬达斯、罗伊纳·奥列加里奥、考特尼·普林顿、理查德·S.罗森布鲁姆、本森·P.夏皮罗、理查德·S.泰德罗和费利斯·惠特姆。本书第五章的大部分素材曾在《商业史评论》上发表（"约翰·帕特森和国家收银机公司的销售策略，1884～1922年"，1998年冬季，第552～584页）。对于能在本书中引用这些内容，我也表示感谢。

我还有幸拥有一群读过全书并给予反馈的朋友和同事，包括：斯文·贝克特、丹尼尔·霍罗威茨、帕梅拉·莱尔德、亚历克西斯·麦克罗辛、杰森·斯科特·史密斯。理查德·R.约翰像帮助其他学者那样帮助我，他阅读了全文原稿、做了点评，并找来一张卡通图片供我使用。玛格丽特·维拉德对全书的行文进行了打磨，使之变得易读。还有些人或帮助我理顺了主题思路，或以其他方式助力我完成了这个项目，我也一并表示感谢：里贾纳·李·布拉什奇科夫斯基、彼得·艾森斯塔特、安·费边、梅格·雅各布斯、朱莉娅·B.雅各布森、肯尼斯·科尔伯、杰克逊·利尔斯、贝萨妮·莫顿、巴巴拉·里夫金德、布鲁斯·桑兹和乔纳森·西尔弗斯。

我还要感谢哈佛商学院贝克图书馆、哥伦比亚大学巴特勒图书馆、纽约公共图书馆、明尼苏达大学查尔斯巴比奇学院、西宾夕法尼亚历史学会、国会图书馆以及哈佛大学威德纳图书馆的管理员和全体员工。我很高兴哈佛大学出版社对这本书有兴趣，我要感谢我的编辑凯瑟琳·麦克德莫特的帮助。苏珊·伯金则让我觉得，完成这个项目比我想象的还要有趣得多、有意义得多。最后，我要感谢我的父母卡尔和玛乔里的支持，感谢我的姊妹安妮和兄弟劳伦斯的支持。

财务知识轻松学

书号	定价	书名	作者	特点
71576	79	IPO财务透视：注册制下的方法、重点和案例	叶金福	大华会计师事务所合伙人作品，基于辅导IPO公司的实务经验，针对IPO中最常问询的财务主题，给出明确可操作的财务解决思路
58925	49	从报表看舞弊：财务报表分析与风险识别	叶金福	从财务舞弊和盈余管理的角度，融合工作实务中的体会、总结和思考，提供全新的报表分析思维和方法，黄世忠、夏草、梁春、苗润生、徐珊推荐阅读
62368	79	一本书看透股权架构	李利威	126张股权结构图，9种可套用架构模型；挖出38个节税的点，避开95个法律的坑；蚂蚁金服、小米、华谊兄弟等30个真实案例
70557	89	一本书看透股权节税	李利威	零基础50个案例搞定股权税收
62606	79	财务诡计（原书第4版）	（美）施利特 等	畅销25年，告诉你如何通过财务报告发现会计造假和欺诈
70738	79	财务智慧：如何理解数字的真正含义（原书第2版）	（美）伯曼 等	畅销15年，经典名著；4个维度，带你学会用财务术语交流，对财务数据提问，将财务信息用于工作
67215	89	财务报表分析与股票估值（第2版）	郭永清	源自上海国家会计学院内部讲义，估值方法经过资本市场验证
73993	79	从现金看财报	郭永清	源自上海国家会计学院内部讲义，带你以现金的视角，重新看财务报告
67559	79	500强企业财务分析实务（第2版）	李燕翔	作者将其在外企工作期间积攒下的财务分析方法倾囊而授，被业界称为最实用的管理会计书
67063	89	财务报表阅读与信贷分析实务（第2版）	崔宏	重点介绍商业银行授信风险管理工作中如何使用和分析财务信息
58308	69	一本书看透信贷：信贷业务全流程深度剖析	何华平	作者长期从事信贷管理与风险模型开发，大量一手从业经验，结合法规、理论和实操融会贯通讲解
75289	89	信贷业务全流程实战：报表分析、风险评估与模型搭建	周艺博	融合了多家国际银行的信贷经验；完整、系统地介绍公司信贷思维框架和方法
75670	89	金融操作风险管理真经：来自全球知名银行的实践经验	（英）埃琳娜·皮科娃	花旗等顶尖银行操作风险实践经验
60011	99	一本书看透IPO：注册制IPO全流程深度剖析	沈春晖	资深投资银行家沈春晖作品；全景式介绍注册制IPO全貌；大量方法、步骤和案例
65858	79	投行十讲	沈春晖	20年的投行老兵，带你透彻了解"投行是什么"和"怎么干投行"；权威讲解注册制、新证券法对投行的影响
73881	89	成功IPO：全面注册制企业上市实战	屠博	迅速了解注册制IPO的全景图，掌握IPO推进的过程管理工具和战略模型
77436	89	关键IPO：成功上市的六大核心事项	张媛媛	来自事务所合伙人的IPO经验，六大实战策略，上市全程贴心护航
70094	129	李若山谈独立董事：对外懂事，对内独立	李若山	作者获评2010年度上市公司优秀独立董事；9个案例深度复盘独董工作要领；既有怎样发挥独董价值的系统思考，还有独董如何自我保护的实践经验
74247	79	利润的12个定律（珍藏版）	史永翔	15个行业冠军企业，亲身分享利润创造过程；带你重新理解客户、产品和销售方式
69051	79	华为财经密码	杨爱国 等	揭示华为财经管理的核心思想和商业逻辑
73113	89	估值的逻辑：思考与实战	陈玮	源于3000多篇投资复盘笔记，55个真实案例描述价值判断标准，展示投资机构的估值思维和操作细节
62193	49	财务分析：挖掘数字背后的商业价值	吴坚	著名外企财务总监的工作日志和思考笔记；财务分析视角侧重于为管理决策提供支持；提供财务管理和分析决策工具
74895	79	数字驱动：如何做好财务分析和经营分析	刘冬	带你掌握构建企业财务与经营分析体系的方法
58302	49	财务报表解读：教你快速学会分析一家公司	续芹	26家国内外上市公司财报分析案例，17家相关竞争对手、同行业分析，遍及教育、房地产等20个行业；通俗易懂，有趣有用
77283	89	零基础学财务报表分析	袁敏	源自MBA班课程讲义；从通用目的、投资者、债权人、管理层等不同视角，分析和解读财务报表；内含适用于不同场景的分析工具

包政30年研究经验集中分享

打通分工与组织的关系,帮助企业完成思考,学会构建中国人自己的商业理论。

管理的本质（珍藏版）
ISBN: 978-7-111-74341-5

企业的本质（珍藏版）
ISBN: 978-7-111-74336-1

营销的本质（白金版）
ISBN: 978-7-111-74402-3

未来管理的挑战（珍藏版）
ISBN: 978-7-111-74399-6

通用汽车总裁斯隆一生的管理经验。
德鲁克、比尔·盖茨、克里斯蒂·麦克唐纳、包政推荐。

经理人的工作：向斯隆学管理
ISBN: 978-7-111-75450-3

我在通用汽车的岁月
ISBN: 978-7-111-67511-2